不动产AI决策

爱德地产研究院◎编著

中信出版集团｜北京

图书在版编目（CIP）数据

不动产 AI 决策 / 爱德地产研究院编著 . -- 北京：中信出版社，2022.7
ISBN 978-7-5217-4440-8

I. ①不… II. ①爱… III. ①人工智能-应用-不动产-管理决策 IV. ① F293.3-39

中国版本图书馆 CIP 数据核字（2022）第 084949 号

不动产 AI 决策

编著者：爱德地产研究院
出版发行：中信出版集团股份有限公司
（北京市朝阳区惠新东街甲 4 号富盛大厦 2 座 邮编 100029）
承印者： 宝蕾元仁浩（天津）印刷有限公司

开本：787mm×1092mm 1/16　　印张：25.25　　字数：308 千字
版次：2022 年 7 月第 1 版　　印次：2022 年 7 月第 1 次印刷
书号：ISBN 978-7-5217-4440-8
定价：98.00 元

版权所有·侵权必究
如有印刷、装订问题，本公司负责调换。
服务热线：400-600-8099
投稿邮箱：author@citicpub.com

《不动产 AI 决策》编委会

总　编：马玉冰　　张松涛　　徐　海
主　编：姜皓天
编　委：黄永福　　李朋朋　　郑文婕　　林雨欣　　徐少雯
　　　　王　悦　　吕　娜
顾　问：黄　平　　廖　焰　　高　阳　　高健忠　　郭清军
　　　　徐海波　　薛水燕　　魏　庚　　丁国荣　　朱江峰
　　　　孙赫俊　　徐新军　　曾富荣　　史　欢

目 录

序　/ XI

第一章　前十强房企经营能力分析　/ 001

第一节　构建"精益运营"模型　/ 002

004　一、发展能力指标
005　二、杠杆能力指标
006　三、周转能力指标
008　四、盈利能力指标

第二节　标杆民企和国央企核心能力评级　/ 009

010　一、标杆民企：核心能力将全面减弱
012　二、标杆国央企：盈利能力将下降，周转能力依旧较弱

第三节　标杆民企和国央企运营指标趋势预测　/ 013

013　一、销售面积增长率：民企平均下降幅度超过国央企

015　二、储销比：民企和国央企先后快速下降

016　三、地货比：民企和国央企将以"稳"为主

017　四、权益比：国央企先降后升，民企较稳定

018　五、存销比：国央企未来将下降，民企平稳上升

019　六、建销比：国央企平稳上升，民企波动上升

020　七、净利润率：国央企先升后降，民企波动下降

021　八、管理费率：国央企持续下降，民企先升后降

022　九、营销费率：均波动下降，民企高于国央企

023　十、财务费率：均先升后降，民企低于国央企

第四节　万科 VS 碧桂园：运营力巅峰对决的九大看点　/ 025

025　一、投销比：双双下降，连年收缩

028　二、地货比：盈利空间逐年压缩，碧桂园利润空间更大

030　三、储销比：双双下降

032　四、建销比：万科去化不足，碧桂园供不应求

034　五、销售面积增长率：万科波动较大，碧桂园较稳定

035　六、权益比：万科提升空间大于碧桂园

037　七、存销比：滞重存货管理均优异，碧桂园去化更快

039　八、未结比：呈上升趋势，碧桂园销售更顺畅

041　九、结转比：万科稳中带升，碧桂园领跑行业

第二章　项目投资的 AI 决策　/ 045

第一节　地产投资管理痛点分析　/ 046

046　一、内与外的换位

047　二、上与下的博弈
048　三、高与低的矛盾
048　四、售与存的纠结

第二节　地产投资数智化蓝图　/ 049

050　一、投前管理阶段
050　二、投中管理阶段
051　三、投后管理阶段
052　四、地产投资数智化蓝图

第三节　预测：城市网格化地图智能监测　/ 053

053　一、经验判断的痛点
054　二、两级智能观测模型
056　三、评价城市的五大维度、三十大指标

第四节　预演：项目初筛和投资决策的智能预演　/ 058

058　一、土地信息智能筛选
059　二、投资组合优化

第五节　预警：智能投资全流程风险监控　/ 061

063　一、首次开盘阶段的预警监控
065　二、经营性回正阶段的预警监控
065　三、交付阶段的预警监控

第六节　预控：通过投资评级模型进行投资管控和激励　/ 067

第三章　项目计划的 AI 决策　/ 073

第一节　传统计划管理面临的问题和挑战　/ 074

第二节　预测：项目计划的 AI 自动排期和 AI 审查　/ 078

- 079　一、AI 定模：建立标准计划模板库和标准周期库
- 083　二、AI 入模：应用标准计划模板库
- 086　三、AI 定型：AI 自动排期与 AI 审查

第三节　预演：一级节点与关键路径　/ 090

- 090　一、一级节点
- 095　二、关键路径

第四节　预警：预警对象与分级预警机制　/ 098

- 098　一、计划管理预警
- 099　二、分级预警机制

第五节　预控：五大管理机制　/ 102

- 103　一、权责分工机制
- 105　二、绩效考核机制
- 110　三、计划调整机制
- 111　四、会议决策机制
- 116　五、成果管理机制

第四章　动态货值的 AI 决策　/ 119

第一节　动态货值：AI 应用保障销售与利润最大化　/ 120
- 121　一、管理痛点：传统线下管理方式面临数据和管理两大难题
- 122　二、管理目标：保障销售与利润最大化
- 124　三、AI 应用：四大环节实现动态货值的精细化管理

第二节　预测：四大关键节点预测，实现全周期管理　/ 125
- 126　一、未售价格：精准对标预测
- 133　二、供货计划：全周期运营节点预测
- 135　三、去化计划：全周期去化预测
- 139　四、回款计划：全周期回款预测

第三节　预演：模拟定位资源缺口，弹性调整业务计划　/ 141

第四节　预警：四大决策场景下的关键指标预警　/ 142
- 144　一、未售单价预警：提示未售单价虚高风险
- 146　二、存销比预警：提示供销匹配失衡风险
- 148　三、开停工预警：把控开停工的节奏
- 149　四、总货值变动预警：提示货值损益风险

第五节　预控：提前消除风险，防范动态货值失控　/ 151
- 153　一、控制货值动态风险，消除预警
- 153　二、预判去化风险，优化供货策略

目录　　V

第五章　动态利润的 AI 决策　/ 157

第一节　地产利润管控的挑战与难点　/ 158

159　一、行业发展趋势

162　二、地产企业利润管控现状

第二节　利润管控体系的搭建　/ 165

166　一、利润的目标规划管理：多级、多维

179　二、全员利润管控的责任体系

185　三、利润的过程监控体系

192　四、利润的绩效评估

第三节　数智化平台助力房企打赢利润保卫战　/ 192

194　一、预测：让利润测算更智能

201　二、预演：让利润推演更敏捷

204　三、预警：及时纠正过程偏差

207　四、预控：内设业务规则保证过程管理不失控

第六章　资管企业的 AI 决策　/ 213

第一节　五维智能评测：全流程监控资产管理的盈利能力与风险系数　/ 214

214　一、国内金融机构不动产投资业务的现状

218　二、三大管理价值：不动产投资业务管理的重点指标分解

224	三、解决方案：不动产投资数智化的技术实现	
226	四、项目实践：数智化经营平台赋能信托与基金领域	

第二节　业务难点：不动产投资的痛点及风险管控　/ 230

231	一、投前：风险难识别，投资测算不精准	
232	二、投后：管理不透明，收益和现金流易失控	
234	三、狭义不动产投资的业务痛点及风险管控策略	

第三节　预测：经营计划、现金流和收益预测　/ 235

235	一、预测逻辑：支持投资决策和管理决策	
238	二、对底层资产经营计划的预测	
240	三、对底层资产收益的预测	
242	四、对底层资产现金流的预测	
245	五、对投资人收益的预测	
247	六、对管理方收益的预测	
249	七、系统实现：源数据采集、模型运算、数据展现	

第四节　预警：三类重大风险防范　/ 252

253	一、底层资产运营的风险预警	
257	二、企业出险预警	
257	三、重大事项预警	
259	四、系统实现：指标预警、内部与外部巡查、交圈提示	

第五节　预控：投前投后一体化管理　/ 261

261	一、投前：预控三大标准	
265	二、投后：分级管控制度与预控四项措施	
270	三、系统实现：管理端五大功能，业务端六大措施	

第六节　经典案例：标杆信托管理机构的数智化实践　/272

- 272　一、管理手段变化：由粗放式弱管理转为精细化强管理
- 274　二、两大难题：数据分析质量低，工作效率低
- 276　三、数智化方案：不动产全流程、全场景解决方案

第七章　物管企业的 AI 决策　/285

第一节　物业管理的行业背景和四化趋势　/286

- 289　一、物管企业数智化建设需求分析
- 291　二、物管企业项目运营中面临的问题
- 294　三、物管公司的管理逻辑
- 296　四、预见性经营决策 4P 体系在业务场景中的应用
- 296　五、项目全周期经营分析四大应用规划
- 298　六、U 企案例：一套全周期测算模型打通四大决策场景

第二节　预测：收入和成本预测是核心　/303

- 304　一、收入预测
- 311　二、成本预测
- 315　三、项目全周期数据

第三节　预演：通过多场景、多方案模拟，确定应对策略和最优方案　/321

- 321　一、项目预演的整体逻辑
- 322　二、多应用场景下多方案模拟

第四节 预警：跟踪目标走势，进行分级预警 /327

- 327　一、两大核心管理功能
- 329　二、指标预警的设置和提示

第五节 预控：通过会议体系，提前控制关键经营指标 /334

- 335　一、关键经营指标偏离
- 335　二、系统支持

第八章　数据中台：不动产 AI 决策的数据心脏 /337

第一节 数智化转型困境与数据核心能力 /338

- 338　一、转型面临的三大挑战
- 341　二、核心能力：数据"管存用"能力

第二节 数据应用能力的五大核心要点 /342

- 342　一、建体系：构建数据组织，制定数据管理制度和流程规范
- 344　二、定标准：数据标准化是基础
- 348　三、搭平台：搭建数据开发、服务、治理与应用可视化平台
- 351　四、推治理：通过数据持续治理，逐步提升数据质量
- 355　五、构服务：通过数据服务机制，实现高效和高质量服务

第三节 经营数据"管存用"能力的建设实践 /356

- 356　一、核心诉求：支撑精细化管理，实现千亿级战略
- 357　二、建设路径：统筹规划、分期分步实施、策略协同

359 三、价值总结

附录　十大标杆房企运营指标参考　/ 361
后记　/ 375
参考文献　/ 378

序

目前，整个不动产行业已经进入"低增长、低利润、低容错、低预期"的新阶段。未来，不动产行业将面临"更稳定、更低增长、更平缓、更受控"的局面。每个不动产企业面临的问题是如何活下去、活得更久。所以，不动产企业需要谋变、向生。

爱德数智希望内置 AI（人工智能）决策能力的数智化经营平台能够帮助这些企业打造核心竞争力，帮助它们活得更好、走得更远。

一、数智化经营的价值

1. 全价值链的大协同大运营

如今，地产经营已经不只是一个企业内部要做的事，它是不动产行业全价值链的大协同、大运营。以不动产开发环节为例，行业价值链的前端有很多投资方、合作方；中端存在较多成熟的开发、代建、代管企业；在后端，以前占较大权重的是销售类住宅产品，而现在，持有经营类、大基建、大配套产品的占比越来越大。

不动产行业需要打通全价值链，从资源获取到地产开发，再到持有经营类产品的经营管理，都要打通。很多龙头企业已经实现了数智化经营管理，并能实时洞察经营变化。自家到底有多少可售货值？哪些是滞销产品？企业有多少持有类经营产品？如何经营？这些都是很多企业正在解答的谜题。

不动产行业里在管理方面做得很好的企业，在前期开发策划时，会利用详细的数智化预演方案，把所有的产品业态分解好，把盈利模式、资金运作模式都想清楚。例如，它们会把销售成本和持有物业成本分摊得非常详细，不同经营模式下的持有物业成本可以具体到业态、楼栋甚至楼层。在持有物业开发完成后，参与运营管理的主体才择机进入，并挑选合适的物业来经营。例如，有些机构只选部分底商做商业，或者选择某栋楼的若干楼层做公寓或酒店。如果前期的持有物业成本分摊得不够细、不够灵活，就会给后期运营带来较大麻烦。

通常，负责开发销售的是地产企业，负责持有运营的是商业公司。虽然它们可能同属一个大集团，但其盈利模式不同，所以工作界面还是需要划分清楚的。有些集团在前端有自己的投资公司、城市更新公司，在后端有独立上市的重资产经营、物业服务、物流等公司。它们之间的关联非常密切，相关数据必须打通。这在龙头企业的数智化经营案例中经常遇到。

所以，数智化经营做的是从前端开始，一直贯穿整个价值链的大协同和大运营。

2. 不动产数智化经营的核心价值

不动产数智化经营管理平台的产品布局要覆盖不动产全价值链。前端是为不动产开发经营的投资方打造的"大资管平台"。目前，随着投资不动产的基金、信托企业的不断成熟，"大资管平台"服务于存量项目的开发及其全生命周期的运营，并监管项目的建设、存量物业的经营管理以及资本的退出。

在不动产开发管理环节，开发企业所使用的"房地产大运营管理台"已经较为成熟，这里不再过多介绍。

爱德数智还与成熟的代建企业合作开发了"代建项目运营管理平台"，与上市物业管理企业一起打造了"物业管理经分平台"，与地产集团的自持商业经营公司及资产管理部一起搭建了"存量物业管理平台"。

不动产数智化经营管理平台从业务系统提取数据，根据企业的经营管理逻辑进行智能化建模，旨在实现企业经营及项目运营管理全过程的数智化、可视化，实现企业资源价值最大化。

现在，成熟企业的数智化经营管理平台能够围绕"4P"（预测、预演、预警、预控）理念，在战略跟踪、预实分析、资源协同、预警预控、绩效达成等多维度进行交圈管理，努力支持各条线、各层级的决策管理，从而打造一个 AI 辅助决策的数智化大平台。

在增量时代，数智化经营管理平台通过项目全周期管理、公司货值资源管理、企业战略与经营目标监控等，给企业带来了高周转、高利润、高回报，其最终的核心是实现资源的销售价值最大化。

在今天的存量时代，数智化经营管理平台要帮助企业管好、控好每一分利润，管好资金运作，做好对持有物业的动态经营管理，持续提升资产创造价值的能力，从而保障企业有稳定、持续的投资收益。

二、数智化经营的实践案例

在数智化经营的实践过程中，AI 决策让不动产管理更加高效务实。

1. 国企案例：AI 决策平台动态监控战略目标

正如本书插页"不动产 AI 决策平台"所示，某国企的不动产 AI 决策平台包括战略规划、战略实现，并穿透到年度目标、业务动态。

其背后是管理逻辑、经营思想的沉淀，体现了很高的 AI 决策管理水平。

不动产 AI 决策平台的看板上端会有一栏动态的战略预演，动态展示企业战略规划目标。这个目标并不是几个简单的数字，而是从过去和现在的海量业务数据中提炼出的大量指标，比如供销比、回款率等，以此来支持企业对未来的预测。

看板会动态展示目前所有业务条线运营的数据、指标和考核目标。这些数据的动态变化会对该企业战略目标的实现产生影响，影响较大时会触发预警体系，并将相关问题推送责任部门处理。

看板上的数据是实时动态并关联的，其背后有一套严格且高质量的数据和业务逻辑，能够让企业真正做到从战略规划到战略实现的动态跟踪。

2. 央企案例：项目全周期管理的实时测算

如图 0-1 所示，项目全周期数智化管理包括项目全周期的业务协同管理和利润、现金流及动态目标考核等。

这是某不动产央企应用的 AI 决策管理工具，该企业把整个项目中的重大会议都设置成管理节点。因为不同阶段的不同会议要决策的事情不同，要管理的重点也不一样，所以在每一个会议开始前，企业都需要进行全周期试算。各个业务条线都要直接上线参与，把业务活动落实到项目经营目标的测算中。经过数据预测、模型试算和业务场景预演，企业最后选择合适的方案上会，且这一过程不允许人为调整数据。

管理人员在会议上需要考虑很多维度，最后敲定的事项或许会改变试算方案中的一些参数或指标数据。因此，企业必须重新在该模型中试算，以输出新的核心指标，确认其合理并可行后才能决策。

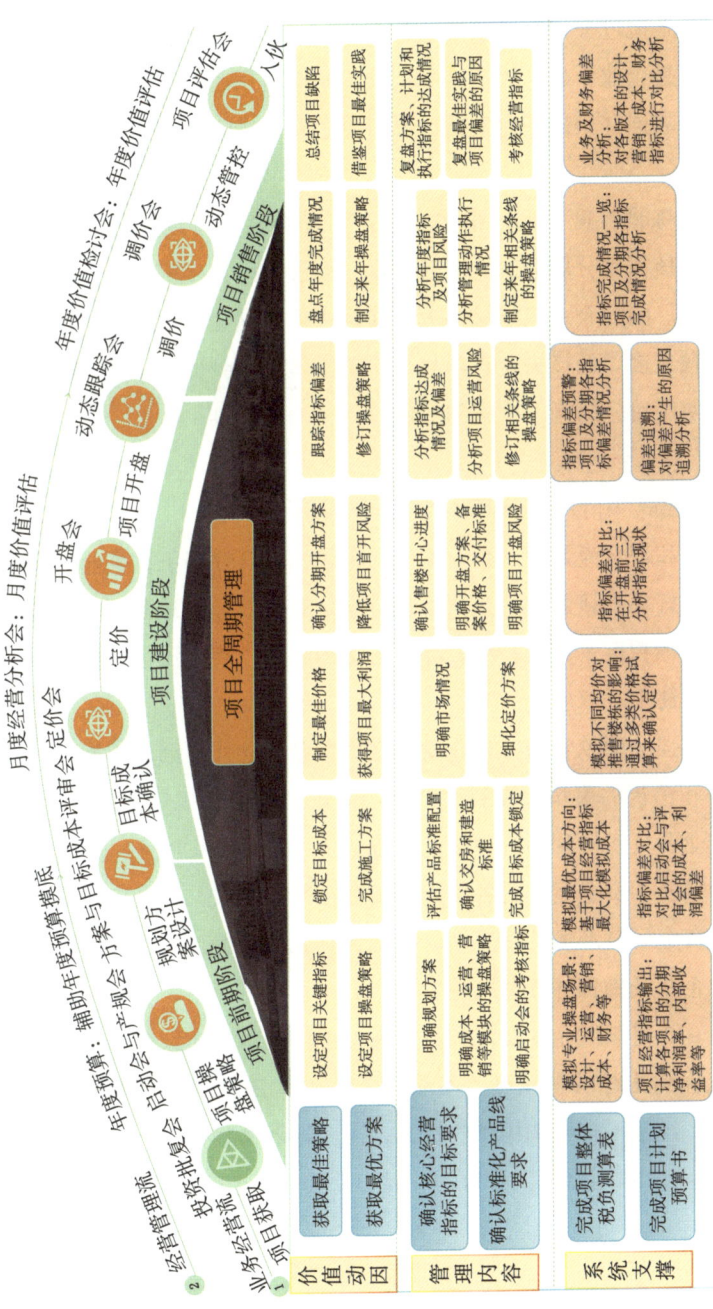

图0-1 某不动产央企的项目全周期数字化管理蓝图

这就是把过去比较复杂的业务交圈逻辑变成一个试算工具，即需即用。但是企业要想真正把这套试算工具即时用起来，需要集成大量动态业务数据并获得平台支持，更需要企业有推进数智化管理的决心和执行力。

以楼栋颗粒度为例，很多企业在启动会甚至月度经营分析会阶段，只能核算到分期业态的项目数据，而没有采集楼栋数据或数据采集不稳定。因此企业只能输出大的项目指标，这完全脱离了具体业务的管理颗粒度。而该央企在项目可研阶段就精确到楼栋，并对项目中的变数使用对应的管理措施和平台。

3. 民企案例：AI 预测实现现金流管理可视化

回款和现金流是地产企业不变的主题，尤其在当下，企业对现金流管理的好坏直接影响其生死。现金流是对企业业务运营的结果性展示，它的颗粒度一定要精细。除了正常的收支，现金流还包括股东借款、资金往来、双向计息等。

为了强化回款管理，企业要管好每个业务动作，因为回款不仅仅是财务和销售的事情。项目策划、产品规划、合约规划等都很关键，所以企业要真正做到用管理创造效益。

影响公司资金运作的各项因素都存在很大变数，只有应用符合企业自身资金运营环境的敏感性分析工具和风险预警工具，才能更有效地帮助企业抵御各种资金风险。

图 0-2 是某民企现金流预测管理可视化展示，大致描述了现金流跟踪流程和跟踪的颗粒度。不动产企业在做 BI（商业智能）分析或看板时，经常不知道选用哪些指标，需要管理哪些指标。企业只有通过 AI 决策，才能对回款看板的一级、二级指标进行深度分析。

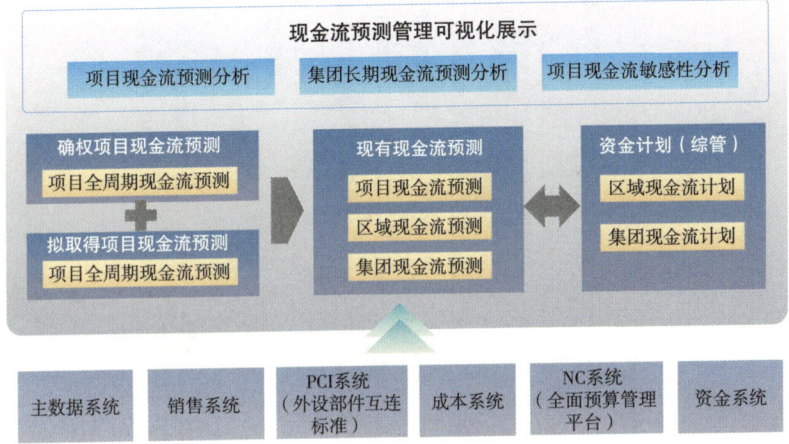

图 0-2 某民企现金流预测管理可视化展示

4. 物企案例：AI 测算助力利润保卫战

近年，物管企业经常提及的话题是打响利润保卫战，因为利润不只是一个结果。企业的创利能力是其所有能力的综合体现，无论哪个环节出现问题，最后都会导致利润损失。所以，标杆企业直接提出"每一元利润损失都要找到源头"的口号。

这正是企业数智化经营管理平台能做到的事情。在项目层面，其可以实现对全周期利润的动态跟踪，包括已完成部分和预测部分。但最终利润要在公司层面核算，要从公司层面、各业务线、各项目中直接获取与利润相关的所有指标，这就需要企业设计敏感性分析模型，从而为利润的测算和预测服务。

物管企业在上市后，对规模、流量、多种经营等有较多要求。但是当真正运行起来时，企业往往会发现自己很难找到利润来源和增长点。这是行业痛点。如图 0-3 所示，某物管企业设计了一个动态经营分析平台，绘制了一幅利润管控地图，这使企业能够找出所有利润来源。

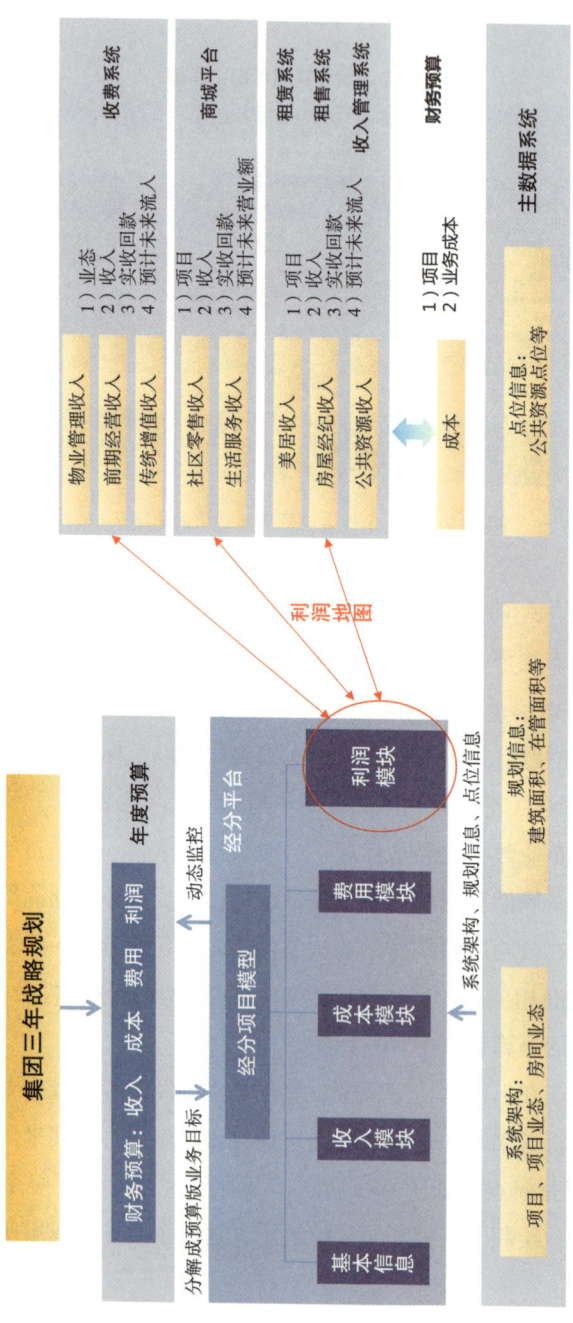

图 0-3 某物企的利润管控地图

XVIII　不动产 AI 决策

该平台会算出每类业务的盈利动态及预测值。哪些业务挣钱，哪些不挣钱？企业应该朝哪个方向发展？这些问题看似简单，但需要企业调整或新增很多成本分摊规则，这对企业现有的财务核算体系提出了较大挑战。

数智化经营不是简单的互联网技术线上化，而是通过 AI 决策，提升企业的经营管理能力和利润创造能力。

三、AI 决策的三大特征

数智化经营的一个显著优势是具备 AI 决策能力。这种能力具有三大特征，一是以建模为核心，二是数据决定结果，三是用标准化解决差异化。

1. 以建模为核心

在数智化经营中，最具技术含量的其实是建模，建模需要人工智慧。每个企业都有自己的 Excel（电子表格软件）套表，在建模过程中，企业需要根据目前的经营逻辑和行业领先实践，优化套表中的原有逻辑。建模专家也要不断思考：模型是现成的吗？模型是否可以标准化？建模只是在表上吗？建模是否无法兼顾业务特殊性？建模需要有思想吗？

随着 AI 技术的应用，同时基于企业的大量历史数据，机器建模能够自主学习并实现动态优化。例如，销售物业的回款模型、成本动态支付模型等，存在很大的优化和探索空间。

2. 数据决定结果

图 0-4 是项目全周期测算模型的基础数据流。它首先从各个业务系统里取数，在模型计算分析后，对项目的货值、回款、定价等进行管理，同时管理项目全周期的利润和现金流。

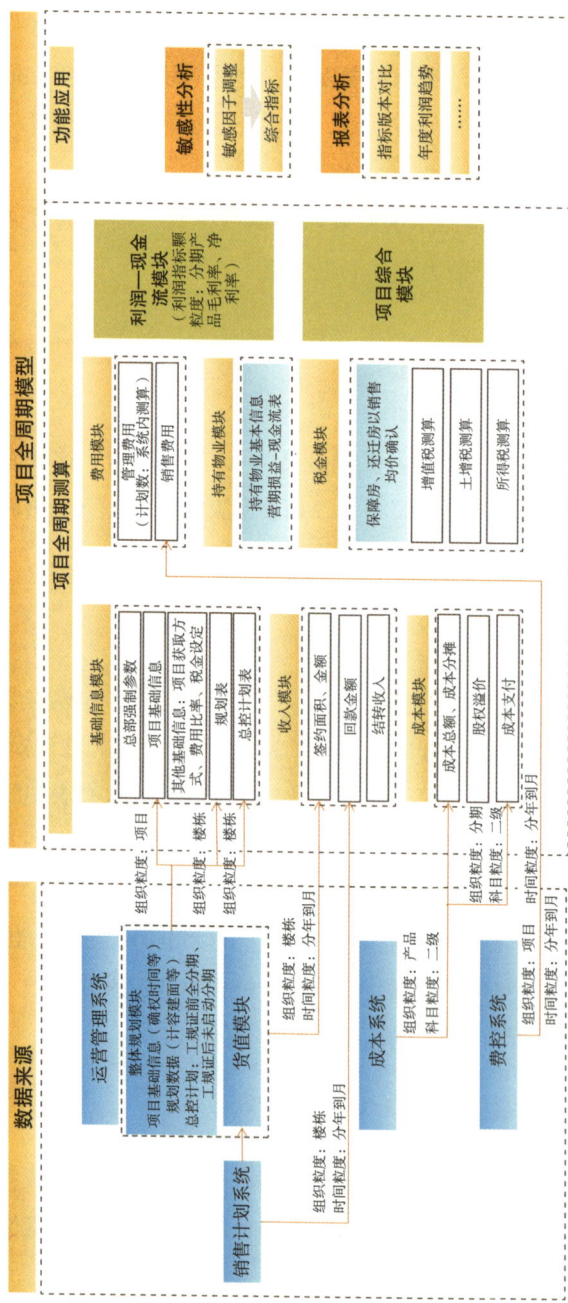

图 0-4 项目全周期测算模型的基础数据流

通常，在货值系统输入底层数据后，这个测算模型可以变成纯粹的盈利测算工具，从而实现从管理口径到财务口径的数据转换，实现业财一体化数据联动，但对销售定价与货值折损的管理仍然需要由货值系统去完成。所以，取数逻辑直接影响测算模型的输出价值。

更重要的是数据质量。每家企业或每个业务部门通常都认为自己的数据没有问题，可一旦做到集团级的数据集成和数据分析，企业就会发现底层数据的质量很差。数据定义不清晰、口径不一致、架构混乱、供数频次不稳定等问题，会直接导致系统无法采集数据，甚至导致模型崩溃。领先企业的数据治理工作常常持续半年，甚至一年之久。

3. 用标准化解决差异化

各家企业的管理思路都有其个性，因此数智化经营必然是差异化的成果。但是模型的核心部分需要标准化，需要具有一致的业务和财务测算逻辑。模型的主干线一定是标准化的，例如，利润计算公式都是一样的，差异在于生成利润的收入来源、成本列支。通常，代建代管企业的成本测算要比地产企业的精细。提炼模型的核心并将它标准化，是一项专业工作。

在标准化基础上，模型要根据企业的特质做定制化配置，使其符合企业的实际需求。有的企业侧重于销售单价的精益管理，甚至管到每一间房子；而有的企业专注于开发核心城市的核心地段项目，或者旧改城市更新项目。因为售价基本是固定的，所以销售单价就不是后者的管理重点。

这是一个从"KNOW HOW"（知道怎么做）到标准化产品提炼，再到个性化广泛应用的过程。

图 0-5 是预见性 4P 决策体系，是不动产 AI 决策的核心，也是数智化经营平台设计与应用的关键。预见性 4P 决策体系是一个从业务技能到标准化提炼，再到个性化广泛应用的体系。

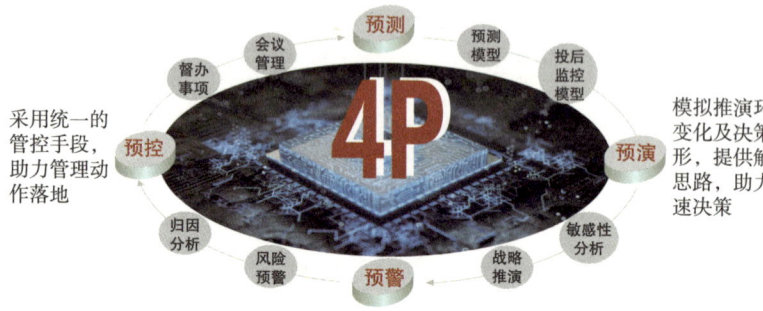

图 0-5 预见性 4P 决策体系

四、小结

  不动产数智化经营是一项缓慢而仔细的工作。过去，企业主要关注花了多少钱，办了多少事，结果怎么样。现在，企业关注能花多少钱，能办多少事，要什么样的结果。未来，企业将聚焦为什么做，怎么做，怎样才能做得更好。

  要想回答好这些问题，企业需要大量的数据支持，然后通过数智化经营平台，即时集成数据，快速计算，输出数据并分析结果。

  巴菲特说"这个世界上没有人愿意慢慢变富"，但在当下，挣快钱的时代已经过去了。随着不动产经营进入存量时代，企业只有务实地做好经营管理，开始习惯慢慢挣钱，才能更持续地经营下去。

张松涛

爱德数智副总裁

第一章 前十强房企经营能力分析

在一定意义上，所有企业都是数智化、数据化企业。企业管理者早已习惯用各种数据指标和测算模型来表达、控制经营管理和底层商业模式。

在数字时代，可量化、可分析、可预警、可控制的数据化、智能化管理模式已成为企业进化的基础动力。无论是高杠杆、高周转企业，还是利润型、品质型企业，其经营管理都是在一定数据模型下的指标管理。

我们希望通过数据模型和指标来评价标杆企业，洞悉其成功的经营逻辑和成长轨迹，并把这套领先的数智化管理方法介绍给大家，从而助力不动产企业快速提升管理效能。

第一节
构建"精益运营"模型

过去，土地快速升值给房企带来了非常可观的利润，房企依靠土地和资本红利，快速扩大土储规模，获得了高额利润，但承担着较小的风险，投入了较少的人力资源。

现在，随着高增长时代的终结，房企在某些城市圈的土地越多，由此带来的风险和亏损可能越多。因此，房企开始寻求低利润、快周转的"精益运营"模式。

如何提高房企的运营效益？爱德地产研究院研究了标杆房企的"精益运营"模型，通过观察头部房企四大核心能力的变迁，分析其具体运营指标的变化,从而辅助房企提高运营效益。

爱德地产研究院通过对发展能力、杠杆能力、周转能力和盈利能力这四大核心能力的研究,构建了一套房企"精益运营"模型(见图1-1)。在地产运营指标中,通过储销比和销售面积增长率来反映房企的发展能力,通过地货比和权益比来反映房企的杠杆能力,通过存销比和建销比来反映房企的周转能力,通过净利润率和三费费率(管理费率、营销费率和财务费率)来反映房企的盈利能力。

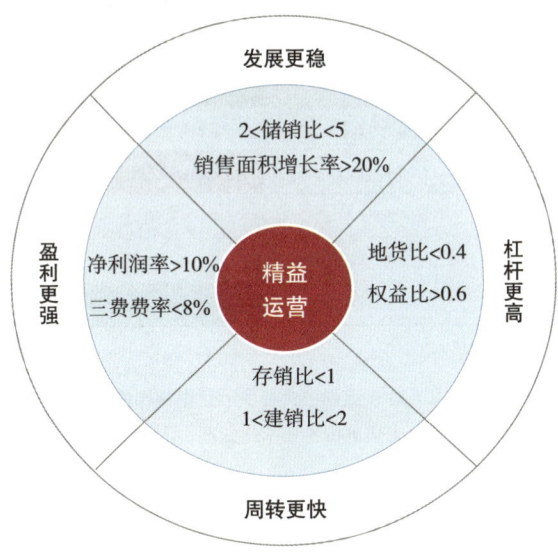

图 1-1 房企"精益运营"模型

我们以"大运营"各项指标为基础,以 2017—2021 年 15 强房企中标杆民企和国央企(各五家)的生产运营数据为研究样本(见表1-1、表1-2),合理预测了其 2022—2023 年的运营数据指标。需要说明的是,因房企年报口径差异、未来时事政策变化,预测数据仅供参考。

表 1-1　15 强房企中的标杆民企和国央企

标杆民企	碧桂园	万科	龙湖	新城	旭辉
标杆国央企	保利	中海	华润置地	招商蛇口	金茂

表 1-2　2017—2021 年运营指标参考均值

指标	行业水平	民企	国央企
销售面积增长率（%）	30→5 ↓	60→4 ↓	23→11 ↓
储销比	5→3 ↓	4.20→3 ↓	5→3.50 ↓
地货比	0.70→0.30 ↓	0.42→0.40 ↓	0.46→0.56 ↑
权益比	0.80→0.60 ↓	0.69→0.68 ↓	0.80→0.73 ↓
存销比	1→0.50 ↓	0.07→0.12 ↑	0.17→0.18 ↑
建销比	2→1.20 ↓	1.80→1.80	3.10→3.70 ↑
净利润率（%）	17→11 ↓	17.10→10 ↓	19.40→13.30 ↓
管理费率（%）	5→3 ↓	4→3.20 ↓	3.10→2.60 ↓
营销费率（%）	4→2 ↓	3.20→2.80 ↓	2.60→2.40 ↓
财务费率（%）	3→1 ↓	0.80→0.70 ↓	2→1.30 ↓

■ 优秀值　　■ 预警值

注：①"行业水平"取自 2020 年百强房企各项运营指标均值。
　　②多数民企对大部分利息支出进行了资本化处理，所以其财务费率低于国央企的。

一、发展能力指标

1. 销售面积增长率

销售面积增长率是房企本年销售面积增长值与上年销售面积的比率，通常用来评价企业的成长状况和发展能力。该指数越大，企业增长速度越快，其市场发展前景越好。

从表 1-2 中可以看出，标杆民企和国央企的销售面积增长率的走势都是从高到低，与行业趋势一致。五家标杆民企的销售面积增长率下滑尤为明显。截至 2021 年,标杆民企的销售面积增长率已经低于行业水平。相较而言,标杆国央企在这方面的表现优于标杆民企的。

2. 储销比

储销比是房企总土地储备面积与当年销售面积的比值。比值越高,房企的土地储备越丰富。储销比决定了房企未来是否有足够的资源进行开发,决定了其销售增长的可持续性。但土地储备并不是越多越好,过多的土地储备会造成持有成本上升和未来潜在库存积压。因此,储销比应与房企自身的资金状况和销售能力匹配。

储销比的预警值与优秀值的判定取决于三个重要标准。一是在房价高增长时期,土地随房价上涨而增值,储销比越高越好。房企只有拥有充足的土地储备,才能更灵活地应对市场需求的变化。二是在高利息时期,存地资金成本增加,储销比越低越好。过多的土地储备会沉淀大量资金,从而侵蚀房企利润。三是在房价低增长时代,储销比为 3 较为合理。这可以在减轻企业资金压力的同时,兼顾其未来发展的需要。

目前,房价增长缓慢,土地成本和融资成本不断攀升,房企普遍放缓了拿地节奏。值得注意的是,由于不同房企的披露口径存在差异,标杆房企的土地储备数据与实际可能存在一些偏差。从表 1-2 中可以看出,标杆民企和国央企的储销比均呈下降趋势。相较而言,标杆民企的储销比低于标杆国央企的。

二、杠杆能力指标

1. 地货比

地货比是本年拿地均价与本年销售均价的比值。地货比越低,资金的杠杆率越高,房企的利润空间越大。从表 1-2 中可以看出,标杆民企和国央企的地货比均处于行业正常水平。相较而言，标杆民企的地货比优于标杆国央企的。

为了提高资金使用效率，标杆民企更倾向于在地货比较低的地块开发现金流型项目。随着土地成本上升，标杆民企通过多元化方式来积极拓展土储，以降低拿地成本。

标杆国央企则凭借资金成本优势，在一、二线城市获取高地价地块，打造利润型项目。出于规模诉求，标杆国央企明显加大了在公开市场拿地的力度，其地货比略有上升，值得预警。

2. 权益比

这里的权益比是指销售金额权益比，它是房企当年的权益销售金额与全口径销售金额的比值。权益比越高，房企的合作杠杆越高，即其可以运用少量的资源投入，撬动销售规模增长。

与全口径销售金额相比，权益比更能反映企业的资金运用能力、战略把控水平、运营水平及投资潜力等综合协调能力，是衡量房企发展质量的核心指标。权益比越高，房企的发展质量越好；权益比过低，则房企的销售规模增长无法对其营业收入和资产规模的增长形成有效支撑，值得预警。

随着合作开发项目的增多，近年来，房企权益比呈下降趋势。标杆国央企通常资金实力雄厚，且合作标准较为严苛，更倾向于独立操盘。而标杆民企为了降低风险，通常寻求合作开发。因此，标杆国央企的权益比优于标杆民企的。

三、周转能力指标

1. 存销比

存销比是已竣工存货面积与当年销售面积的比值，反映了存货周转效率。其比值越大，存货周转率越低，企业越可能存在滞重风险，需要预警。

由于地产销售实行预售制度，通常项目在未竣工时就已经进入了销售阶段且陆续实现售罄。如果项目在已竣工的情况下仍未售完，那么一般将该部分库存视为滞重存货。值得注意的是，已竣工存货中还包含一部分已售未结转的存货。由于各房企的结转效率存在差异，行业存销比与房企实际存货周转率存在一定偏差。

以下两种情形会导致存销比过高：一是土储转化高，即大量开工建设的产品转化为存货，大量供货积压待售；二是销售受阻，销售速度没有跟上供货速度，从而导致存货周转不畅，形成积压。

从表 1-2 中可以看出，得益于高效的运营能力，标杆民企和国央企的存销比均低于行业平均水平。相较而言，标杆民企的存销比优于标杆国央企的。

在融资成本上升的压力下，为了缓解因存货过多而产生的资金沉淀，标杆民企对滞重存货的管理更为积极，其存销比均值保持在 0.1 左右。近年来，随着利润空间收窄，标杆国央企逐步重视资金使用效率的提高，加强销售管理，积极处理积压库存，并取得了一定成效。

2. 建销比

建销比是在建面积和当年销售面积的比值，反映房企的土储转化能力和供货效率，其比值过高或过低都需要预警。比值过高说明房企的土储转化快，上半年开工，下半年供货，在销售没有得到提升的情况下，这会导致销售面积积压；而比值过低又会产生断货风险。所以，建销比需要双向预警——高于或低于行业边界水平都需要开启预警。

由于不同房企年报披露的在建面积口径存在差异，部分房企的在建面积可能包含已售未竣工面积，其建销比数值偏大。但标杆民企和国央企的建销比均呈上升趋势，需要预警。得益于快周转模式，标杆民企从开工到开盘的时间较短，在建面积也相对较少，故其建销比优于标杆国央企的。

四、盈利能力指标

1. 净利润率

净利润率是房企年报中净利润与营业总收入的比率，是反映公司盈利能力的一项重要指标，是扣除所有成本、费用和企业所得税的利润指标。

与行业趋势一致，标杆民企和国央企的净利润率均下降。主要原因是，近年来土地市场竞争加剧、土地成本上升。2017年以来，房企获取了大量高地价项目，随后受部分城市新房限价政策影响，房企销售价格低于预期，项目的盈利空间受限。

相比较而言，标杆国央企的净利润率高于标杆民企的。主要原因是：标杆国央企以利润为导向，精细化打造高品质产品，从而获得更多利润空间；而标杆民企在高周转模式下，单个项目的利润空间有限，且被持续增加的融资成本吞噬了部分利润。

2. 三费费率

三费费率是房企年报中管理费用、营销费用和财务费用三者之和与营业总收入的比率，反映了房企的费用管控能力。三费费率越低，房企的费用管控能力越强，数值偏高则需要预警。

三费费率与净利润率呈反比。在地产行业利润空间逐渐收窄的背景下，提升费用管控能力成为房企承受行业利润率下行压力、拓宽利润空间的重要手段之一。

标杆民企和国央企的三费费率基本都在行业水平内，头部房企已经形成较强的规模效应，在管理费用、营销费用及财务费用的管控方面均具有一定优势。近年来,房企逐步转向精细化管理,三费费率呈下降趋势。但需要注意的是,随着行业增速放缓,房企会加快去化,其营销费率未来将有上升趋势。

标杆民企的三费费率大都高于标杆国央企的,主要原因是:第一,近年来标杆民企在快速扩张过程中,新进入区域的管理费用和营销费用较高;第二,标杆民企的融资成本普遍较高,其负债规模大,利息支出金额大。

第二节
标杆民企和国央企核心能力评级

为了更好地分析标杆民企和国央企的核心能力,爱德地产研究院基于多项业务维度,对房企核心能力进行了分级,并对标杆民企和国央企的核心能力进行了评级,我们可以从中窥视标杆民企和国央企的核心能力变迁(见表1-3、表1-4)。

表1-3 房企核心能力分级表

核心能力分级		A	B	C	D	E
发展能力	销售面积增长率(%)	>30	25~30	15~25	100~15	<10%
	储销比	<3	3~3.70	3.70~4.40	4.40~5	>5
杠杆能力	地货比	<0.30	0.30~0.43	0.43~0.56	0.56~0.70	>0.70
	权益比	<0.60	0.60~0.67	0.67~0.74	0.74~0.80	>0.80
周转能力	存销比	<0.50	0.50~0.70	0.70~0.80	0.80~1	>1
	建销比	1~1.20	1.20~1.60	1.60~1.80	1.80~2	>2 或 <1
盈利能力	净利润率(%)	>17	15~17	13~15	11~13	<11
	管理费率(%)	<3	3~3.70	3.70~4.40	4.40~5	>5
	营销费率(%)	<2	2~2.70	2.70~3.40	3.40~4	>4
	财务费率(%)	<1	1~1.70	1.70~2.40	2.40~3	>3

第一章 前十强房企经营能力分析

表 1-4　标杆民企和国央企核心能力评级表

核心能力		发展能力	杠杆能力	周转能力	盈利能力
标杆民企	2017—2021 年	B	B	B	B
	2022—2023 年（预测）	D	C	C	C
标杆国央企	2017—2021 年	C	C	C	A
	2022—2023 年（预测）	B	B	C	B

通过对各项指标的综合测算与合理推测，我们计算得出标杆民企和国央企的核心能力等级，这样可以更加直观地展现各梯队房企的核心能力及其变化趋势。2022—2023 年的预测分析是根据 2017—2021 年的企业均值、行业均值，以及企业和行业当前的新变化，做出的综合评测。

发展能力评级：标杆民企 2017—2021 年的发展能力为 B 级，预计 2022—2023 年下降两档至 D 级；标杆国央企 2017—2021 年的发展能力为 C 级，预计 2022—2023 年上升一档至 B 级。

杠杆能力评级：标杆民企 2017—2021 年的杠杆能力为 B 级，预计 2022—2023 年下降一档至 C 级；标杆国央企 2017—2021 年的杠杆能力为 C 级，预计 2022—2023 年上升一档至 B 级。

周转能力评级：标杆民企 2017—2021 年的周转能力为 B 级，预计 2022—2023 年下降一档至 C 级；标杆国央企 2017—2021 年以及预计的 2022—2023 年的周转能力均为 C 级。

盈利能力评级：标杆民企 2017—2021 年的盈利能力为 B 级，预计 2022—2023 年下降一档至 C 级；标杆国央企 2017—2021 年的盈利能力为 A 级，预计 2022—2023 年下降一档至 B 级。

一、标杆民企：核心能力将全面减弱

如图 1-2 所示，2017—2021 年，标杆民企的发展能力、杠杆能力、周转能力和盈利能力均为 B 级，四项能力均衡发展。其 2022—2023 年的核心能力等级分别为 D、C、C 和 C，杠杆能力、周转能力和盈利能力稍有下降，发展能力下降最为明显。

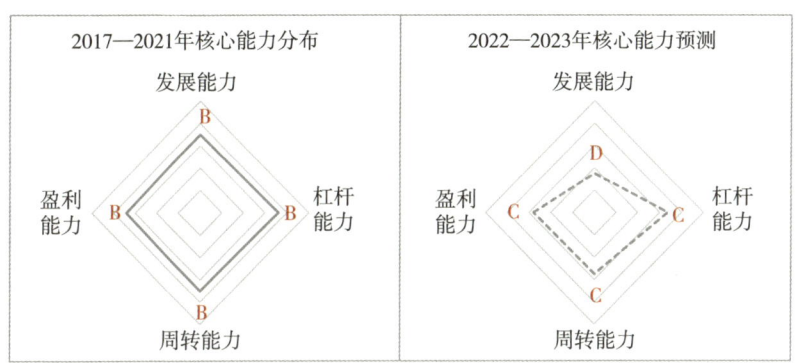

图 1-2　标杆民企 2017—2023 年核心能力变迁

过去，民企以规模为导向，利用高杠杆、高周转模式快速扩张。在行业上升期，民企通过粗放式经营，仍能达到高盈利。因此，2017—2021 年，民企的核心能力较为均衡。

在行业基本面下行，竞争不断加剧的大背景下，多数民企面临融资端和销售端的双重压力。拿地规模收缩、发展能力减弱属于正常现象。随着土地成本、融资成本不断攀升，毛利下滑已成为行业共识。民企通过积极挖掘利润空间，加强精细化管理，在费用管控方面取得了一定成效，但这仍无法抵挡利润下滑的趋势，故其整体盈利能力减弱。在监管政策趋严的环境下，民企的财务杠杆快速下降。

与国央企相比，民企具有经营效率高、运营机制灵活等特点，其危机意识和进取意识更强烈。高负债、高杠杆的民企应该及时转变增长方式和经营模式，主动"缩表"。未来，财务安全、经营稳健、融资渠道畅通的优质民企将成为市场竞争的主要参与者。

二、标杆国央企：盈利能力将下降，周转能力依旧较弱

如图 1-3 所示，2017—2021 年，标杆国央企的发展能力、杠杆能力、周转能力和盈利能力的等级分别为 C、C、C 和 A。四项能力中，发展能力、杠杆能力和周转能力相对较弱。2022—2023 年，其核心能力等级分别为 B、B、C 和 B，周转能力依旧较弱，杠杆能力和发展能力有所提升，盈利能力有所下降。

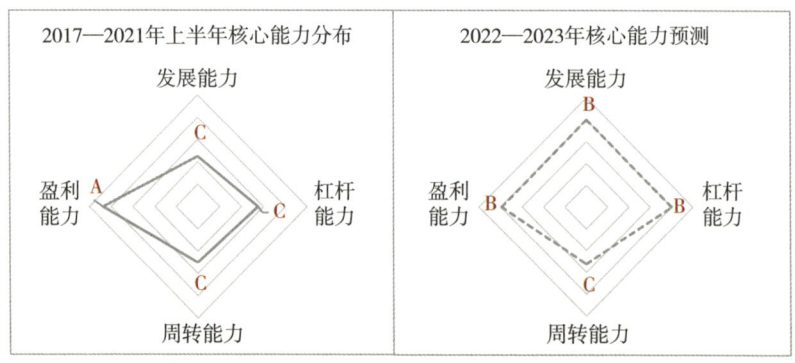

图 1-3　标杆国央企 2017—2023 年核心能力变迁

过去，国央企以利润为导向，注重财务安全，以低杠杆、低周转的模式稳健发展，故其杠杆能力、周转能力和发展能力都相对较弱。与民企相比，国央企在行业上升期的杠杆水平过低。故在房企资金端承压、拿地规模收缩的背景下，国央企能够凭借稳健的财务状况和较好的融资能力，以相对较低的成本获得优质土储。在利润导向下，国央企注重产品溢价，以在一二线城市开发利润型产品为主，这导致国央企的周转速度较慢。未来，房企的高负债、高杠杆发展模式将无法持续，地产行业将逐渐由高周转变为低周转。后者与目前多数国央企的经营模式吻合，对国央企来说，这是一件好事。在盈利能力方面，

国央企在融资成本和费用管控上具备优势，但在行业整体毛利下行的背景下，国央企的盈利能力也略有下降。

与民企相比，国央企具备良好的信用资质及背书，融资能力较强。国央企可在多数民企通过降负债、收缩投资等方式进行内部调整时，新增质优价廉的土储，扩大盈利优势，并为后续业绩增长和规模扩张奠定坚实基础。

第三节
标杆民企和国央企运营指标趋势预测

基于对房企核心能力的分析，我们继续以 15 强房企中标杆民企和国央企为研究对象，具体分析它们的核心能力，并对其未来运营指标趋势进行预测。

基础数据来自 15 强房企中上市民企（碧桂园、万科、龙湖、新城、旭辉）和国央企（保利、中海、华润置地、招商蛇口、金茂）的年报，我们结合疫情因素、房企未来两年的销售目标以及行业新周期变化，综合测算得出预测值。

一、销售面积增长率：民企平均下降幅度超过国央企

如图 1-4 所示，2017—2021 年，民企的销售面积增长速度逐年放缓，2018 年之后开始低于国央企的增长速度，2021 年出现负增长。主要原因是：民企过去注重规模诉求，并通过高杠杆、高周转进行快速扩张，其历史销售面积增速明显领先于国央企；2018 年之后，民企已经完成了规模扩张，其销售业绩排名靠前，销售面积基数较高，故增长速度逐步放缓。

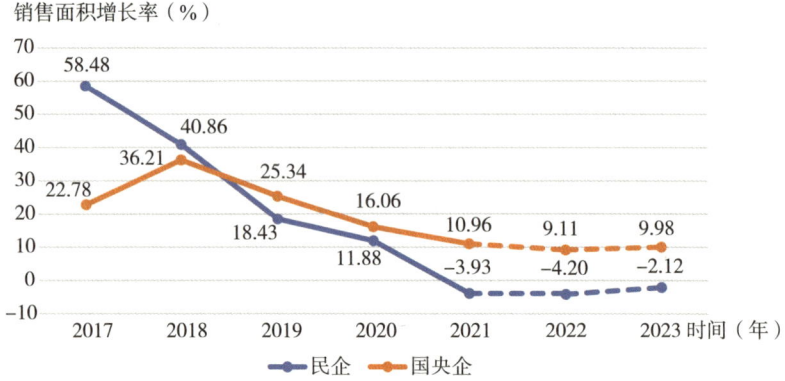

图1-4 2017—2023年标杆房企销售面积增长率变化趋势

国央企的销售面积增长率在2018年达到近年最高值，而后逐年下降。主要原因在于，与扩大销售规模相比，国央企过去更注重财务安全与利润增长，其销售面积增长速度较为平缓。2018年仍有部分国央企处于规模扩张阶段，保持着较高的销售面积增长率。

随着融资收紧，尤其是"三道红线"和"贷款两集中"政策的出台，房企普遍重视销售业绩和回款管理。2021年上半年，百强房企的销售业绩同比增长36%，但从2021年下半年开始，市场持续降温，百强房企的整体业绩表现不及上半年及历史同期。虽然从2021年第四季度开始，政策出现微调，但市场底部尚未出现，多数房企无法完成全年业绩目标。

由于融资受限、降杠杆以及收缩拿地力度，预计2022—2023年民企的销售面积增长速度持续放缓，销售面积开始下降。而国央企具有天然的融资优势，逆势拿地实力凸显，价廉质优的土储为其销售业绩的增长奠定了坚实的基础。国央企更侧重于在去化较佳的高能级城市布局，预计其2022—2023年的销售面积将保持较好的增长态势。

二、储销比：民企和国央企先后快速下降

如图1-5所示，2017—2021年，民企和国央企的储销比均逐年下降，国央企的储销比始终高于民企的。民企的储销比自2017年开始迅速下降，而后逐年缓慢下降，主要原因是：2017年受市场调控、楼市预期转冷等因素影响，民企拿地态度趋于谨慎，在保证规模可持续增长的同时，民企放缓了拿地节奏。

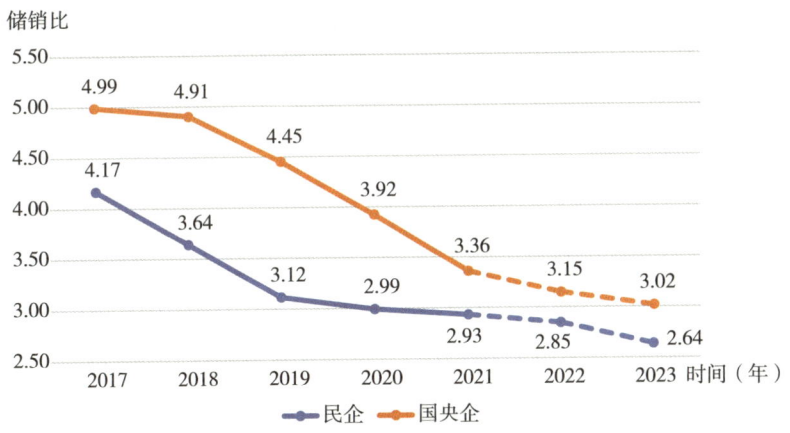

图1-5　2017—2023年标杆房企储销比变化趋势

国央企的储销比在2018年仍保持在高位，随后快速下降，主要原因是：2018年部分国央企仍处于规模扩张期，其销售业绩保持较强的增长态势，这些国央企需要充足的土地储备来保障未来的销售规模。

2020年下半年的"三道红线"政策出台后，部分"踩线"房企收缩了投资规模，而财务稳健的房企则逆势补充低价且优质的土储。在2021年上半年的集中土拍中，房企拿地热度较高，获地房企以规模民企和国央企为主，且不少民企不惜以高溢价激进拿地。2021年下半年，在行业融资端趋紧、基本面快速下滑的背景下，部分房企陷

入流动性危机，多数民企收缩投资规模，甚至停止拿地。在 2021 年下半年的集中供地中，国央企成为拿地的绝对主力。

在投销比保持在 40% 的监管要求的限制下，房企将更加理性地进行投资——根据自身的去化能力调整投资力度，以销定投。预计 2022—2023 年民企和国央企的储销比均持续下降。在融资端收紧的大背景下，民企的投资规模将持续收缩，其储销比预计维持在 2.7 左右。国央企凭借稳健的财务状况及良好的融资优势，将以相对较低的溢价率逆势获取优势地块，其储销比预计维持在 3.1 左右。

三、地货比：民企和国央企将以"稳"为主

如图 1-6 所示，2017—2021 年，民企和国央企的地货比均先降后升，且民企的地货比始终低于国央企的。2017—2018 年，在布局方面，房企从核心区域向郊区扩张，从一二线城市向三四线城市下沉，拿地均价普遍降低，从而带动地货比下降。2019 年之后，随着政策调控常态化，为降低投资风险，房企开始增加对一二线城市的投资，拿地均价上升，同时受限价政策影响，销售均价增长乏力，从而导致地货比上升。

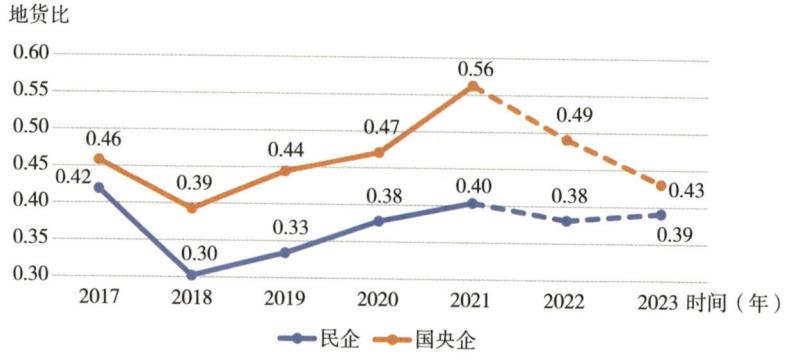

图 1-6　2017—2023 年标杆房企地货比变化趋势

在土地成本和融资成本攀升的背景下，民企控制成本的需求更加强烈，积极探索多元化拿地，致力于降低土储成本。而国央企地货比的上升速度在 2021 年明显快于民企的，主要原因是：国央企重点布局的一二线城市的地货比本就较高，而部分国央企那时处于规模扩张期，资金充裕，因此积极补充土储。

受土地成本上升和新房限价影响，预计 2022—2023 年民企的地货比将维持在 0.38 左右。在投销比保持在 40% 的监管要求的限制下，国央企将积极获取性价比更高的土储，其地货比在未来两年将出现回落。

四、权益比：国央企先降后升，民企较稳定

如图 1-7 所示，2017—2021 年，国央企的权益比持续下滑，主要原因是：随着行业竞争加剧，大部分房企通过合作来共摊成本与风险，以撬动规模增长。

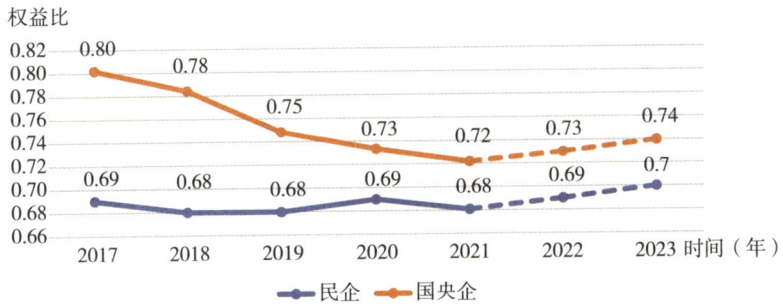

图 1-7　2017—2023 年标杆房企权益比变化趋势

"三道红线"政策促使"踩线"房企增加现金流、降低负债，这给房企的投资策略带来较大影响，房企合作开发项目增多。据不完全

统计，2020年上市房企的新增土储权益比例为65%，较2019年下降1个百分点。

目前，多数房企开始注重提升权益比。主要原因是：第一，随着行业增速放缓，头部房企规模诉求减弱；第二，过去权益比过低导致的"增收不增利"问题日渐凸显，房企盈利承压；第三，房企之间的差异会带来沟通成本过高、执行效率低下等问题，合作风险较大；第四，优质地块稀缺，在资源、市场等方面具备竞争力的房企更倾向于独立操盘。

预计2022—2023年国央企和民企的权益比均略微上升。

五、存销比：国央企未来将下降，民企平稳上升

如图1-8所示，2017—2021年，民企的存销比平稳上升，总体保持在较低水平，而国央企的存销比先快速下降，后上升。

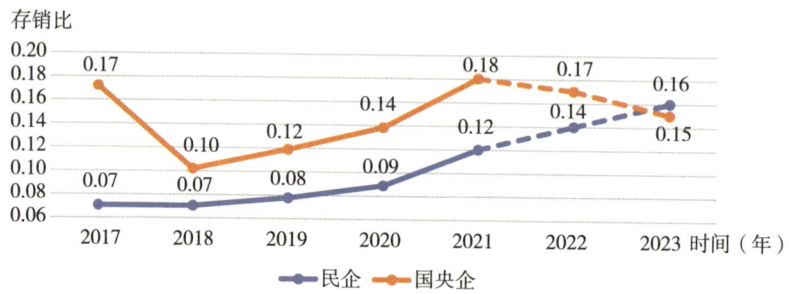

图1-8　2017—2023年标杆房企存销比变化趋势

在较高的资金成本压力下，民企更注重滞重存货管理。民企普遍采用高周转模式，以提升运营效率和去化能力，针对滞重项目降价去库存，率先将滞重存货控制在合理比例。2017—2018年，行业政策收紧，国央企顺势加强去化，由于具备较大的让利空间，其库存去化

成效显著。国央企侧重于在一二线城市打造利润型项目，加上限价政策的影响，其部分项目开盘滞后或实行现房销售，故其存销比高于民企的。

预计2022—2023年，民企的存销比缓慢上升，国央企的存销比则略微下降。随着行业下行，三四线城市库存去化困难，加上2021年下半年以来部分民企违约事件影响了市场信心，民企的存销比或将持续上升。国央企主要布局在基本面较佳的一二线城市，销售去化有保障，其存销比或将进一步下降。

六、建销比：国央企平稳上升，民企波动上升

如图1-9所示，2017—2021年，国央企的建销比呈上升趋势，而民企的建销比先升后降。随着行业规模见顶，民企的开工面积增速逐年放缓，甚至出现负增长，所以其建销比自2018年开始下降。而部分国央企当时仍处于规模扩张阶段，销售增长率较高，开工面积保持正增长，从而带动建销比上升。

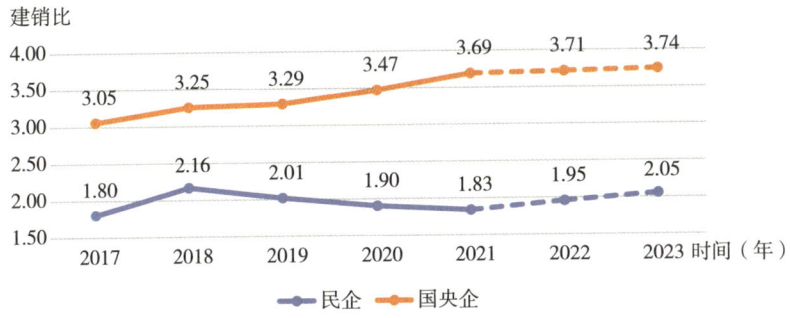

图1-9　2017—2023年标杆房企建销比变化趋势

预计2022—2023年民企和国央企的建销比均平缓上升，且民企

的上升幅度大于国央企的，主要原因是：第一，地产市场整体下行，民企在销售方面仍然承压，销售面积增速将放缓甚至下降；第二，2021年下半年以来，民企融资受限，现金流压力上升，这影响了其施工建设速度，从而使在建库存难以消化。

七、净利润率：国央企先升后降，民企波动下降

如图1-10所示，2017—2021年，民企的净利润率波动下降，国央企则先缓慢上升，后快速下降。

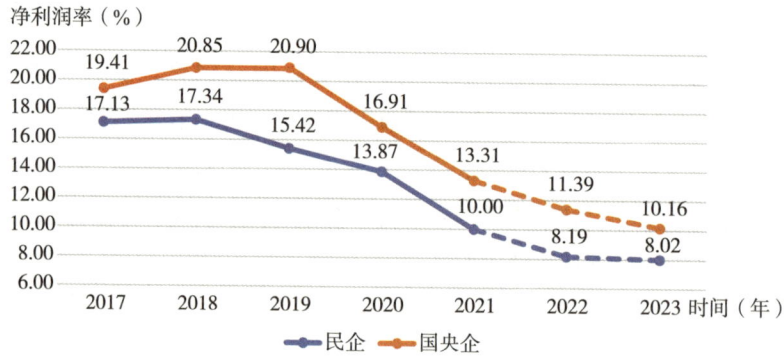

图1-10　2017—2023年标杆房企净利润率变化趋势

2017—2018年，房企获取了较多高地价项目，随后市场整体下行，部分城市限价，因此这些项目的利润率较低。在利润下滑的预期下，房企一方面通过加强内部管控能力来挖掘利润空间，另一方面通过提高利息资本化比例来调节利润。

在快周转模式下，民企的结算周期较短，其净利润率率先出现下滑。国央企由于结算期滞后，且较低的资金成本降低了毛利下滑所带来的影响，其净利润率在2018—2019年仍缓慢上升。随着前期高地

价项目步入结算阶段，2019—2020年国央企的净利润率下滑明显。

预计2022—2023年民企和国央企的净利润率均呈缓慢下滑趋势。主要原因是：第一，部分房企的高地价项目仍未结转完毕；第二，在2021年的第一批集中供地中，房企所获地块的整体溢价率较高，未来结算毛利将承压；第三，2021年下半年市场整体下行，部分房企采取了打折促销的方式，"以价换量"来保证业绩增长，这将加剧"增收不增利"现象。

随着"稳地价"长效机制的建立以及土拍机制的逐步完善，房企拿地毛利率有望提升，从而带动未来结算毛利提升。此外，不少房企通过布局多元化业务来探索新的盈利模式。长期来看，行业净利润率仍有提升空间，但短期内房企的净利润率仍延续下行趋势。

八、管理费率：国央企持续下降，民企先升后降

如图1-11所示，2017—2021年，国央企的管理费率持续下降，民企则先升后降。

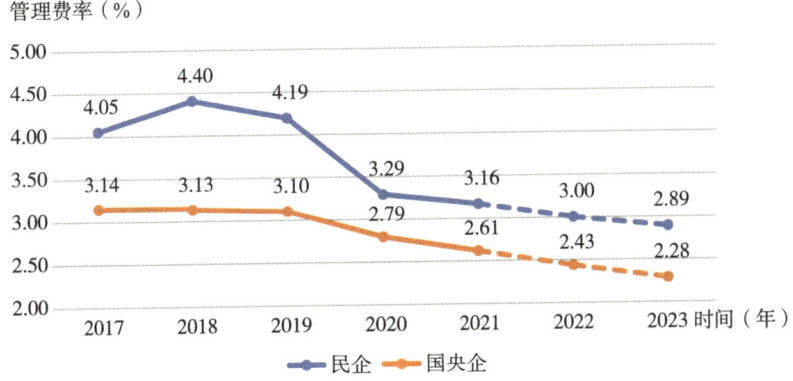

图1-11　2017—2023年标杆房企管理费率变化趋势

过去，民企在快速扩张过程中，通过高薪挖人来实现迅速发展，在组织、管理方面的费用消耗较多。随着规模效应形成，民企积极降本增效，通过管理标准化建设、组织优化、数智化转型等方式来提升精细化管控能力，其管理费率得以快速下降。而国央企体制健全、综合治理水平高、从业人员稳定，其管理费率已处于较低水平，下降空间有限。

预计2022—2023年民企和国央企的管理费率均呈下滑趋势。随着行业下行，为了缩减成本，房企将精兵简政，短期内其管理费率将大幅下降。长期来看，房企可通过组织效能提升、区域深耕、文化机制宣导等方式进一步加强成本管控。

数智化转型升级是提升房企管理效率的有效途径。在数智化建设方面，民企领先于国央企。随着国央企数智化转型升级的步伐加快，其管理费率在未来将显著下降。

九、营销费率：均波动下降，民企高于国央企

如图1-12所示，2017—2021年，民企和国央企的营销费率均波动下降，但民企的营销费率始终高于国央企的。

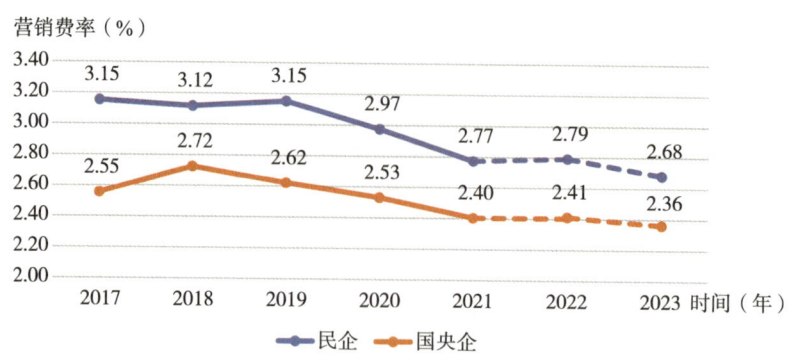

图1-12　2017—2023年标杆房企营销费率变化趋势

国央企由于聚焦一二线城市，新房限价优势明显，其营销费用支出较少。民企在快周转模式下，为提升去化能力，在营销推广方面的费用支出较多。

面对行业利润下行的压力，近年来房企不断加强精细化管理，通过营销标准化、数智化精准营销以及自建销售渠道等手段，压缩推广及宣传费用，从而使得营销费率得到良好控制。

受市场下行影响，预计2022—2023年民企和国央企的营销费率将均呈收窄态势。

十、财务费率：均先升后降，民企低于国央企

如图1-13所示，2017—2021年，民企和国央企的财务费率均先升后降，民企的财务费率低于国央企的。

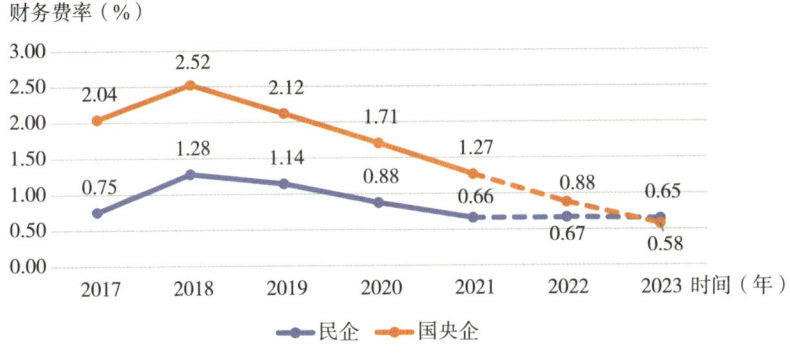

图1-13　2017—2023年标杆房企财务费率变化趋势

在快周转模式下，民企的资金使用效率较高，其借款费用的利息资本化比例普遍高于国央企。由于只有少部分利息支出计入财务费用，民企的财务费率维持在较低水平。如果剔除利息资本化因素，民

企的实际财务费率大幅高于国央企的。

自 2018 年以来，行业利润增速明显放缓，房企倾向于通过利息资本化来提振当期利润。目前，多数民企的利息资本化比例在 90% 以上，甚至接近 100%。而国央企的利息资本化比例普遍在 60%～70%。

近年来，国央企凭借良好的信用资质，融资成本稳中有降，财务费率也随之下降。而民企也逐渐告别高杠杆模式，主动降低对有息负债的依赖，并积极优化债务结构，从而使其融资成本得到小幅下降，但与国央企相比仍存在显著劣势。

国央企拥有较低的融资成本，这可以减少财务支出，提高其盈利能力，使经营稳健向好，从而实现低融资成本的良性循环。预计 2022—2023 年国央企的财务费率将稳步下降。

受国内监管政策及行业融资收紧的影响，民企发债难度加大，其负债规模或将收缩，这将使其利息支出减少。预计 2022—2023 年民企的财务费率将略微下降。

通过上述研究，就未来发展趋势来说，民企和国央企的地货比趋向于收敛一致，销售面积增长率、权益比、储销比、建销比、净利润率、管理费率和营销费率趋向于平行发展，存销比和财务费率趋向于分化。

对比民企和国央企，以下两点值得关注：第一，民企的储销比、地货比、存销比、建销比、财务费率优于国央企的；第二，国央企的销售面积增长率、权益比、净利润率、管理费率、营销费率优于民企的。

总之，民企和国央企在四大核心能力评级中各有所长。

链接：十大标杆房企运营指标参考（详见附录）。

第四节
万科 VS 碧桂园：运营力巅峰对决的九大看点

均衡型的万科始终本着谨慎的经营态度，其运营节奏稳健，管理精细，在行业里有教科书般的参考价值。而快周转型的碧桂园坚定布局三四五线城市，在运营上持续发力，不断对开工、开盘、去化、结转等节点进行优化，从而实现快周转的良性循环。

我们以万科和碧桂园近四年的年报为数据基础，选取"投—储—销—存—结"五个阶段，并分别用投销比、地货比、储销比、建销比、销售面积增长率、权益比、存销比、未结比和结转比九项指标对它们进行分析研究（见图1-14），对比分析它们从投资储备到交付结转等关键环节的变化趋势差异及背后的原因。

图 1-14　项目"运营力分析"模型

本节以面积维度为分析口径，以销售面积与销售金额为参照，选取了五个运营阶段进行分析。

一、投销比：双双下降，连年收缩

1. 万科：持续下降，战略收缩，调整土储结构

如图 1-15 所示，2018—2021 年，万科的投销比持续走低。

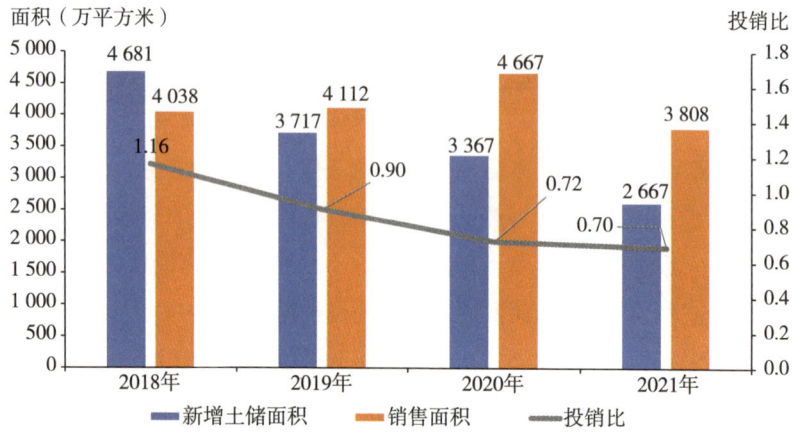

注：投销比 = 新增土储面积 / 销售面积。
数据来源：万科历年年报，爱德地产研究院整理资料。

图 1-15　2018—2021 年万科投销比

自 2018 年秋季提出"活下去"的口号后，万科开始持续性地收缩投资，控制土储规模，以平抑在建过多、销售不畅的问题，这导致其 2019 年的投销比降至 0.90，这是自 2015 年以来首次小于 1。

2020 年上半年，万科继续坚持理性审慎的投资态度。2020 年下半年，万科的投资力度明显加大，下半年新增土储面积占比达到全年的 73%。但 2020 年全年新增土储面积仍低于 2019 年的。同时，销售增速较 2019 年有所回升，投销比进一步下降。

2021 年，万科坚持量入为出的策略，其新增土地投资规模进一步缩减，投销比维持在较低水平。

2. 碧桂园：波动下降，逐步以销定投

由于前期土储较为充裕，2019 年碧桂园主动调整土储结构，放缓投资节奏，新增土储面积同比下降 39%，投销比降至 0.85（见图 1-16）。

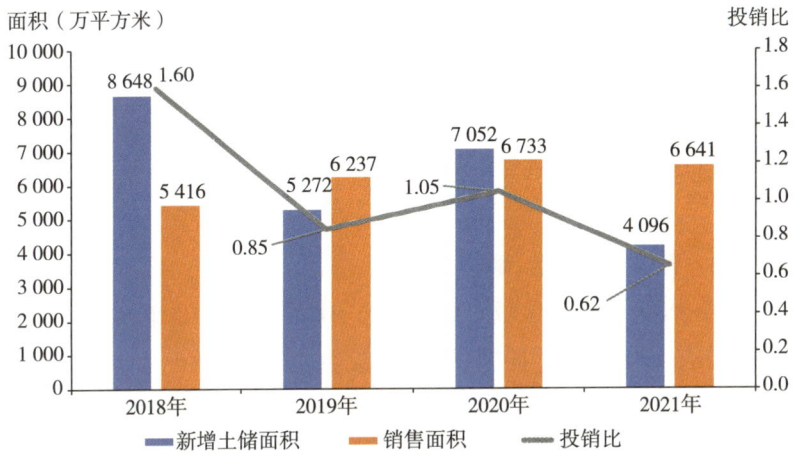

数据来源：碧桂园历年年报，爱德地产研究院整理资料。

图1-16　2018—2021年碧桂园投销比

2020年下半年，特别是第四季度，碧桂园的投资力度明显加大，仅第四季度的新增土储面积就占全年的43.5%，这使其2020年的投销比达到1.05。

2021年，碧桂园的投资力度有所下降，投销比降至0.62。

3. 对比

在土地成本上升、新房限价的大背景下，万科和碧桂园的投资力度均呈下降趋势。投销比连续多年下降，必将导致总土储规模下降。投销比连续多年小于1，将导致储销比小于2。

2020年下半年，万科和碧桂园均适度加大投资力度，主要原因是："三道红线"政策出台后，部分"踩线"房企放缓了投资节奏，这对于运营稳健、现金流充沛的万科和碧桂园来说，是绝佳的拿地窗口期。

2021年，万科和碧桂园均在保障投资质量的前提下适度补充土储资源。可见，财务稳健型房企偏向于在以销定投的基础上，根据市场动向把握投资机会。

二、地货比：盈利空间逐年压缩，碧桂园利润空间更大

1. 万科：整体上升，结算毛利率承压

2018年万科调整区域布局，增加中西部地区的拿地面积，减少南方地区的拿地面积。同时，万科积极通过合作获取土地储备，当年新增土地中82.6%的新增项目为合作项目。这两方面因素共同导致其拿地均价大幅下降，地货比降至0.4以下（见图1-17）。

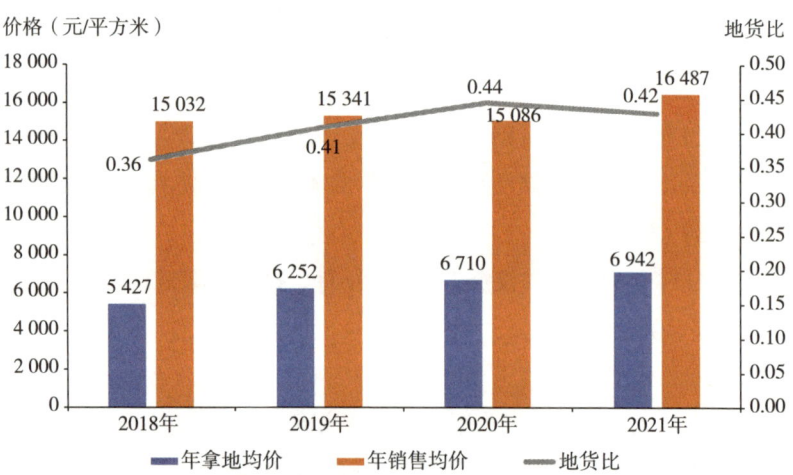

注：地货比 = 年拿地均价 / 年销售均价。
数据来源：万科历年年报，爱德地产研究院整理资料。

图1-17　2018—2021年万科地货比

随着政策调控常态化，再加上万科在2020年加大对重点城市群的投资力度，其拿地均价持续上涨。同时受限价政策影响，万科的销售均价增长乏力，这导致其地货比不断上升。

2021年，万科地货比下降。原因包括：第一，积极控制拿地成本，不仅在集中供地中巧妙避开了竞争激烈的一线城市和二线热门城市，还通过收并购、TOD（以公共交通为导向的发展模式）和城市更新等多元化方式补充土储；第二，由于上海和南方区域对集团整体销售金额的贡献提升，万科的销售均价有所上升。

较高的地货比可能导致万科未来的结算毛利率承压。

2. 碧桂园：呈上升趋势，盈利优势或不再明显

如图1-18所示，2019年碧桂园的地货比由2018年的0.24上升至0.35，主要原因是：二线城市及目标二线城市的新增投资比重有较显著的回升，从而使拿地均价大幅上涨。

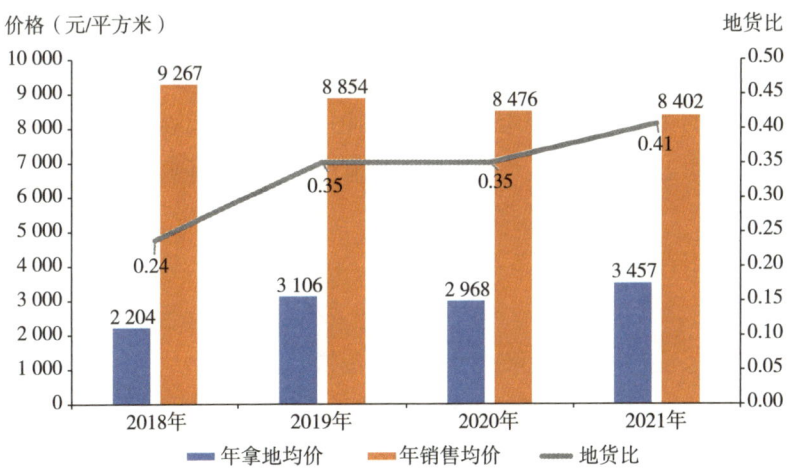

数据来源：碧桂园历年年报、企业公告，爱德地产研究院整理资料。

图1-18　2018—2021年碧桂园地货比

2020年碧桂园的拿地均价降至3 000元以下，主要原因是：一方面，2020年下半年碧桂园抓住窗口期逆势拿地，拿地竞争小；另一

方面，碧桂园在三四线城市的投资比重回升至65%。由于对拿地成本的良好控制，碧桂园借此缓解了销售均价下降所带来的影响，其地货比与2019年保持一致。

2021年，碧桂园优化土储结构，适度向高能级城市布局，拿地均价有所上升，这导致其地货比上升至0.41。

3. 对比

总体来看，2018—2020年碧桂园的销售均价大约为万科的60%，但其拿地均价仅约为万科的45%，因此碧桂园在地货比上占有优势。这为其开发现金流型项目创造了良好条件，从而助力其提高资金周转效率。根据公告，在2020年的已开盘项目中，碧桂园年化自有资金回报率大于30%的项目超过9成。

随着棚改红利消失和三四线楼市降温，行业风险越来越大，布局主流城市成为行业共识。由于过去不断下沉三四五线城市，近年来碧桂园的销售均价逐年走低。为了对冲风险，碧桂园逐渐调整拿地策略，聚焦五大都市圈，均衡布局，其地货比优势不再明显。

三、储销比：双双下降

1. 万科：受在建未售面积影响，下降缓慢

2018—2019年，尽管万科的投资力度持续减弱，规划面积逐年下降，但由于其这两年的销售面积均超过4 000万平方米，且在建未售面积逐年增高，储销比下降不明显（见图1-19）。

2020年其销售提速，带动储销比下降至2.34。2021年，在对市场预期谨慎判断后，万科减弱了投资力度，总土储面积进一步下降。但由于销售乏力，其储销比上升。

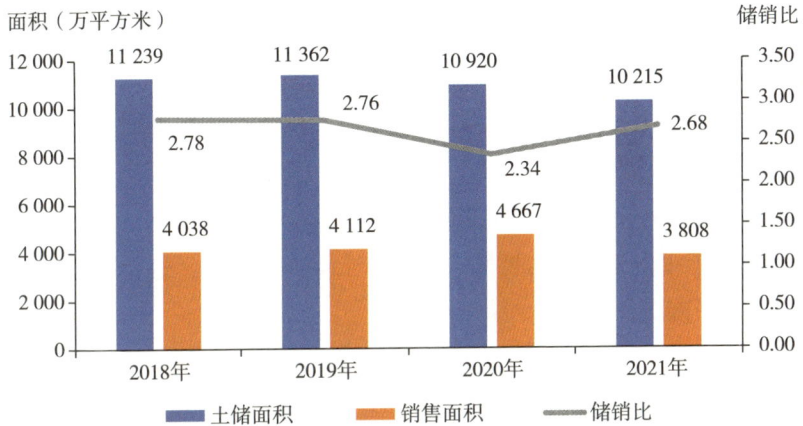

注：储销比=（规划面积+在建未售面积）/销售面积。
数据来源：万科历年年报，爱德地产研究院整理资料。

图 1-19　2018—2021 年万科储销比

2. 碧桂园：随投资力度放缓呈下降趋势

如图 1-20 所示，2018—2021 年碧桂园的储销比呈下降趋势。

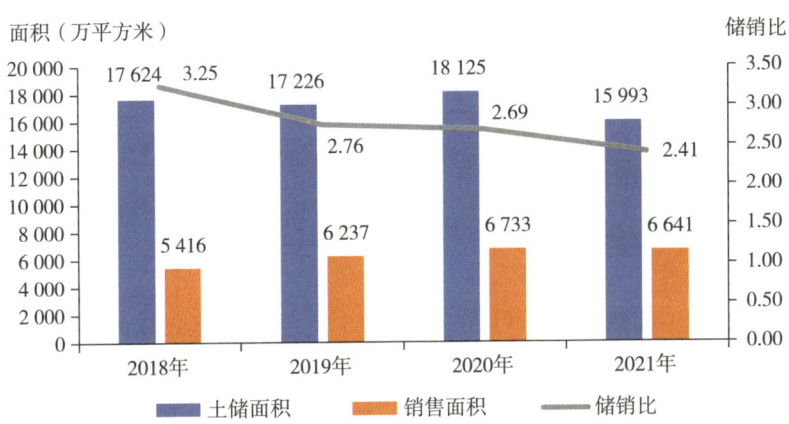

数据来源：碧桂园历年年报，爱德地产研究院整理资料。

图 1-20　2018—2021 年碧桂园储销比

2019年由于投资节奏放缓，规划面积和在建未售面积分别下降6%和8%，其储销比下降至2.76。

2020年下半年，碧桂园加大了投资力度，当年规划面积和在建未售面积分别增加2%和6%，但仍低于2018年，且小于当年的销售面积增速，其储销比下降至2.69。

2021年由于投资力度减弱，其总土储面积下降，这导致储销比进一步下降。

3. 对比

随着投资力度逐年减弱，万科和碧桂园的储销比均呈下降趋势。

碧桂园的运营节奏更顺畅，随着投资力度减弱，其土储结构不断优化，储销比低于万科。万科由于存在在建未售面积过高、供货不足的问题，土储结构有待进一步优化。

四、建销比：万科去化不足，碧桂园供不应求

1. 万科：高于1，在建未售面积过多

如图1-21所示，2018—2021年万科的建销比均高于1，这说明其去化不足，销售乏力。

万科在2018年和2019年的新开工面积均超过4 000万平方米，且都高于2017年的，这导致其在建未售面积自2018年开始上升。

2019年，万科销售乏力，当年的建销比高达1.45。2020年，万科的新开工面积回落至4 000万平方米以下，其在建未售面积增速放缓，同时销售增长提速，建销比降至1.26。2021年，万科的新开工面积进一步下降，但由于销售乏力，建销比上升至1.50。

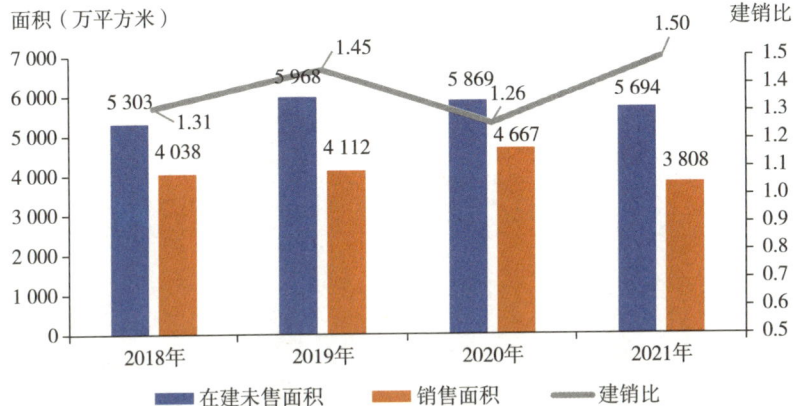

注：建销比 = 在建未售面积 / 销售面积。
数据来源：万科历年年报，爱德地产研究院整理资料。

图 1-21　2018—2021 年万科建销比

2. 碧桂园：低于 1，并持续下降

如图 1-22 所示，2018—2021 年碧桂园的建销比均低于 1，这说明碧桂园的销售节奏顺畅，产品供不应求。在 2020 年的业绩发布会上，碧桂园总裁莫斌表示："在碧桂园已进驻的 245 个三四线城市中，84% 的城市处于库存短缺或合理状态。"由此可见，三四线城市的需求潜力巨大。

2019 年，碧桂园的建销比进一步下降至 0.76，这得益于其建设施工效率的提高。2020 年年初，受疫情影响，碧桂园施工进度受阻，其在建未售面积也随之增长。加上销售面积增速放缓，其建销比略微下降。2021 年，碧桂园经营节奏回归正常，在建未售面积减少，建销比进一步下降。

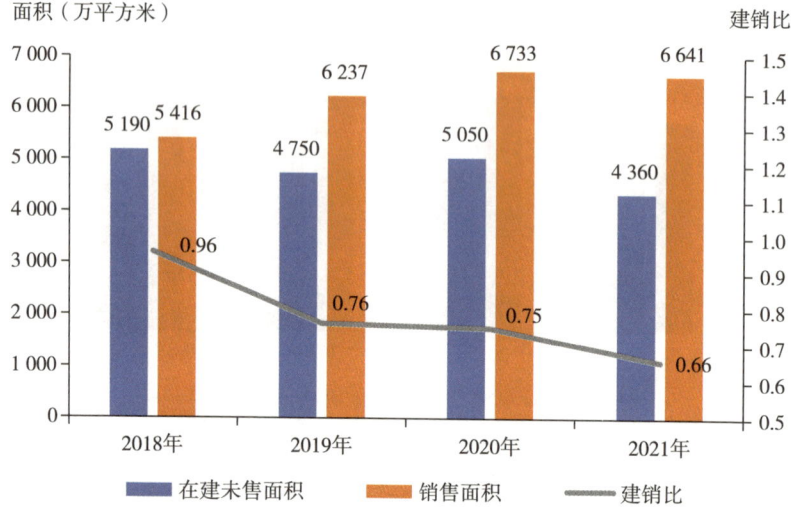

图1-22 2018—2021年碧桂园建销比

3. 对比

万科的建销比较高，主要是因为其2017—2018年的新开工面积增速较快。随着新开工面积增速下降，其未来供货量将增加，销售节奏会逐渐顺畅，建销比将回落。

碧桂园在快周转的经营模式下，从开工至开盘的时间短，其在建未售面积也相对较少，所以建销比较低。未来随着建筑机器人和智能建造技术的大规模应用，预计碧桂园的建销比仍有下降空间。

五、销售面积增长率：万科波动较大，碧桂园较稳定

如图1-23所示，万科的销售面积增长率的波动较大。

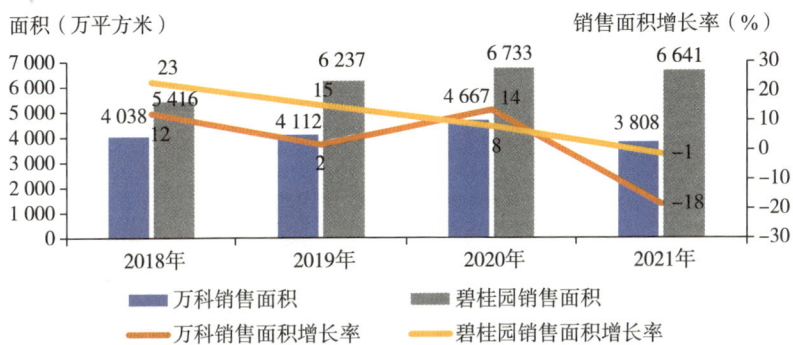

数据来源：万科、碧桂园历年年报，爱德地产研究院整理资料。

图 1-23　2018—2021 年万科、碧桂园销售面积增长率

2019 年，万科南方区域的销售面积下降了 10%，这拉低了万科的整体业绩增速。主要原因是：南方区域最早开始探索综合体业务，住宅占比较低，回报周期较长。2020 年，随着南方区域销售业绩的回升，万科整体销售增速达到 14%。2021 年，地产市场降温明显，万科的销售面积同比下降 18%。

万科的销售增长率在前 10 强房企中处于较低水平。主要原因包括：第一，万科的销售规模基数较大；第二，万科自 2014 年起进行战略转型，平衡安全与发展，严格控制开发业务的增速和规模。

2018—2021 年，碧桂园的销售面积增速呈放缓趋势，与行业走势基本一致，销售业绩表现较为稳定。

六、权益比：万科提升空间大于碧桂园

1. 万科：保持在 0.65 左右，处于较低水平

整个行业的权益比参考值在 0.6～0.8，而万科近几年的权益比保持在 0.65 左右（见图 1-24），处于行业均值的中下水平，这与万科习

惯于合作操盘开发的经营模式有关。

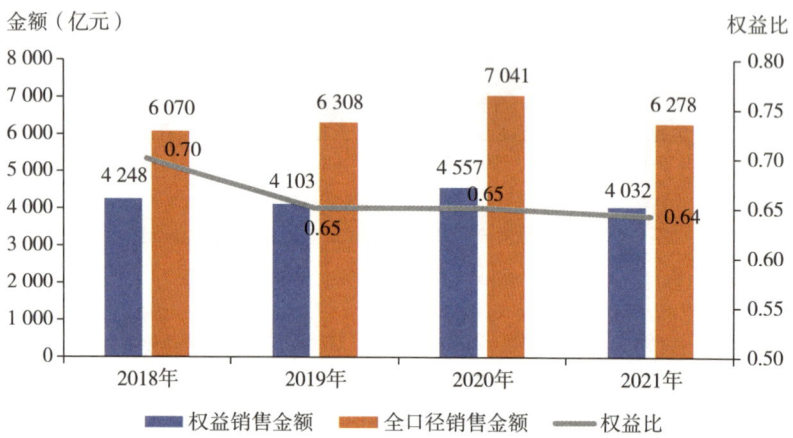

注：权益比 = 权益销售金额 / 全口径销售金额。
数据来源：万科历年年报，克而瑞数据，爱德地产研究院整理资料。

图 1-24　2018—2021 年万科权益比

2021 年，万科的权益比达到 0.64，预计其未来权益比会得到提升。

2. 碧桂园：大于 0.7，并逐步提升

如图 1-25 所示，2018—2021 年碧桂园的权益比呈上升趋势。

自 2018 年开始，碧桂园仅公布含金量更高的权益口径数据，不再公布全口径数据，这足以看出其对权益比的重视程度。

2019 年，碧桂园管理层表示，随着投资结构的优化，碧桂园的权益比正逐年上升。2020 年碧桂园新获取土地的权益占比已达 88%，预计未来会进一步提升。

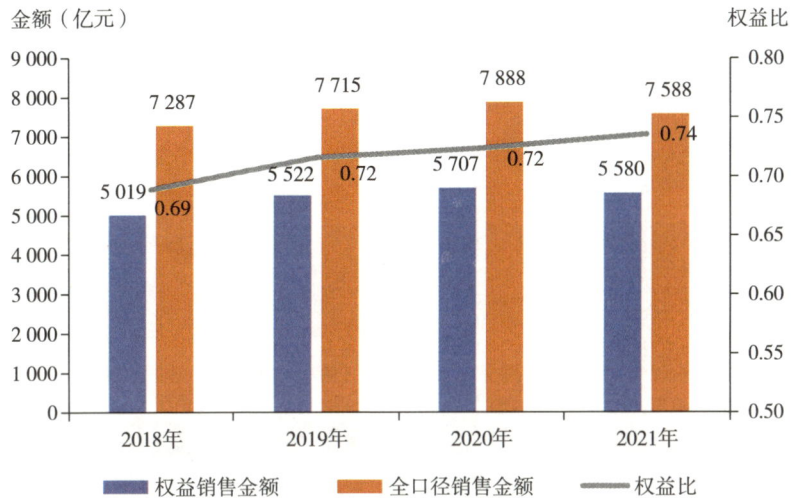

数据来源：碧桂园历年年报，克而瑞数据，爱德地产研究院整理资料。

图 1-25　2018—2021 年碧桂园权益比

3. 对比

总体来看，碧桂园的权益比高于万科的。

随着利润率下滑以及标杆房企规模扩张需求的减弱，通过提升权益比来提高核心归母净利润将成为行业趋势。在未来越来越难获得较为合理的利润的背景下，预计万科会减少合作项目的数量，从而提高权益比。

七、存销比：滞重存货管理均优异，碧桂园去化更快

1. 万科：不低于 0.1，注重滞重存货管理

如图 1-26 所示，2018—2021 年万科的存销比保持在 0.1 左右，各年的完工未售货值面积与销售面积之比基本持平。2020 年的完工未售货值面积与销售面积均同比增长约 14%，增量较为明显。2021

年，由于销售下滑，万科的存销比略微上升。

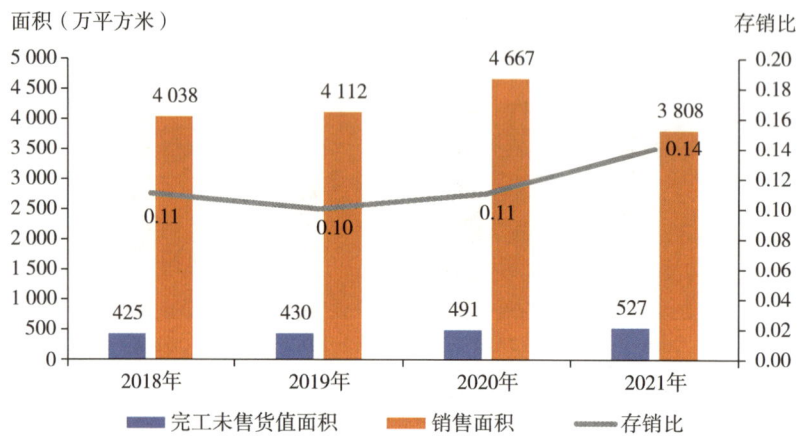

注：存销比 = 完工未售货值面积 / 销售面积；
　　完工未售货值面积 = 已完工开发产品金额 / 年销售均价。
数据来源：万科历年年报，爱德地产研究院整理资料。

图 1-26　2018—2021 年万科存销比

滞重存货管理一直是万科治理的重点和长项。例如，在车位去化方面，万科常常通过人车分流来细化卖点、协调机械车位报建、优化地下车位布局，从而实现较快的去化。

2. 碧桂园：低于 0.1，滞重存货周转快

如图 1-27 所示，2018—2021 年碧桂园的存销比均不超过 0.1，这说明其滞重库存压力较小。

近年来，碧桂园财报中已竣工存货占总存货的比例持续走低，由 2016 年的 12% 逐年下降至 2021 年的 4.4%。而目前的行业均值大约为 10%。可见，碧桂园的滞重存货周转较快。

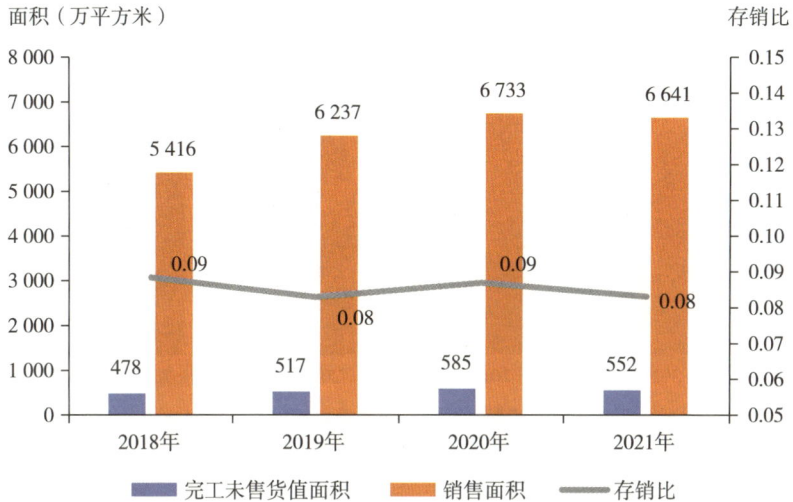

数据来源：碧桂园历年年报，爱德地产研究院整理资料。

图 1-27 2018—2021 年碧桂园存销比

3. 对比

由于滞重库存会沉淀大量资金，去滞重库存一直是房企运营的重点。万科和碧桂园在滞重存货管理方面的表现均十分优异。

碧桂园奉行快周转的经营策略，对产品去化和资金周转速度的要求更高，因此其存销比略低于万科的。

八、未结比：呈上升趋势，碧桂园销售更顺畅

1. 万科：呈上升趋势，自 2019 年起大于 1

如图 1-28 所示，2018—2021 年万科的未结比逐年上升。2019 年，其已售未竣工结算面积首次超过销售面积，未结比大于 1。大量的已售未结资源保证了万科未来两年财报业绩的稳定。

第一章 前十强房企经营能力分析　　039

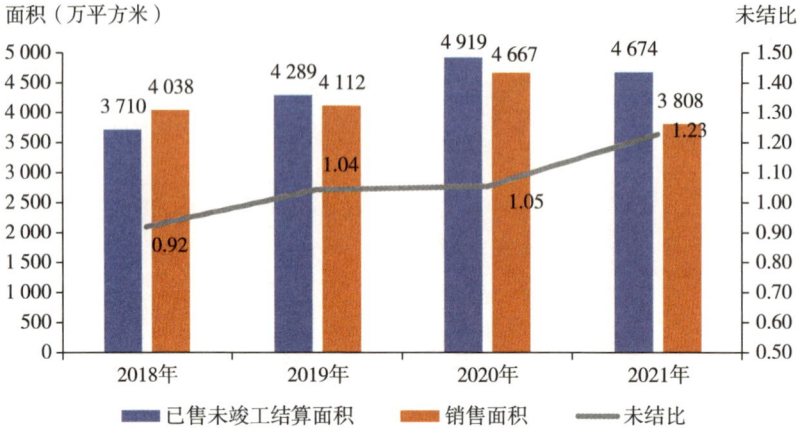

注：未结比 = 已售未竣工结算面积 / 销售面积。
数据来源：万科历年年报，爱德地产研究院整理资料。

图 1-28　2018—2021 年万科未结比

2. 碧桂园：始终大于 1

如图 1-29 所示，2019 年碧桂园的未结比上升至 1.32，主要原因是：当年销售十分顺畅，从而带动已售未竣工结算面积增长 33%。

2020 年受疫情影响，碧桂园的销售增速和竣工交付结转效率放缓，已售未竣工结算面积增速略高于销售面积增速，所以其未结比缓慢上升。2021 年，由于销售放缓，碧桂园已售未竣工结算面积下降，且降幅稍大于销售面积降幅，所以其未结比略有下降。

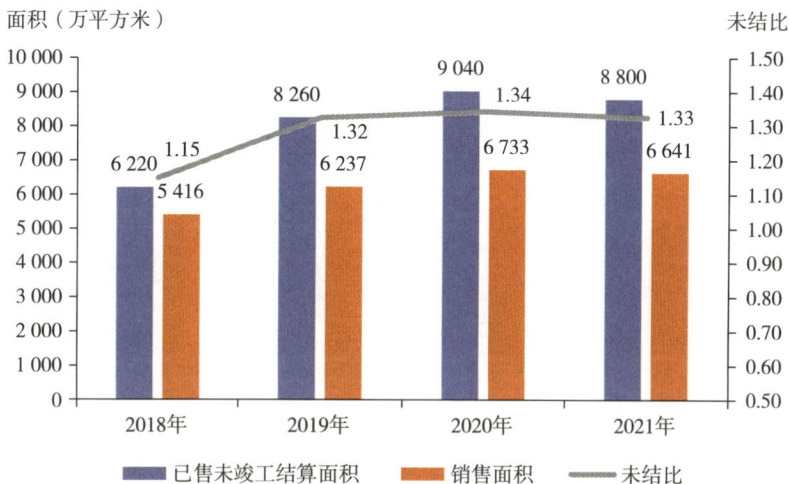

数据来源：碧桂园历年年报，爱德地产研究院整理资料。

图 1-29　2018—2021 年碧桂园未结比

3. 对比

随着对运营节奏的控制和对开发交付产能的限制，未结比提升是行业趋势。

碧桂园的未结比始终高于万科的，主要原因是：碧桂园主打的现金流型项目的开盘时间通常会提前，在销售顺畅的情况下，这有利于积累丰富的已售未结资源。

九、结转比：万科稳中带升，碧桂园领跑行业

1. 万科：逐年上升

如图 1-30 所示，2018—2021 年万科的结转比逐年上升。

第一章　前十强房企经营能力分析　　041

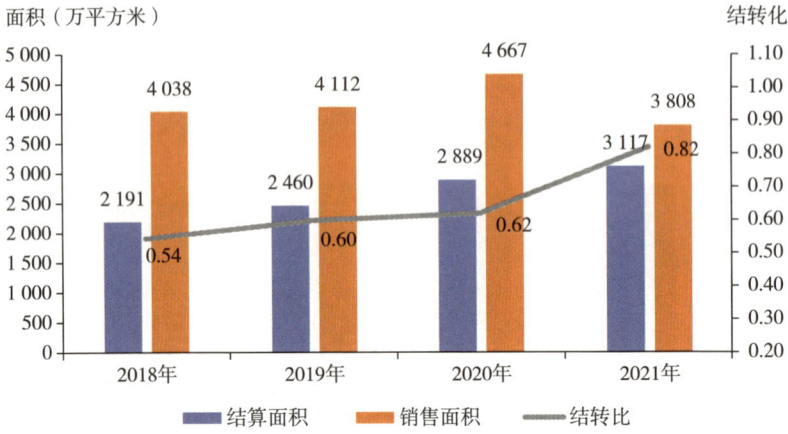

注：结转比 = 结算面积 / 销售面积。
数据来源：万科历年年报，爱德地产研究院整理资料。

图 1-30　2018—2021 年万科结转比

2019 年万科的结算面积约增长了 12%，与 2018 年增速持平，但销售面积增速放缓，这导致其结转比提升至 0.60。2020 年，在销售提速的情况下，万科超额完成当年的竣工计划，结算面积约增长了 17%，结转比进一步上升至 0.62。2021 年，万科的交付效率进一步提升，但销售下滑，所以其结转比提升至 0.82。

2. 碧桂园：波动上升，处于行业高水平

如图 1-31 所示，2018—2021 年碧桂园的结转比均超过 0.80，处于行业高水平。

2019 年碧桂园的结转比由 2018 年的 0.82 提升至 0.93，主要原因是：当年的建设施工效率提高，楼盘交付及时，从而使结算面积增长了 30% 左右。2020 年，疫情影响了建设工期，碧桂园的结算面积几乎未增加，结转比也随之下降。2021 年，碧桂园的项目建设进度加快，交付面积增加，结转比明显提升。

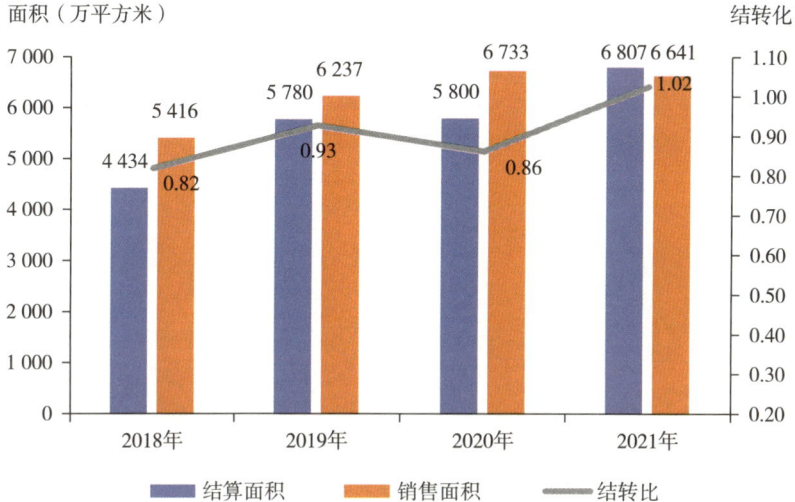

数据来源：碧桂园历年年报，爱德地产研究院整理资料。

图 1-31　2018—2021 年碧桂园结转比

3. 对比

总体来看，万科当年的销售面积能够在两年内结转完毕，是因为其整体运营效率较高。碧桂园在快周转的经营模式下，施工效率和交付结转效率更高。

万科近几年一直调整"投—储—销—存—结"运营节奏，以销定投，以销定产。随着未来供货补足、销售顺畅，预计其储销比、建销比会下降。

在快周转的经营模式下，碧桂园的地货比、建销比和存销比均低于万科的，其未结比和结转比高于万科的。随着建筑机器人的广泛应用，碧桂园的施工效率和交付结转效率将得到提升，其建销比将下降，结转比将提升。

随着土地成本、资金成本上升，万科和碧桂园会继续以销定投，并根据市场动向把握投资机会，其投销比将稳定在 1 左右。

第二章　项目投资的 AI 决策

地产行业逐渐走出了拿地即获利的资源红利时代。地产企业面临着没有储备就没有未来，储备不慎就葬送未来的尴尬局面，每个企业都亟须提高投资评判能力。

AI 工具可以自主、深度地学习企业的历史经验和各项数据，解构、分析当下海量的市场数据，兼顾多维因素科学建模并集成优秀算法，为企业拿地测算与决策提供强有力的支持。

投资管理的 AI 决策，可以让企业精准投资、少亏损、少踩坑。

第一节
地产投资管理痛点分析

随着地产行业外部投资环境急剧变化，其内部投资板块也相应出现了新方向和新挑战。因此，地产行业在投资管理上也产生了新的痛点。

大体来看，目前地产行业在投资管理上的痛点主要有四个：一是内与外的换位；二是上与下的博弈；三是高与低的矛盾；四是售与存的纠结。

一、内与外的换位

对房企而言，投资和营销是受政策和市场环境影响最大的两个板块。相较而言，投资板块所受的影响更大。由于过去高度依赖外部政策、资源和人脉，房企在投资管理上大都忽视内功和沉淀，习惯于大开大合,较难适应精耕细作。因此,房企未来面临的一个重大挑战是从外部导向转变为内部导向。

以前,房企利用资源、资金、人脉关系等优势,可以获得一些优质项目,但未来,这种模式难以为继。例如,产业勾地与村企合作的模式越来越少,房企获得土地的难度越来越大。尤其是在勾地方面,政府目前对勾地的控制非常严格。以成都为例,目前勾地项目中的商业和住宅配比不能超过1∶1,再加上诸多产业运营条件的限制,房企试图"打擦边球"或"挂羊头卖狗肉"是比较困难的。

这意味着,房企需要逐渐从过去那种外部导向驱动的投资管理模式向精修内功的模式转变。这需要房企拥有较强的精准投资测算能力与较强的运营能力,同时还要有较强的配套能力。只有提升综合能力,房企才能有较好的投资管理表现。

二、上与下的博弈

通常,地区公司在拿地环节上以企业生存为先,有项目时它还可以用时间换空间,无项目时则只能束手就擒。在激烈的市场竞争中,地区公司为了获取土地,往往对各项指标进行美化和加工。

影响房企利润的因素非常多,如果地区公司在售价、去化周期、税筹上做动态调整,这就会影响最终结果。因此,总部难以准确评判地区公司的实际情况,特别是在缺失评价工具的情况下,有时会产生人情大于标准的现象。

投资指标的确定在房企内部属于上与下之间的博弈,这其实是缠绕在投资管理条线上多年的顽疾。随着市场竞争的加剧以及行业的下行,这种矛盾会进一步加剧。因此,房企总部如何通过更好的管理工具或管理方式来约束地区公司的行为,是地产行业面临的一个非常重要的挑战。

三、高与低的矛盾

过去，地产行业一直是暴利行业的代名词。现在，行业利润水平逐渐下降，并趋于合理的范围，地产行业甚至进入了薄利时代。但是，各家房企对于投资标准的确认并未发生实质性转变。目前，房企的投资标准还是普遍较高，而这与项目实际利润的走低形成鲜明对比。

例如，滨江集团在杭州的项目只能达到 1%~2% 的净利润水平。这样一个精细化管理程度较高的企业尚且如此，而大多数企业在拿地阶段对净利润的要求仍在 8% 以上，这无疑对其产品能力和测算精准度提出了高要求。

退一步而言，哪怕我们将净利润要求从 8% 降到 6% 或 5%，房企的容错空间依然会大大减小。容错空间的减小意味着房企需要提升管理水平和运营水平，否则房企将不得不面临生与死的抉择。

四、售与存的纠结

目前，对多数房企而言，尤其是开发积累周期较长的房企，商业和车位库存问题是萦绕在它们头顶的顽疾。特别是在 2017 年和 2018 年，当时地价较高，各房企为了拿地，其举牌价格都比较高，这导致住宅一直是滞销状态。

为了加速住宅去化，各房企不得不选择以打折的方式销售。这时，为了总体测算不减损，商业和车位就承受了本不属于它的高额货值。国企在这种情况下，为了避免国有资产流失，保住利润，更是把商业和车位当成万能的砝码，商业和车位便被放到了高货值上。

这导致了两个问题：一是房企很难去化；二是投资回报率不佳。在这种局面下，房企出货难度非常大。在很多一二线城市，房企的商业货值价格基本上是实际市场价格的两倍多，这意味着房企即使打五折，也不一定能卖出商业产品。

一方面，房企贸然割肉会使利润腰斩。另一方面，如果房企继续持有商业和车位，那么其现金流压力也会随之增大。

这种售与存的两相矛盾也会在投资端影响房企。房企如果不出售，就没有现金流，而这让房企不仅面临生存问题，还面临在投资阶段没有头寸的问题。如果房企自身没有形成良性运转，投资这一源头的活水就不可能源源不断地到来，这意味着投资端将会被限制。

另外，目前房企在新增项目里同样会面临商业和车位库存问题。深受其害的总部已无法继续接受大量库存的积压，因此在新拿地时也会对商业和车位格外谨慎。

这时，企业招商运营的综合能力将受到考验。一方面，现金流紧缺将给企业带来投资压力。另一方面，如果企业在投资前端解决不了商业和车位库存问题，其方案就无法通过总部评审。因此，商业解题破局思路对这个阶段的房企来说尤为重要。

以上是房企在投资管理中面临的核心挑战。第一个是内与外思想的转变和换位，第二个是上与下之间的博弈，第三个是高要求和低利润之间现实存在的矛盾，第四个是售与存的纠结。这些都使得房企投资端的头寸大量减少，但是对其解决商业问题的能力提出了高要求。

第二节
地产投资数智化蓝图

房企要想解决投资管理上的痛点，就必须优化相应的数智化解决方案。这些方案既有利于管理思想转变，也有利于管理工具和管理抓手提升。这些优化措施能够有效帮助企业提升投资管理综合能力。

下面我们以"4P"为模型，从预测、预演、预警和预控四个方面针对性地提出相应的数智化解决方案。在此之前，我们需要先了解地产投资全流程的关键节点。

一般而言，地产投资全流程可分为三个阶段：一是投前管理阶段，二是投中管理阶段，三是投后管理阶段（见图2-1）。

图2-1　地产投资全流程

一、投前管理阶段

投前管理阶段的关键环节包括制订投资计划、确定投资标准，以及针对已布局城市或即将进入城市做相应的城市研究和跟踪。这是在具体土地信息送达投资部门之前，房企需要做好的三个基础性工作。

二、投中管理阶段

在投中管理阶段，房企应以土地信息收集为起点，这些信息或来自政府公告，或来自市场上其他企业的收并购信息。在收集到土地信息后，房企首先要进行项目初筛，即根据初步分析测算，判断项目是否符合投资标准，是否能进入正式立项环节。在进入立项环节后，房企还需要针对项目做更深入的研究，这时就要投入较高成本，包括时间、金钱、人力和物力成本。

因此，房企在初筛和立项这两个环节上必须慎重。在面对海量的土地信息、项目信息时，房企无法投入同等精力来跟踪每一个项目，所以必须要有所侧重。因此，筛选机制必不可少。

随后，房企便进入可研测算环节。在这个环节中，房企通过制订项目设计方案，排布项目工期，测算项目成本、税金、费用，以及安排项目整体经营策略，最终确定整个项目的经营指标动态数值。然后，房企根据这一数值再去做相应的分析研判，最后确定这一项目是否能作为投资目标。

如果这个项目是收购或并购项目，那么房企还要做尽职调查，即研判这个项目的法律、指标风险。在可研测算完成并形成方案后，房企再进行投资决策。

投中管理阶段的核心是可研测算环节。项目是否达到投资标准，是否在投资额度控制范围内，是否有潜在风险等，这些都要在这一阶段研判。这一阶段需要房企投入大量人力物力，协同各个部门共同开展。它甚至算是对房企开发项目的前期预演、预判、预测。一个项目的成败，70%~80%取决于可研测算环节。因此，项目能否盈利，在这个阶段就能看出眉目。

三、投后管理阶段

在投后管理阶段，房企要对投资指标动态跟踪，并进行投后风险监控。投后风险监控又分为两个方面：一是对前期可研测算环节中的关键指标持续跟踪和关注，并对偏差进行分析，找出偏差的根源，从而对项目进行基期纠偏，指导未来项目不重复犯错；二是根据投资全流程监控的结果，考核项目团队。

通过投后风险监控，房企可决定未来对项目的投资力度以及激励要求，从而倒逼团队谨慎投资。如果投资不慎，那么这将给总部带来巨大的亏损或压力，在未来的投资中，总部就会相应收紧口袋。

四、地产投资数智化蓝图

总体而言，在投资全流程中，城市研究、项目初筛、可研测算、投资决策，以及投后风险监控是核心环节。这些环节使项目漏斗逐步精准，而通过"4P"智能化模型，房企的投资管理会更高效、更精准、更科学。

针对城市研究，房企可开展城市网格化智能监测；针对项目初筛，房企可开展土地信息智能筛选；针对可研测算，房企可采用智能可研算法，利用压力测试和运筹学的AI能力，加强可研测算的精准度；针对投资决策，房企可采取智能投资组合方案，从而帮助总部快速选择最优投资组合；针对投后风险监控，房企可通过投后评级模型的精准寻源功能，实现对项目的及时、快速预警。通过这一系列动作，房企最终实现了投资智能化，即项目的精准布局、高效测算、数字决策、智慧投资（见图2-2）。

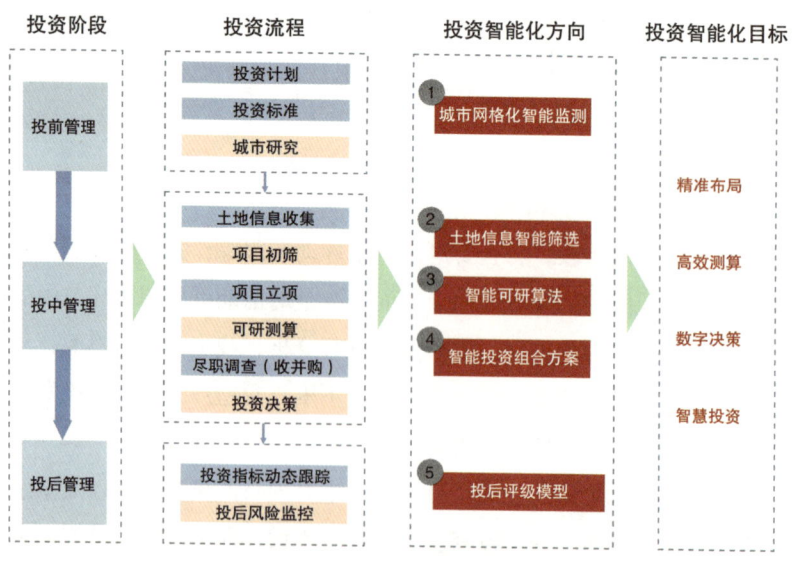

图2-2 地产投资数智化蓝图

接下来，我们将根据"4P"模型，具体阐述关键环节的数智化解决方案。

第三节
预测：城市网格化地图智能监测

针对城市研究环节的城市网格化地图智能监测，主要通过系统性、周期性、趋势性的指标和数据来预测某一城市、某一地块的投资机会。

一、经验判断的痛点

在城市研究环节，房企需要实现从以经验判断为主要抓手到以数字分析为高效工具的转变。各家房企都能做城市地图，许多第三方机构也会提供这方面的服务。不过，传统城市地图在未来将难以满足房企的需求，因为传统城市地图主要存在三个问题（见图2-3）。

一是指标不够聚焦。一个传统城市地图上可能会有成百上千个数据指标，信息多且杂，但真正有效的信息和关键数据并不明确。房企管理人员在看城市地图时会感觉信息量很大，至于这个城市好不好、能不能进，主要靠人脑在加工信息之后做出主观判断。

二是指标缺乏加工。传统城市地图中的指标以基础信息为主，缺乏对带有管理思想的指标数据的提炼。比如，常见的GDP（国内生产总值）、人均GDP指标，房企通过它们来判断、筛选城市是有一定的道理的，但这一定不是最优方案。因此，要想拥有带有管理思想的指标数据，房企需要设计高阶数据。而通过楼市量价走势和库存周期这些高阶数据，房企可以看出某个城市的准入性、可投资性。

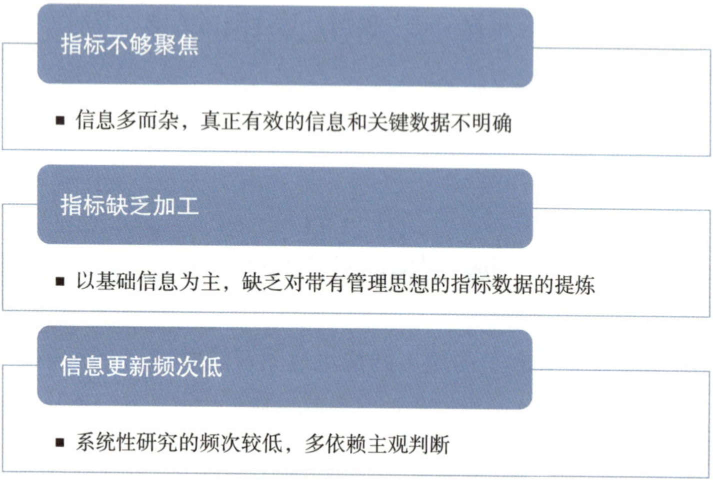

指标不够聚焦
- 信息多而杂，真正有效的信息和关键数据不明确

指标缺乏加工
- 以基础信息为主，缺乏对带有管理思想的指标数据的提炼

信息更新频次低
- 系统性研究的频次较低，多依赖主观判断

图2-3　传统城市地图存在的三个问题

三是信息更新频次低。通常，房企可能几个月才做一次系统性研究，而以数月为一个周期去判断现在的投资情况其实很难。因为在此期间，市场可能已发生颠覆性的变化，如果房企的数据还停留在几个月前，那么这无法指导当下的工作。因此，房企要提升信息更新频次，做到及时更新。

二、两级智能观测模型

在设计城市网格化地图智能监测模型时，房企需进行两级观测，第一级是城市观测，第二级是区位观测。城市观测主要是看市场是否有机会，区位观测主要是看项目是否有空间（见图2-4）。

城市观测的核心是目标城市或城市群的去化周期，因为这反映了市场的供求情况。同时还要观测人口增速，因为房地产中长期市场在很大程度上取决于人口情况。另一个比较直观但同时也经常被人忽略的数据是中小学在校人数,这一数据能够充分反映城市未来的活力。

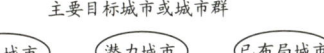

图 2-4 两级智能观测模型

区位观测的重点是货地比、成本利润率、地价房价差等,其核心是看盈利空间是否很大。

房企可分类设计与这些城市级和区位级相对应的观测指标,然后再通过监测这些指标来网格化切分城市,这样会使投资目标变得更加精准(见表 2-1)。

表 2-1 城市观测模型

城市分级	去化周期(月)	人口增速(%)	中小学在校人数(万)	人均可支配收入(万)	GDP(亿)	备注
A 类城市	<12	>15	>120	>5.5	10 000	优先进入
B 类城市	<18	>10	>100	>4.5	8 000	考虑进入
C 类城市	<24	>8	>80	>3.5	5 000	谨慎进入
……						

三、评价城市的五大维度、三十大指标

除了梳理最核心的关键数据，房企还需要一个城市底层数据库。通常，我们对一个城市的评价有五大维度、三十大指标（见表2-2），这些指标也会根据企业的不同诉求发生变化。重点是分析这些指标的同比、环比走势，并结合周期规律和特殊环境来预测投资收益和投资风险。

表2-2 评价城市的五大维度、三十大指标

城市能级	发展潜力	市场环境	投资机会	竞争分析
GDP	GDP同比增速	商品住宅销售金额	狭义库存面积（已取证未售）	TOP10（前10强）企业名称、拿地金额
人均GDP	人均GDP增速	商品住宅销售面积	住宅去化周期	TOP10企业销售金额
常住人口	城镇化率	商品住宅供应面积	商业去化周期	TOP10企业合计市场份额占比
人均可支配收入	人均可支配收入变化	商品住宅销售均价	成交楼面价	TOP10企业中全国性品牌房企、国企情况
机场、高铁吞吐量	人口增速	二手房成交面积	货地比	TOP10企业中本地房企情况
地铁里程	中小学在校人数变化	二手房成交均价	成本利润率	—
—	—	—	地价房价差	—

第一个维度是城市能级，具体指标有GDP、人均GDP、常住人口、人均可支配收入，以及机场、高铁吞吐量与地铁里程，这些指标代表了城市核心能量的大小。

第二个维度是发展潜力，具体指标有GDP同比增速、人均GDP增速、城镇化率、人均可支配收入变化、人口增速和中小学在校人数变化，这些指标反映了城市的活力和潜力。

第三个维度是市场环境，具体指标有商品住宅销售金额、商品住宅销售面积、商品住宅供应面积、商品住宅销售均价、二手房成交面积和二手房成交均价。

第四个维度是投资机会，具体指标有狭义库存面积（已取证未售）、住宅去化周期、商业去化周期、成交楼面价、货地比、成本利润率和地价房价差，这些指标跟房企的投资机会密切相关，需要重点关注。

第五个维度是竞争分析，具体指标有TOP10企业名称、拿地金额、销售金额、合计市场份额占比等。通过这些指标，我们可以看出城市所在地区的竞争环境。

对于想要进入的城市、区位，以及需要观测的维度和指标，房企都可以设计相应的模型去演示（见图2-5），这是基础功。房企还要加工提炼高阶数据，根据不同需求对模型进行针对性调整。

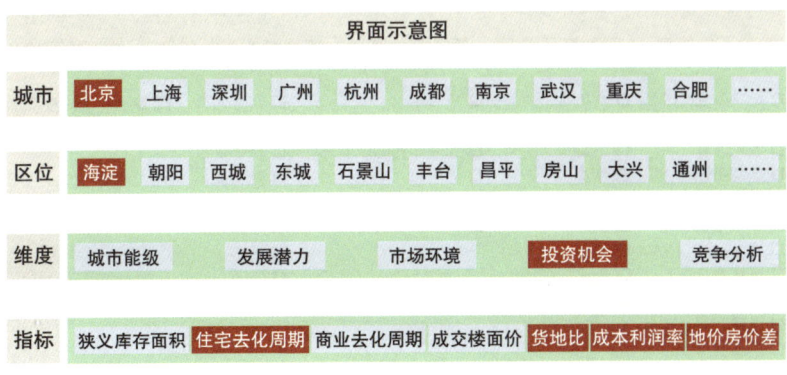

图2-5　城市网格化地图智能监测模型示意图

第四节
预演：项目初筛和投资决策的智能预演

在投中管理阶段，最核心的三个环节是项目初筛、可研测算、投资决策。这里重点阐述有关项目初筛和投资决策的智能预演。

一、土地信息智能筛选

目前，项目初筛环节存在三个主要问题：一是项目数量多，初筛工作量较大，房企难以对每个项目都投入足够的精力；二是缺乏产品方案支持，筛选深度不足，测算精准度低；三是各大房企以静态测算为主，缺乏对动态因素的考虑。

这时，我们就需要建立一个土地信息智能筛选模型（见图2-6），以实现智能筛选土地信息。因为动态测算的因素较复杂，工作量较大，所以现阶段的模型先以静态测算作为示例。先提高静态测算的精度，再升级进行动态测算。

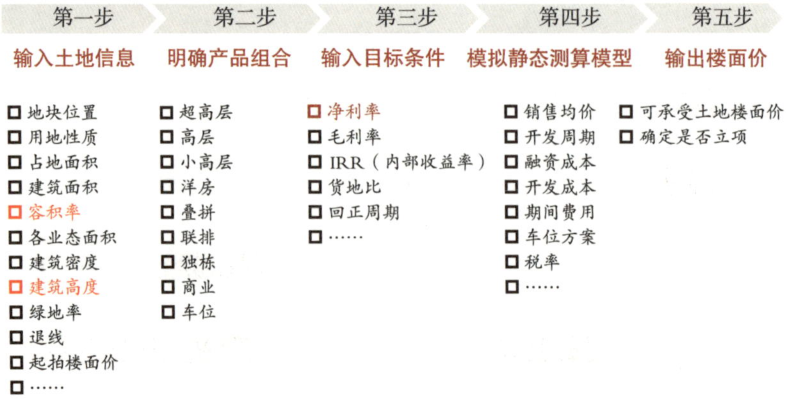

第一步	第二步	第三步	第四步	第五步
输入土地信息	明确产品组合	输入目标条件	模拟静态测算模型	输出楼面价
☐ 地块位置 ☐ 用地性质 ☐ 占地面积 ☐ 建筑面积 ☐ 容积率 ☐ 各业态面积 ☐ 建筑密度 ☐ 建筑高度 ☐ 绿地率 ☐ 退线 ☐ 起拍楼面价 ☐ ……	☐ 超高层 ☐ 高层 ☐ 小高层 ☐ 洋房 ☐ 叠拼 ☐ 联排 ☐ 独栋 ☐ 商业 ☐ 车位	☐ 净利率 ☐ 毛利率 ☐ IRR（内部收益率） ☐ 货地比 ☐ 回正周期 ☐ ……	☐ 销售均价 ☐ 开发周期 ☐ 融资成本 ☐ 开发成本 ☐ 期间费用 ☐ 车位方案 ☐ 税率 ☐ ……	☐ 可承受土地楼面价 ☐ 确定是否立项

注：在初筛阶段，建议以净利率作为唯一目标条件。

图2-6　土地信息智能筛选模型

房企在建立土地信息智能筛选模型时，第一步要输入政府公告中的土地信息，包括地块位置、用地性质、占地面积、建筑面积、容积率、各业态面积、建筑密度、建筑高度、绿地率、退线和起拍楼面价等。

第二步要明确产品组合。影响产品组合的核心因素有两个：一是容积率，二是建筑高度。它们决定了产品组合的各种可能性，包括是超高层还是高层、小高层，是洋房还是叠拼，是联排还是独栋，以及商业和车位各占多少，这些产品占比都要在这个环节进行明确。

第三步要输入目标条件，明确净利率、毛利率、IRR、货地比、回正周期等项目要求。不过，在初筛阶段，我们建议以净利率作为唯一目标条件，这也是行业通用做法。

第四步是模拟静态测算模型，对销售均价、开发周期、融资成本、开发成本、期间费用、车位方案和税率等指标进行模型假设。

第五步要输出楼面价，根据第四步的假设输出项目可承受土地楼面价，再根据可承受土地楼面价与项目实际挂牌价的差距，确定是否立项。

二、投资组合优化

在分析如何实现智能筛选投资组合前，我们需要先了解该环节存在的主要问题。

截至2021年5月下旬，12城完成第一轮集中拍地，合计推出425块土地。不到一个月的时间，各大房企经历了一波前所未有的高强度"抢地大战"。

以某典型房企参与集中拍地的情况为例（见图2-7），在第一轮土拍时，该房企参与了12城的集中拍地，可研项目有300多个，报名项目有120多个，摘牌项目有10多个。当这么多的项目被报到总部时，总部面临的将是项目的"文山会海"，决策难度非常大。因为城市广、项目多、决策周期短，相应决策毫无疑问非常难做。

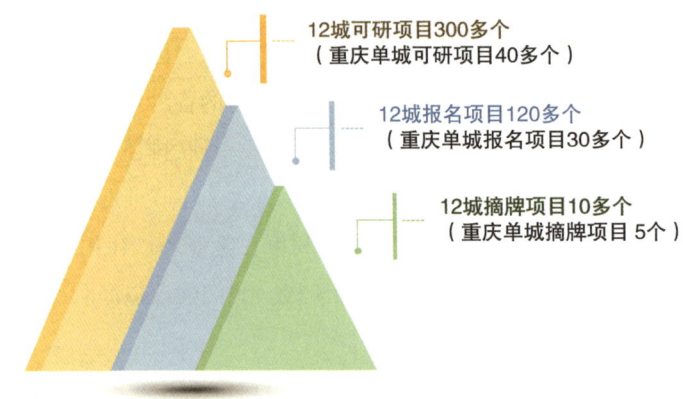

图 2-7　某典型房企的集中拍地情况

而我们现在做的就是基于项目经营策略的 AI 算法、战略目标、资源边界和项目测算，从而形成项目池组合优化方案（见图 2-8）。

图 2-8　项目池组合优化方案

随后，我们再建立智能投资组合模型。首先，把几百个可研项目的指标信息放入项目池，输入资源边界条件，包括总投资额、股东当期投资额、期末资金余额减去未来三个月资金需求的预计资金额。房企可以通过这些资源边界条件来确定红线条件。

然后，根据"供、销、回、结、转"等战略目标，按照未来三年的供货、回款、销售、结利、资金、供销比、在途比和融投比等要求，把这些条件输入智能投资组合模型，从而形成整体战略目标。

最后，导入策略方案。我们是想实现2021年回款最多，还是想实现2022年结转利润、经营现金流最高，或是全项目利润率、ROIC（资本投入回报率）最高。在选定战略目标条件后，我们再根据这些条件反推出最优项目组合方案。换言之，当确定了投资头寸、战略目标和优先策略方案后，我们就能得出相应的项目组合方案。

第五节
预警：智能投资全流程风险监控

当投资决策环节实现智能化管理后，我们还要通过"4P"模型的预警功能来推动智能投资的全流程风险监控。

若在投资全过程中发现问题，房企就需及时预警、纠偏。以一家典型房企的决策机制为例，投资全过程有三个关键预警点。我们需要关注的是拿到项目后的决策机制，三个关键预警点是：首次开盘、经营性回正和交付（见图2-9）。

图2-9 投后管理阶段的三大关键预警点

房企一般都会做项目后评估，但是到此阶段，很多事情已成定局，预警的作用只能发挥在其他项目上，对本项目没有意义。因此，对于现在的房企而言，首次开盘预警和经营性回正预警非常重要。这两个关键预警点也是房企及时直面问题、及时纠偏的关键，因此这是我们分析的重点。

预警要有一个标准，即"一把尺子量到底"。从投资的可研测算到经营策划书的制定，再到开发运营的动态监测，房企都要用同样的标准来衡量，口径不能发生变化。

而这个尺子包括整盘净利率、整盘毛利率、净利润总额等十二个指标（见图2-10）。"一把尺子量到底"，即房企按照规定动作和规定打法，分工明确地进行预警监控。每个项目从开工、开盘到经营性回正和交付阶段，房企都要进行预警，区域全监控。通过统一预警标准和直面问题，房企可高效决策。

- 整盘净利率
- 整盘毛利率
- 净利润总额
- IRR
- 自有资金峰值
- 前期融资
- 开发贷
- 去化率/回款率
- 投资回收期（含融/非融）
- 两费费率
- 各业态整盘均价
- 各阶段时间节点

图2-10 预警标准

通过全流程预警，房企可以对各项指标进行动态跟踪、溯源，最终根据偏差找到项目出现偏差的原因。这就是房企预警监控的核心逻辑。在清楚这一点后，我们再分别来看三个关键预警点。

一、首次开盘阶段的预警监控

对首次开盘的预警监控一般由投资部或运营部牵头。因为在首开阶段，项目第一次有真实经营结果的呈现，所以这个时候，房企相对而言就有比较精准的数据做支撑，就能看到投资阶段的目标能否实现。

以某房企在天津的一个项目为例（见表2-3），通过对比成功标尺，房企能吸取投资"四大漏斗"的经验。一是战略漏斗，即强化市场研判和板块研究，寻找低风险流量型板块，而新板块布局要关注公共交通及商业成熟度。二是市场漏斗，即精准定位产品，分析竞品优劣势，从而做到精准打击。三是经营漏斗，即增加独立操盘项目或财务投资者合作项目的数量，与强势企业谨慎合作。四是财务漏斗，即提前了解总包对于兜账的要求和限制，确保开发贷额度及放款达成。

表2-3　某房企天津项目的首开示例（模拟数据）

项目	指标	投资版	开盘版	变动
整盘	净利率（%）	12	8	−4
	非融内部收益率（%）	53.6	22.9	−30.7
	非融投资回收期（月）	10.9	14.8	3.9
	整盘货值（万元）	108 615	99 949	−8 666
	整盘均价（不含车位）（元/平方米）	13 591	12 959	−632
	可售单方（元/平方米）	5 988	5 688	−300
	财务成本（万元）	1 191	1 191	0
	两费费率（管理费率、营销费率）（%）	2.5；2.5	2.5；2.5	0
首开	开盘时间	2021/8/24	2021/9/21	28
	净利率（%）	11.3	4	−7.3
	开盘均价（元/平方米）	13 591	11 600	−1 991
	开盘签约额（万元）	3 957	3 423	−534

这就是房企在项目投资环节能吸取到的经验，这些经验可以指导、预警未来的新项目。当然，这个过程中也会有失败的教训。

教训一，市场预判偏乐观。该房企在投资阶段判断2021年全年量价趋稳，但目前来看，2021年下半年市场下行，受市场影响，客户观望情绪严重。

教训二，板块选择不优。板块热度比竞品板块的公共交通、商业配套成熟度低，未来规划不明朗。

教训三，合作方管控不足。例如，项目总和操盘手各对项目标准调整三次，操盘设计、车位尺寸高于国家标准，同时沟通无果，这造成地下面积增加近4 000平方米。

教训四，延迟开盘，客户流失严重。例如，抢工扬尘事件未处理得当，导致项目停工，项目开盘节点较原内定的最佳开盘时间延后，从而使经纪人的带客积极性降低。

教训五，营销团队的能力有待提升。例如，快开盘时才计划租用临时售楼处，且其内部规划不合理，无示范区。销售渠道内功不足，合作方营销能力薄弱且人员调整期长。开盘前40天调换营销操盘手，团队战斗力不足，售场物业服务、接待动线规划较差且后期难以协调。

教训六，户型定位设计有偏差。同功能户型的面积大，同面积户型的功能差。例如，某100平方米的产品与95平方米的竞品同为高层边户，功能分区相近，但前者的面积较大，出房率低于竞品。面对纯刚需客群，房企去化有难度。前者与88平方米的竞品相比，竞品设立储藏间，餐厨一体，功能性更强。

教训七，开发贷款延后。例如，初次与合作方合作时，前期合作协议及股权变更的协商时间较长，导致该房企入股项目公司延后，无法占用合作方授信，从而使总包不配合兜账额度及时间。

二、经营性回正阶段的预警监控

对经营性回正阶段的预警监控一般由财务部牵头。在预警监控时要盘点项目经营性回正的家底（见图2-11），关注点有三个：一是销售回款情况；二是付款情况，要少支多收、晚支早收；三是融资情况。因此，项目进度是最核心的。同时，对项目签约质量、回款速度，以及对银行的管理也要重视。成本费用是否具有支付弹性，以及如何进行融资筹划，都是经营性回正阶段的重点。

房企管理者要经常总结共性问题，剖析典型问题。房企对经营性回正阶段进行预警监控，一方面可以指导未来项目的关键动作，另一方面也能及时纠偏和改善现在出现的问题。

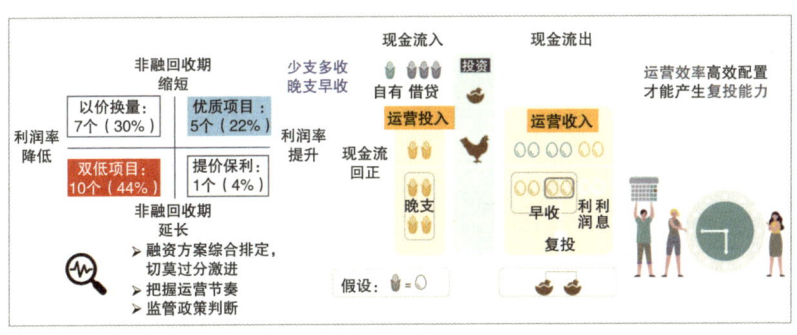

图2-11　盘点项目经营性回正的家底

三、交付阶段的预警监控

对交付阶段的预警监控一般由运营部牵头，对项目全盘结果进行评估，全面审视项目各项指标。

以某房企的一个项目为例，该房企在做交付时发现项目的各项指标出现全面下滑（见表2-4）。究其原因，一是在产品调整方面，毛坯定位精装，但实际销售取消精装，从而导致总货值和净利润均大幅下滑。二是销售、回款出现问题，由于市场下行，首开后22个月仍未清盘。同时网签受限，按揭放款需结构封顶，这导致投资回收期大幅延长。三是融资问题，由于实际融资额度小于预期的，且资金使用时间长，房企在回正前才进行还款，所以项目现金流无法提前回正。

表2-4 某房企某项目的各项指标全面下滑（模拟数据）

指标	变化情况			差异	
	投资版	启动会版	动态版	动态−投资	动态−启动会
总货值（万元）	52 242	60 640	52 209	−33	−8 431
股东净利率（%）	16.90	19.89	16.15	−0.75	−3.74
核心净利润（万元）	13 525	24 665	14 235	710	−10 430
IRR（%）	10.43	20.75	4.28	−6.15	−16.47
含融投资回收期（月）	10.8	10.6	31.9	21.1	21.3
非融内部收益率（%）	17.72	19.82	7.21	−10.51	−12.61
非融投资回收期（月）	11.8	11.5	31.9	20.1	20.4
开盘周期（月）	7.7	7.7	7.7	0	0

以上展示的是预警功能在投资决策中的应用逻辑，但要想实现智能投资，房企还需要根据指标进行压力测试，对影响因子进行分析溯源，找到关键点。

例如，当IRR下降了5%时，房企需要通过指标压力测试与分析，找到产生这5%偏差的核心因素有哪些，以及这些因素所占的比重。在找到关键点后，房企一方面要了解项目的得失，另一方面要通过精准溯源，找到未来工作的关注点和重点。

现在，当房企遇到项目利润或IRR出现偏差时，有人认为这是项目延期导致的，有人认为这是售价不理想导致的，还有人认为这是因为成本未能控制住。面对各种各样的说辞和理由，房企要弄清楚到底哪个因素是核心，它占多大比重。

而利用 AI 工具的智能投资，可以对每个指标偏差进行精准寻源，找到影响该指标的核心因素。另外，所有的预警都需要调动各部门、各条线共同参与，为了让过程更加高效，房企可以通过 AI 工具，自动抓取关键指标，自动生成分析报告。这就是智能投资的价值，它能帮助房企更精准、更高效地实现管理精力投放和管理资源分配。

第六节
预控：通过投资评级模型进行投资管控和激励

房企可以根据投资项目的经营情况，决定未来给予项目团队的投资强度和支持力度。

房企要建立一个投资评级模型。一是项目维度，即考核各个项目的实际经营情况，包括 IRR、净利润、回正周期、售价偏差、投资标准达成率、首开完成率等。房企根据这些指标来判断项目是否达到投资预期。二是公司维度，即根据区域或城市公司的年度回款贡献、年度利润贡献、年度考核结果等综合性指标来对其进行评价。

在综合考虑这两个维度后，房企可以对一个区域或一个城市的投资重点、投资头寸和投资强度进行评判。

在做投资评级时，房企还要依据投资及运营标准将公司操盘及联合操盘的二级开发项目划分为蓝筹项目、潜力项目和破发项目三个等级（见图 2-12）。

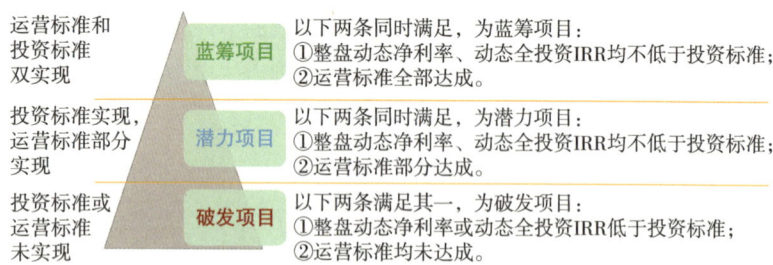

图 2-12　二级开发项目的三个等级

蓝筹项目，即运营标准和投资标准双实现的项目。一方面，该类项目的整盘动态利润率、动态全投资 IRR 均不低于投资标准；另一方面，该类项目相应的运营标准全部达成。

潜力项目，即投资标准实现，运营标准部分实现的项目。一方面，该类项目的整盘动态净利率、动态全投资 IRR 均不低于投资标准；另一方面，其运营标准只有部分达成。

破发项目，即投资标准或运营标准未实现的项目。以下两条满足其一，就是破发项目：一是整盘动态净利率或动态全投资 IRR 低于投资标准；二是运营标准均未达成。

在对项目进行分级后，房企要根据不同级别项目所占比例来设置投资"红绿灯"，即将各区域二级开发项目的等级评价结果在季度绩效点评中列示，并将其纳入投资分级评价体系，以此作为投资阶段的授权参考依据。待运行一定周期后，可将投资标准达成率、运营标准达成率、首开达成率、等级变化比率等指标纳入投资分级评价体系。

假设房企在某个区域的蓝筹项目占 20%，潜力项目占 40%，破发项目占 40%。在这种情况下，房企会被黄灯警告。而一旦破发项目的占比达到 50% 及以上，房企就会被红灯警告（见图 2-13）。

当区域或城市公司亮红灯后，房企就可以把它的投资额度砍半，甚至砍至 30%、20%，或不投。通过这种评价机制，区域或城市公司在投资时会更谨慎。同时这也让总部更合理地投放资源，把钱投给更优秀的团队，从而避免大量资源被投放在无效的地方。

公司维度的投后评级以回款为标准，量入为出地进行投资额度分配。具体而言，就是评估区域公司的回款金额与效率，以此进行投资资金分配。

示例　各区域项目评级结果列示

		蓝筹	潜力	破发	红绿灯
A	目标值	20%	40%	40%	🟡
	动态值	20%	0% ↘	80% ↗	🔴
B	目标值	33%	17%	50%	
	动态值	0% ↘	33% ↗	67% ↗	🔴
C	目标值	35%	41%	24%	🟢
	动态值	29% ↘	12% ↘	59% ↗	
D	目标值	29%	28%	43%	
	动态值	43% ↗	29% ↗	28% ↘	🟢
E	目标值	15%	62%	23%	🟡
	动态值	15%	46% ↘	39% ↗	
F	目标值	25%	50%	25%	🟡
	动态值	25%	25% ↘	50% ↗	🔴

投资承诺评级：在获取项目后，根据投资阶段对董事会的承诺情况进行评级。

动态经营评级：在定位会阶段、运营目标计划书评审会阶段、年度绩效考核阶段，对项目进行动态评级。

注：
1. 目标值由投发部提供，财务指标数据来自董事会可研报告（替换地价版）或交易方案。
2. 动态值由区域上报，财务指标数据来自定位报告、运营目标计划书或年度预算。
3. 本标准发布前已获取的项目，将发布时点的当期项目指标（在替换地价版、运营目标计划书版和预算版三版中取近时点值）参照评级标准，设定为初始目标值。

图 2-13　各区域项目评级结果列示

房企可以把总体投资资金池分成两部分：70% 的资金依据各区域当年回款金额占全公司总回款金额的比例进行分配，30% 的资金按照各区域当年回款效率在全公司的占比进行分配。另外，还可以再加一个奖励资金池，即当各区域的超额经营性回流超过总部目标的 60% 时，它可作为区域新增投资的种子资金，由该区域自主使用（见图 2-14）。

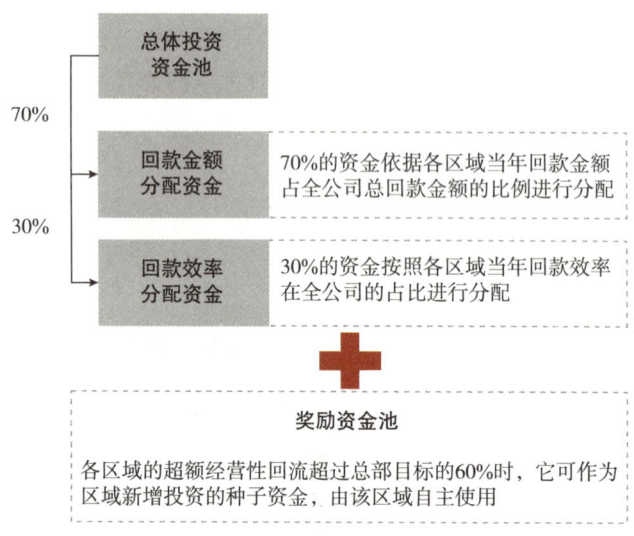

图 2-14 总体投资资金池

这样,房企可以通过一个总的投资资金池来确定每个区域的投资额度,各个区域也不用以各种理由来为自己争取权益,用数字讲道理是最公平公正的。

如表 2-5 所示,区域 1 的权益回款是 150 亿元,回款金额比是 60%,按照 70% 的资金以回款金额分配,区域 1 第一次分配到的金额为:总资金 ×70%×60%。

表 2-5 资金分配计算

70% 的资金以回款金额分配			
地区	权益回款	回款金额比	第一次分配
区域 1	150 亿元	60%	总资金 ×70%×60%
区域 2	100 亿元	40%	总资金 ×70%×40%

第一次分配 = 回款金额比 × 总资金 ×70%

（续表）

30% 的资金以回款效率分配			
区域回款目标	权益回款	回款完成比	效率完成比
区域 1：200 亿元	150 亿元	75%（150÷200）	75%÷（75%+200%）
区域 2：50 亿元	100 亿元	200%（100÷50）	200%÷（75%+200%）
第二次分配：			
区域 1 获得的资金 = 总资金 ×30%×75%÷（75%+200%）			
区域 2 获得的资金 = 总资金 ×30%×200%÷（75%+200%）			
奖励资金分配			
以区域 2 为例，其超额完成总部回款目标，按照 60% 的留存比例，该区域获得 30 亿元（50 亿元 ×60%）区域投资资金			

另外，由于次年 30% 的资金以回款效率分配，房企需先计算出区域的回款效率。区域 1 的回款目标是 200 亿元，权益回款是 150 亿元，则回款完成比是 75%，效率完成比为：75%÷（75% + 200%）。因此，第二次分配，区域 1 将获得的投资资金为：总资金 ×30% × 75%÷（75% + 200%），即总资金的 8%。

投资评级模型根据回款速度和回款总量来判断次年或当年的投资总额度，从而引导区域公司实现投融资额度匹配，鼓励各单位追求高回款、高现金流，使区域公司自我滚动发展，做大做强。而发展不好的区域公司，则逐渐萎缩、退出。房企通过这样一个投资评级模型，对公司级和项目级进行双重约束，帮助区域公司把投资工作做得更精准、更到位。

而这些过程均可通过 AI 工具实现，让房企实时看到各项目的具体情况，动态管理所有关键环节，从而实现对投资工作的预控。其实，预控不仅仅是对单个项目内部的控制，更是在整个区域公司或城市公司平台上，通过整体把控来提升房企的投资管理工作。因此，预控是一个宏观且有高度的管理过程。

从城市准入研究到投资过程管理，房企都可以利用信息化、数智化、智能化工具。

一方面，房企的投资会更精准，管理者不会依据经验进行判断，而是更多地通过数字决策。另一方面，房企会提升效率，减轻投资人员的工作压力。另外，房企在投资端通过项目对比，以及与其他企业的对比，更容易找到自身的不足之处和提升方向，从而让整个投资管理的提升更具系统性和方向性。

在投资管理全过程，"4P"模型有助于房企实现四个目标：精准布局、高效测算、数字决策、智慧投资。

第三章　项目计划的 AI 决策

计划管理对于公司而言，如同血脉对于人类。它可以影响到公司的各项指标。如何更好地赋能和提升计划管理，是摆在房企面前一个非常重要的课题。

计划管理一直都是企业经营管理中不可或缺的一部分。前沿房企已经摆脱了传统的"管节点""管事情"的计划管理模式。

AI技术可以实现从业务管理到企业经营、战略管理的数据接轨，打通管理逻辑。"4P"模型也已成为辅助企业进行管理决策的重要工具。AI决策让计划管理更具前瞻性、预见性、可控性、敏捷性。

本章主要分析如何用AI赋能计划管理的各个环节，从而实现计划管理的提升和改进，为房企构建大运营体系提供一个更好的平台和空间。

第一节
传统计划管理面临的问题和挑战

在传统的计划管理体系中，房企面临一系列问题。虽然很多房企已经采用了线上计划运营系统，但是线上工具并不能完全解决实际工作中面临的新痛点。传统计划管理的四个环节（计划编制、计划执行、计划调整以及计划考核）及其问题和挑战如图3-1所示。

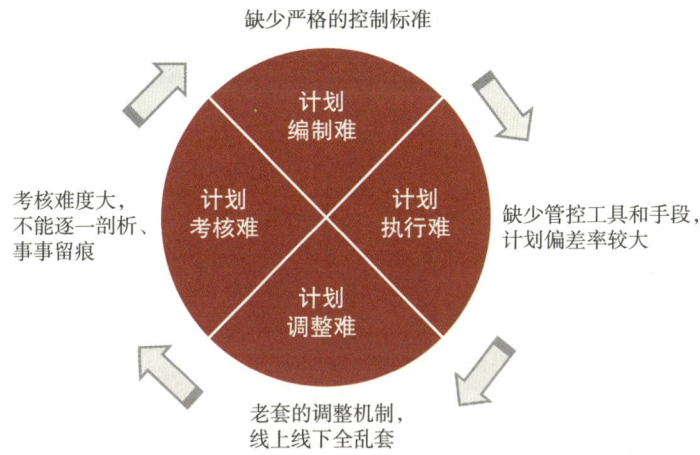

图 3-1 传统计划管理的四个环节及其问题和挑战

在这四个环节上，各个房企或多或少都存在一定的问题。

第一，在计划编制环节，房企缺少严格的控制标准。每家房企都有自己的工期标准和节点标准，但其管理层往往制定的是一个理想化的标准，这与实际情况有一定的偏差，管理层甚至没有考虑到影响较大的变量。把标准制定得更扎实、更全面，是房企在计划编制环节需要提升的一项重要能力。

第二，在计划执行环节，房企的计划完成率非常低。据了解，房企的计划完成率仅为30%~40%，偏差率大概会达到60%，计划管控已经失去了意义。为什么会出现这种现象？除了计划制订得不合理，更重要的原因是，房企在计划管理过程中缺少相应的管控工具和手段。

第三，在计划调整环节，很多房企都在做无效调整。一种情况是完全不做调整，只有一套计划在执行；另一种情况是随意调整，没有原则性可言。无论是哪一种，这都会造成线上线下，或是总部跟地区分公司之间出现"计划管理两层皮"的情况。一旦出现这种情况，所有的管理都会"事倍功半",甚至不产生任何效果。如何合理、合规且非常高效地进行计划调整,是房企需要重点关注的问题。

第四,在计划考核环节,房企不能逐一剖析、事事留痕。如果没有相应的考核机制,那么再好的计划体系也难以落地。由于地产行业的特殊性,房企的考核难度较大。与制造业、服务业和互联网行业相比,地产行业有很大的不同,比如变数大、内外部影响因素多。其计划没有完成的原因也非常复杂。

在考核过程中(包括考核体系的设计),房企难以做到对这些指标或者计划的节点进行非常精准的层层分解,因此,对出现的问题也很难事事留痕。在最终考核时,房企会发现自己难以在部门间做到平衡,对扣分、奖惩也很难做到完全的公平公正。计划考核如何与执行情况、管理导向相匹配,是房企亟待解决的问题。

针对传统计划管理的这些现状,AI 能做什么?如图 3-2 所示,AI 可以从预测、预演、预警和预控四个方面着手,提升房企计划管理能力。

1. 基于多维工期标准的开发周期预测,更精准、高效
2. 围绕关键线路和节点进行自动预演,更接近实战
3. 系统固化分级预警机制,实现自动及时预警
4. 嵌入多重管理工具,识别关键风险,有效进行预控

图 3-2　AI 在计划管理中应用的价值点

预测是对工期标准的研发和细化。也就是说，AI通过多个维度来将工期标准做得更细致、更扎实，更接近实际应用情况，以保证预测更加精准、高效。预测的前提是保证体系和标准是完备的。

预演是对关键线路和节点进行自动预演。通常，房企在做计划管理时，会在沙盘上或管理者的脑海里产生一个宏观认识，但这些认识往往是平铺直叙的，重点不够突出。而预演更接近实战，围绕关键线路和节点进行延展和拓宽，这便于管理者把握计划管理中的关键点。预演并不是进行全面、完整的预演，而是对关键环节进行预演。这样，管理者的管理精力、管理动作会更加聚焦。

预警层面有三个关键词：系统固化、分级、及时性。其实各家房企或多或少都在做预警，但往往达不到想要的效果。其中一个原因是预警往往会有滞后性；另一个原因是房企在做预警时，受主观判断的影响较大，缺乏一个固定、合理的触发机制，分级机制的实际执行也不到位。比如，当风险已经到了一个非常高的程度时，操作人员或者基层管理人员竟然没有发现，这导致更高层的领导或机构无法了解真实情况。

有了预测、预演、预警后，最重要的落脚点就是预控。这需要嵌入多重管理工具，识别计划管理过程中的一些关键风险，提前进行控制，并通过这些关键的工具和手段进行预防和把控，从而保证整个计划管理更有效。

通过预测、预演、预警、预控，管理者在做计划管理时就有了更多的工具和抓手，就能更有效地把控计划管理中的各个关键点。这种效果，仅仅通过传统的工作方式很难达到，因此房企需要让AI在其中扮演重要的角色。AI会让计划管理更高效、更精准，还可以将管理者在脑海中形成的场景搬到线上。

第二节
预测：项目计划的 AI 自动排期和 AI 审查

预测是计划管理 AI 体系中的第一步。本节重点介绍项目计划的 AI 自动排期和 AI 审查，以及在计划管理中，AI 发挥了哪些预测作用。

如图 3-3 所示，计划管理 AI 体系包括三个环节：AI 定模、AI 入模、AI 定型。

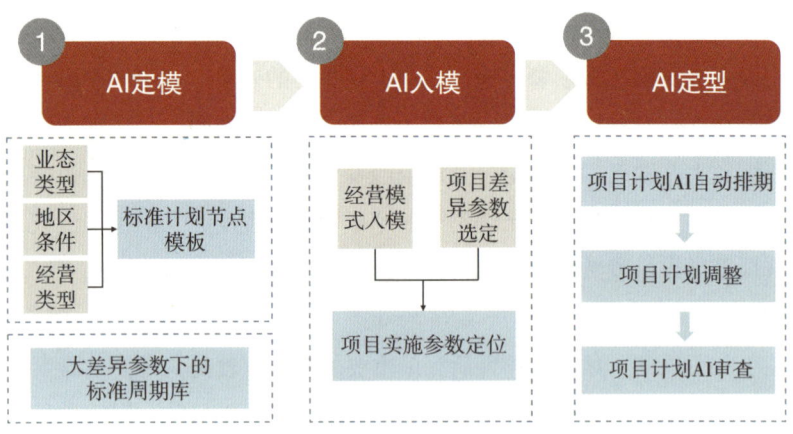

图 3-3　计划管理 AI 体系的基本逻辑框架

在定模环节，房企主要确定项目的标准计划节点模板和大差异参数下的标准周期库。

在入模环节，房企在编制具体项目的计划节点时，把项目所在城市的经营模式等信息整合，然后在公司项目模型库中匹配对应的项目实施参数。

在定型环节，房企主要进行的是项目计划 AI 自动排期、项目计划调整和项目计划 AI 审查等工作。

一、AI 定模：建立标准计划模板库和标准周期库

如图 3-4 所示，AI 定模主要是根据企业计划执行的历史数据，结合行业实践，以运营标准为导向，设置标准计划节点模板。AI 系统以标准计划节点模板为载体，根据参数差异确定标准工期，从而形成标准计划模板库。

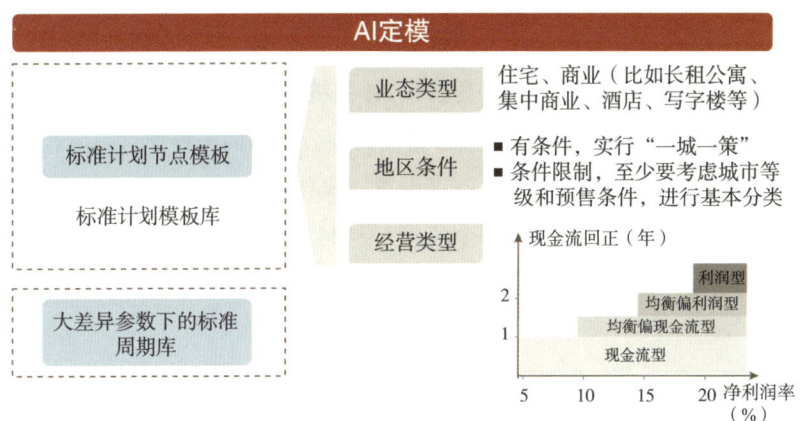

图 3-4　AI 定模的主要内容

1. 确定标准计划节点模板

一般情况下，AI 系统在确定项目的标准计划节点模板时要输入三个维度的因素和条件。

第一，业态类型。住宅和商业的计划节点不一样，比如，商业酒店有基建和设备等复杂的节点。

第二，地区条件。每个城市的工程项目报批报建程序有所不同。比如，城市的报批次序不一样，有些公司会把地区规划方案分成两个节点进行报批，一个节点是规划方案复函，另一个节点是修建性详规审批。而有些公司的地区规划方案只有一个修建性详规审批

节点。

每个城市的预售条件、开工前办理的手续等都不一样，这是标准计划节点模板要着重考虑地区条件的原因。目前，大部分公司通用的做法是"一城一策"，针对不同地区制定不同的计划模板。如果无法实现"一城一策"，有的企业就会根据城市等级来进行基本分类。比如，划分一类城市上海为第一种计划模板，划分二类城市南京、合肥、苏州等为第二种计划模板。同时，房企还要考虑预售条件的差异。

第三，经营类型。经营类型是 AI 系统根据项目的资源禀赋、市场特点和经营定位，以项目核心目标为划分依据的一种项目总体经营性定位。它对项目的进度、节点设置、操作策略等都有重大的影响。地产行业的项目通常分为现金流型、利润型和均衡型三大经营类型，其中，现金流型项目和利润型项目的区别较大（见图 3-5）。

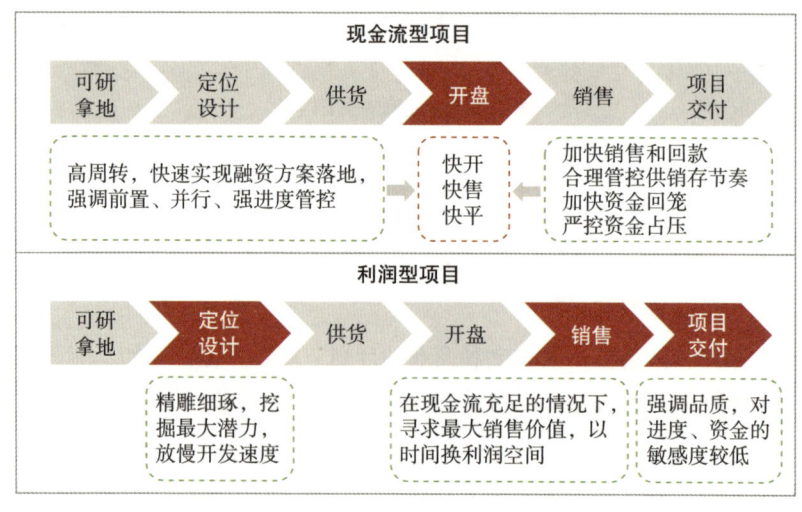

图 3-5 现金流型项目和利润型项目的区别

不同的经营类型对计划模板的要求也不同，现金流型项目的关键节点与利润型、均衡型项目的不同。

现金流型项目以现金流回正为核心，通常制定整体的项目运作策略。在现金流型项目中，大量的前置工作要在拿地之前完成，包括地质勘察单位和设计单位的确定、总包的启动等。

现金流型项目主要围绕"开盘"这一关键节点，实现快开、快售、快平。前置工作包括可研拿地、定位设计、供货，比如提前施工并开放示范区。所有前期节点都以高周转形式呈现，以快速实现融资方案落地为重点，强调节点前置、并行、强进度管控。

在销售和项目交付过程中，现金流型项目的运作策略是加快销售和回款，以合理管控供销存节奏为重点，加快资金回笼，严控资金占压。

利润型项目强调前期产品定位设计、销售节奏控制和高品质交付。利润型项目更注重项目品质，特别设置了概念规划阶段，以进行概念方案的招标、评选。而现金流型项目没有设置该阶段。

利润型项目与现金流型项目的核心区别在于"定位设计"节点。这个节点还包含很多特殊的二、三级节点，主要强调对项目的精雕细琢，从而挖掘最大潜力，甚至有意识地放慢开发速度。比如，对竞品、客户、不同方案等进行研究，将部分设计节点拆分得十分详细。其中，"专项弱电设计任务"节点能够充分凸显定位设计节点对品质的要求。

利润型项目在现金流充足的情况下，会寻求最大的销售价值，甚至以时间换利润空间。项目交付更加关注与客户的互动，强调品质，对进度和资金的敏感度较低。

如表3-1所示，现金流型项目中常见的节点与利润型项目的并不一致。比如，现金流型项目把"施工图"类别拆分得很细，分为招标施工图、桩基施工图和报建施工图，这是因为现金流型项目的报建程序穿插在前置工作中。

表 3-1 现金流型项目和利润型项目中常见的节点

现金流型项目	利润型项目
规划方案提前报批	客户需求深度调研
设计单位定标	前期客户测试
接地及初勘	概念方案招标
报建图	客户需求排序及成本策划
营销启动会	竞品调研分析
认购开放	精装修施工图
示范区环境验收	示范区营建方案
示范区开放	示范区分项验收（样板房、景观、道路环境）
招标施工图	物业策划方案
桩基施工图	工地开放
报建施工图	内部验收
提前施工申请	模拟验收
……	入住方案
	……

利润型项目把方案阶段的节点拆分得很细，包括客户需求深度调研、前期客户测试、概念方案招标等。

总之，房企要根据业态类型、地区条件和经营类型三个维度来选择标准计划节点模板，明确计划模板中的关键节点以及各节点之间的钩稽关系。

在确定了标准计划节点模板后，房企还要确定工作周期，以形成一个完整的标准计划模板库。

2. 确定标准周期库

AI 系统在建立标准计划模板库时，除了确定业态类型、地区条件和经营类型，还有一项重要的工作，即围绕项目实施中的核心工程技术和环境特点，建立大差异参数下的标准周期库。

表 3-2 为某标杆房企项目工程节点的工期参数。通常，工程节点包含桩基工程、主体结构施工、外立面施工及落架结束、交房等。桩基工程的形式、外立面材质的不同，其工程周期就不同。其中，商业配套包括商业外街和内街，外部环境因素包括施工过程中是否有雨季、高温等。

另外，外部报批程序也是影响工期的因素之一。有些项目所在的城市有预售证公示的规定，房企需要提前预留工作时间。有些城市，如北京、三亚等规定，规划方案除了要上呈规委会，还需要上呈市长办公室。房企在做项目计划模板时需要考虑这些影响因素，不同影响因素有不同参数，要根据不同参数所对应的不同标准工期来确定标准周期库。

如表 3-3 所示，确定计划模板中的差异参数，并对各类参数的具体情况进行充分考虑。例如，在土护降中，高层建筑的工程量是 45 天，别墅是 15 天。如果在南方雨季施工，那么土护降的时间需要加倍，这与业态类型和环境特点息息相关。

二、AI 入模：应用标准计划模板库

AI 入模就是应用标准计划模板库。在实际编制项目计划模板时，房企应以项目实际情况为出发点，结合公司已有的计划模板及参数，对相关要素进行逐一匹配和确认。

表3-2 某标杆房企项目工程节点的工期参数

区域	业态	桩基工程（天数）	单体结构±0（天数）	主体结构施工（天数）	外立面施工及落架结束（天数）	室外总体工程（天数）	竣工备案+取证+付证+交房前整改（天数）	交房（天数）	外部环境因素		总工期	
		（按60天考虑）	按60天考虑	按照7天/层					（天数）	（月）	（天数）	（月）
长三角地区	别墅（3F）	60	60	90	90	150	30	15	雨季、高温、春节影响 45	1.5	540	18
	花园洋房（6F）	60	60	120	90	150	30	15	45	1.5	570	19
	高层（11F）	60	50	131	106	150	30	15	45	1.5	587	19.6
	高层（18F）	60	50	180	130	150	30	15	45	1.5	660	22
	高层（33F）	60	50	285	205	150	30	15	90	3	885	29.5
环渤海地区	别墅（3F）	60	60	90	90	150	30	15	不考虑春节影响（已含在冬季施工中） 90	3	585	19.5
	花园洋房（6F）	60	60	120	90	150	30	15	90	3	615	20.5
	高层（11F）	60	50	135	106	150	30	15	90	3	636	21.2
	高层（18F）	60	50	180	130	150	30	15	90	3	705	23.5
	高层（33F）	60	50	285	205	150	30	15	150	5	945	31.5
中西部地区	别墅（3F）	60	60	90	90	150	30	15	雨季、高温、春节影响 45	1.5	540	18
	花园洋房（6F）	60	60	120	90	150	30	15	45	1.5	570	19
	高层（11F）	60	50	135	106	150	30	15	45	1.5	591	19.7
	高层（18F）	60	50	180	130	150	30	15	45	1.5	660	22
	高层（33F）	60	50	285	205	150	30	15	90	3	885	29.5

注："±0"是指地下工程建筑与地面齐平。

表 3-3　某标杆房企计划模板中的差异参数（部分示意）

施工内容	别墅（2层+1层地下室）	多层洋房（6层+2层地下室）	高层（30层+2层地下室）	备注
土护降	15	45	45	雨季加倍；单位：天
基础施工及验收	30（预制管桩基工程）	50（CFG桩基工程）	50（CFG桩基工程）	单位：天
底板（含防水）	35	40	40	从垫层至防水保护层需20天；单位：天
地下室	20	20	20	单位：天/层
主体结构	12	10	7	单位：天/层
屋面	12	12	12	斜屋面增加的天数；单位：天
二次结构	12	10	7	单位：天/层
电梯安装	90	100	120	单位：天
样板房装修	100	100	100	单位：天
豪装	—	180	240	从精装修至完成交付的时间；单位：天
外装、拆架	86（落架开始时间80天+3天/层拆架）	98（落架开始时间80天+3天/层拆架）	210（落架开始时间120天+3天/层拆架）	从主体结构封顶至外装饰工程完工、外架拆除的时间；单位：天
室外工程	90	90	90	管网、环境、小区道路、水电调试；单位：天
园林景观	120	120	120	可以与室外工程穿插进行；单位：天
竣工验收	45	45	45	初验、整改、单项验收、竣工备案；单位：天
施工综合工期	667	720	1 106	从垫层施工到交付完成的总工期；单位：天

注：CFG是指由水泥、粉煤灰、碎石组成的混合料。

AI入模环节输入的维度条件与AI定模环节相同，包括业态类型、地区条件、经营类型以及标准周期库下的参数。两者的不同之处在于经营类型的选择。原则上，房企应根据项目的技术条件和自然条件计算其得分，还要使项目通过公司经营定位论证和审批程序。如表3-4所示，AI入模环节中较为复杂的是要先根据项目的资源条件对经营类型进行基本定位，之后再进行后续工作。

表3-4 AI入模环节经营类型的基本定位

序号	维度	事项	项目情况	经营类型		
				现金流型	均衡型	利润型
1	土地条件	城市名称	成都	100%	60%	20%
2		城市等级	二线城市			
3		土地等级	城郊接合部			
4	规划条件	地块大小	100～200亩	100%	70%	60%
5		容积率	1＜容积率≤2			
6	商业条件	面积占比	20%＜商业占比≤30%	40%	70%	100%
7		自持占比	无自持			
8	地货条件	地货比	0.2＜地货比≤0.3	90%	100%	60%
9	预售条件	预售要求	主体的1/3	75%	70%	65%
10	总评分			27%	32%	16%
11	最大值			32%（均衡型）		

三、AI定型：AI自动排期与AI审查

项目计划的AI定模、AI入模是为AI定型做准备，从而进行项目计划的AI自动排期和AI审查。如图3-6所示，AI自动排期后，项目操盘人员会根据项目实际情况，在原计划基础上再适当进行调整。比如，标准工作周期是30天出施工图，但为了赶进度，操盘人

员评判项目较为简单，因而压缩设计时间至 25 天，这让项目计划提前了 5 天。有些项目所在城市的预售证审批有限制因素，报批时间需要延长 15 天，这时操盘人员应进行计划的延长调整。

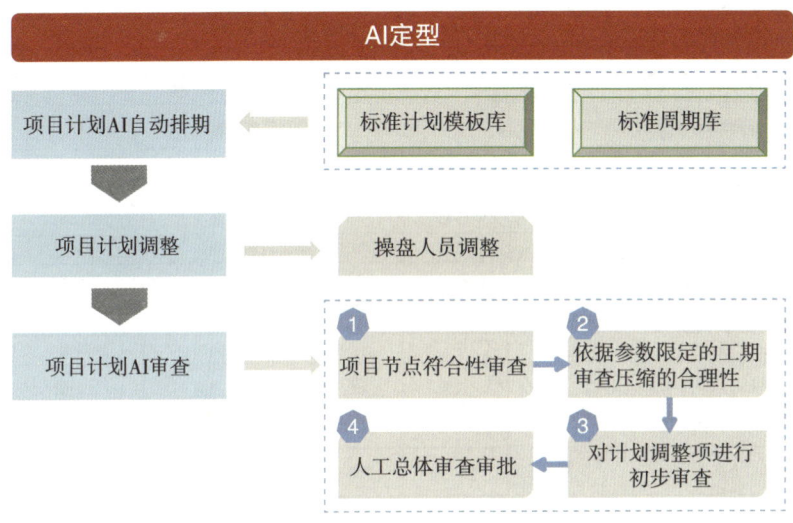

图 3-6　项目计划的 AI 定型

所有的项目计划预测都可以通过 AI 完成。房企需提前设定关键变量，一旦有新项目，只要明确并输入关键变量，就可以进行 AI 自动排期，或是对线下排完的工期进行线上验证。

如图 3-7 所示，结合项目的具体情况，通过系统计划模拟器，在页面上选定关键变量的参数，勾选业务类型配置，之后自动生成模拟的工期天数。

运用 AI 工具排出计划后，操盘人员又调整了计划。那么，总部如何快速识别调整后的节点并判断调整的合理性呢？这时候，总部就需要进行审查管控。

项目计划的 AI 审查是指运用 AI 识别技术，从四个方面识别操盘人员上报的调整计划是否符合要求。

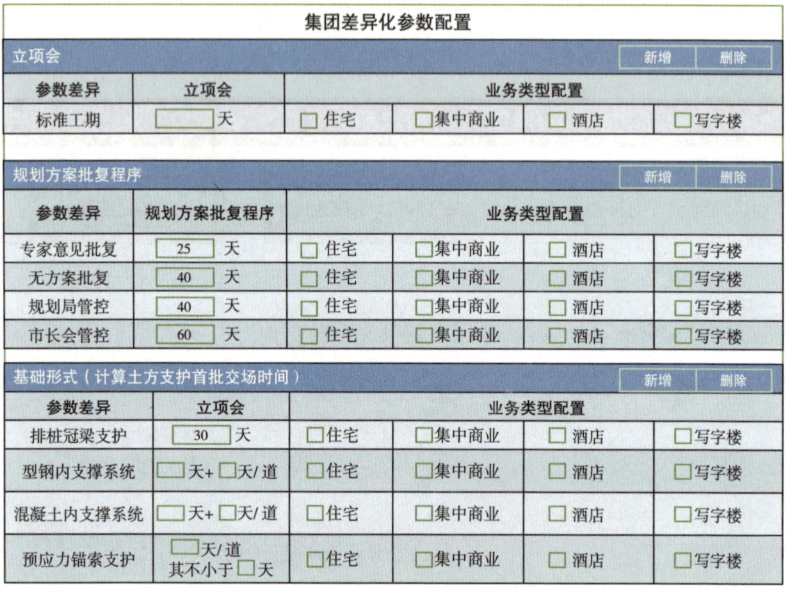

集团差异化参数配置					
立项会						新增　删除
参数差异	立项会	业务类型配置			
标准工期	☐ 天	☐住宅	☐集中商业	☐酒店	☐写字楼
规划方案批复程序						新增　删除
参数差异	规划方案批复程序	业务类型配置			
专家意见批复	25 天	☐住宅	☐集中商业	☐酒店	☐写字楼
无方案批复	40 天	☐住宅	☐集中商业	☐酒店	☐写字楼
规划局管控	40 天	☐住宅	☐集中商业	☐酒店	☐写字楼
市长会管控	60 天	☐住宅	☐集中商业	☐酒店	☐写字楼
基础形式（计算土方支护首批交场时间）						新增　删除
参数差异	立项会	业务类型配置			
排桩冠梁支护	30 天	☐住宅	☐集中商业	☐酒店	☐写字楼
型钢内支撑系统	☐天+☐天/道	☐住宅	☐集中商业	☐酒店	☐写字楼
混凝土内支撑系统	☐天+☐天/道	☐住宅	☐集中商业	☐酒店	☐写字楼
预应力锚索支护	☐天/道 其不小于☐天	☐住宅	☐集中商业	☐酒店	☐写字楼

图 3-7　关键变量参数在实际项目中的应用

1. 项目节点符合性审查

根据业态类型、地区条件和经营类型所对应的标准计划节点模板，审查节点的完备性。比如，计划模板是否遗漏了关键点，尤其是在内部控制环节，为了节省时间而不召开目标成本策划会是否符合要求。

房企应选择合适的时间启动计划前置工作。有时，操盘人员为了完成计划目标，很早就启动了项目，从而造成计划不合理。房企可以通过 AI 审查，判断启动时间是否符合标准计划节点模板中对应的前置条件。

2. 依据参数限定的工期审查压缩的合理性

房企可以对项目工期进行压缩，但是这必须在合理的压缩空间内。比如，在工程建设过程中，把标准层的工期从七天每层，压缩至三天每层，这种不合理的计划是不会通过审查的。

如表 3-5 所示，房企对工期调整和压缩的合理性审查包括五类。比如，在内部可控事项类中，市场调研、目标成本编制、规划方案设计等环节都在内部可控制范围，最多可压缩至标准工期内 15%。再比如，在内部审批事项类中，运营目标书审批可以压缩至标准工期内 15%，但不得少于 5 个工作日。在召开规划方案评审会后，地区公司应在 10 天内将规划方案上报集团，由集团进行审批。

表 3-5　房企对工期调整和压缩的合理性审查

项目	审查内容	最大压缩范围
内部可控事项类	市场调研、目标成本编制、规划方案设计等	标准工期内 15%
内部审批事项类	运营目标书审批、规划方案审批	标准工期内 15%，不得少于 5 个工作日
外部手续审批类	方案复函、消防审批、预售许可证审批	历史数据中同类最短
工程实际进度类	桩基施工、底板工程、标准层、立面施工	单个三级节点不得超过 1 天
销售去化进度类	销售去化 30%、60%、95%	标准工期内 15% 或压缩至 30 天内

3. 对计划调整项进行初步审查

运营标准审查主要看大的节点是否发生变动，即只审查关键的里程碑节点，不管内部计划节点的排期和调整。房企也可以通过 AI 审查来检查计划节点和单个任务工期的合理性，从整体角度判断项目能否达到关键运营标准。

4. 人工总体审查审批

房企如果在上一步审查中发现了异常条件，就需要通过人工来进行专业判断和环境判断。这样做可以大大提升计划审查的效率，以便在最终审查完成后再进行计划的审批。

对预测而言，AI 系统在其中发挥了什么作用？毫无疑问，这些变量因素如果通过人工线下完成，那么由于变量因素过多，组合条件也会非常多。每当有调整需求时，房企就需要人工重新排布工期，从而造成巨大的人力、物力消耗，完成效率也不高。

项目计划的 AI 自动排期和 AI 审查，能够让企业的计划更精准，资源配置更优化，从而保证项目计划不会出现重大疏漏。这样的项目计划相对更行之有效，可以为后面的计划执行奠定良好的基础。

第三节
预演：一级节点与关键路径

如何通过 AI 系统来对公司的计划管理进行预演？本节的重点是一级节点和关键路径。

一、一级节点

如何选定公司层面所关注的一级节点？如图 3-8 所示，AI 系统通过五个方面来选定。

进度控制的难点和瓶颈	财务和现金流影响	产品品质
报批报建类： 五证 **前期或设计类：** 1. 景观施工图 2. 桩基施工图 3. 施工报建图（用于加快办理工规证、开工证） 4. 精装修施工图 **工程施工类：** 1. 基础施工（提前开工） 2. ±0 3. 室外配套、园建完成	**资金影响：** 1. 开工 2. ±0 3. 主体结构封顶 4. 项目竣工 **促进销售：** 1. 接受认购 2. 销售展示区开发方案 3. 销售展示区开放 4. 外脚手架拆除 5. 销售进度：40%、70%、95%	1. 精装修施工图 2. 装修样板房施工 3. 装修样板房验收 4. 土建单位与装修单位工作界面匹配、移交 5. 装修大面积施工 6. 装修样板房内部客户体验 7. 工地开放日（第一次） 8. 内部验收（预验收）

管理精细化	客户导向
1. 项目运营策划 2. 目标成本 3. 采购策划 4. 部品决策 5. 营销策划总案 6. 首次开盘方案 7. 项目工程策划 8. 报建策划 9. 室外综合管网 10. 交地 11. 项目后评估 12. 关键综合会议	1. 物业方案策划 2. 物业公司选定 3. 销售代理公司选定 4. 销售风险检查 5. 交付风险检查 6. 模拟验收 7. 物业移交

图 3-8　公司层面一级节点的选定

第一，进度控制中的节点。不同一级节点对整个项目的影响不一样。在报批报建类中，最典型的就是五证：国有土地使用证、建设用地规划许可证、建设工程规划许可证、建筑工程施工许可证和商品房预售许可证。这些证照的办理，对项目前期进度至关重要。工程施工中的一些关键性节点，比如 ±0、室外配套等，也非常重要。

第二，对财务和现金流影响比较明显的节点。对资金影响比较明显的节点主要包括开工、±0、主体结构封顶和项目竣工。此外还有对现金流产生间接影响的节点（主要是为了促进销售），包括销售展示区开发方案、销售展示区开放以及销售进度等。

第三，与产品品质相关的节点。这里包含精装修施工图、装修样板房施工、装修样板房验收、工地开放日（第一次）、内部验收（预验收）等节点。

第四，与管理精细化相关的节点，主要是提升项目管理水平的节点，包括项目运营策划、目标成本、采购策划、营销策划总案、首次开盘方案、项目工程策划以及项目后评估等。

第五，与客户导向相关的节点，主要是跟客户密切联系的节点，包括物业方案策划、物业公司选定、销售风险检查、交付风险检查、物业移交等。

通过这五个方面，AI系统可以找到影响每个节点的因素。根据公司不同的管理导向，它可以选择不同的节点作为主控的关键。

从行业经验来看，如图3-9所示，在设定一级节点时，标杆房企从拿地到开工的一级节点数量占比在50%左右，从开工到开盘的一级节点数量占比在25%左右。这意味着，开盘前的一级节点数量占整个项目一级节点数量的70%~80%。开盘之后的一级节点的关键程度相对没有开盘之前节点的高，只剩下主体结构封顶、项目竣工和项目交付等节点。

既然有50%左右的一级节点在开工前，那么这一阶段的哪类一级节点最多？毫无疑问要数报建类和设计类。如图3-10所示，这两类一级节点的数量平均占开工前所有一级节点数量的60%左右。管理者如果想抓进度、抓产品溢价，就要对开工前的一级节点予以重视。在设计类节点预演时，房企一定要把重点放在开工前的环节上。

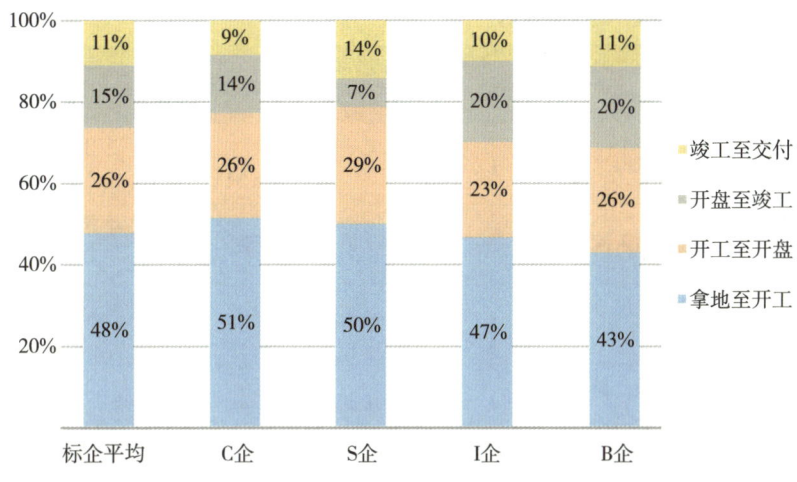

图 3-9　标杆房企一级节点的阶段分布

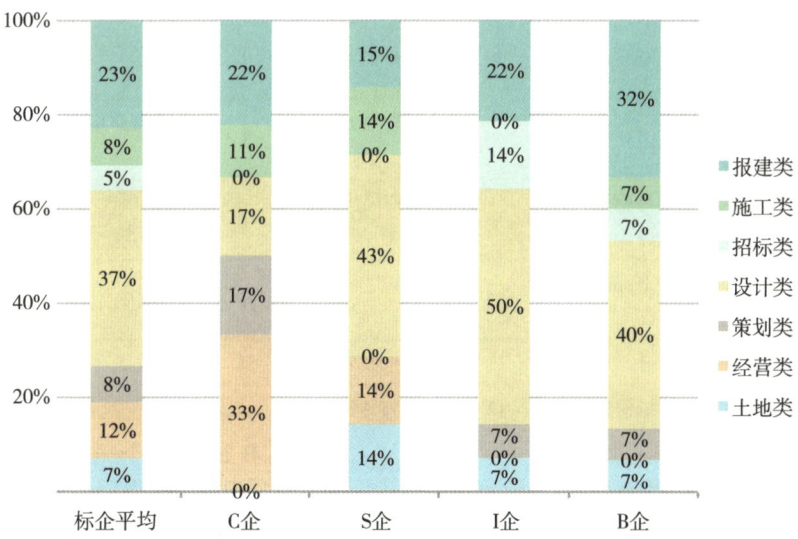

图 3-10　标杆房企开工前一级节点的类别分布

如表 3-6 所示,我们对三家标杆房企的一级节点进行了对比。

第三章　项目计划的 AI 决策　　　093

表 3-6　标杆房企一级节点示例

均好型B企	一级节点	利润型S企	一级节点	快周转M企	一级节点
1	项目获取	1	取得国有土地使用证	1	取得建设用地规划许可证
2	首笔地价款支付	2	交地	2	取得国有土地使用证
3	总包、监理单位确定	3	完成方案设计	3	取得建设工程规划许可证
4	取得施工图审图设计合格证	4	完成初步设计	4	立项核准
5	取得建设工程施工许可证	5	完成施工图设计	5	取得建筑工程施工许可证
6	土方开工	6	取得建筑工程施工许可证	6	发布开工令
7	施工至 ±0	7	项目开工	7	主体结构达到预售条件
8	示范区开放	8	开放售楼处、样板区	8	取得商品房预售许可证
9	主体结构达到预售条件	9	取得商品房预售许可证	9	开盘
10	取得商品房预售许可证	10	开盘	10	竣工备案
11	开盘	11	完成 40% 销售	11	业主收房
12	主体结构封顶	12	完成 75% 销售	☐ B 企：均好型——关注运营节奏和产品品质 ☐ S 企：触点营销——从客户购房感受出发进行设计与营销 ☐ M 企：进度导向	
13	装修单位进场、工作交接	13	完成 95% 销售		
14	竣工备案	14	景观施工进场		
15	集中交付	15	竣工备案		
16	项目结算完成	16	交房		
		17	交房完成率 95%		

这三家房企代表了三种不同的导向。B 企是一家均好型房企，是各方面都为 90 分的优等生，它的一级节点配置也呈现同样的特点。B 企既不是完全的进度导向，也不是完全的客户导向和销售导向，更不是完全的管理导向，它的一级节点配置相对均衡。

与 B 企相比，S 企的一级节点配置有很大的不同。它以客户导向和销售导向为主，关注的是客户的感受，并以此完成设计和营销。它的一级节点集中在设计和销售环节，包括完成方案设计、完成初步设计、完成施工图设计、开放售楼处与样板区、开盘、完成 40% 销售、完成 75% 销售、完成 95% 销售等。这些节点都被纳入 S 企的一级节点管控中。

相对来说，进度导向的 M 企最简单，它的一级节点几乎都是报建类和施工类，包括五证、竣工备案、业主收房等。M 企所有的重点工作基本都是围绕这些核心节点展开的。

二、关键路径

除了确定一级节点，房企还要完成关键路径开发图。关键路径就是指整个项目开发过程中最长的路径。关键路径上每一个节点的持续时间都决定了项目的工期。任何一个节点出现延误，总工期都会受到影响。

关键路径上的关键节点包括方案复核、开工、开盘、竣工备案、项目交付等。如图 3-11 所示，围绕每个关键节点延展出其前后的逻辑关系，依托这个逻辑关系，AI 系统可以预演出整个项目的关键路径开发图。

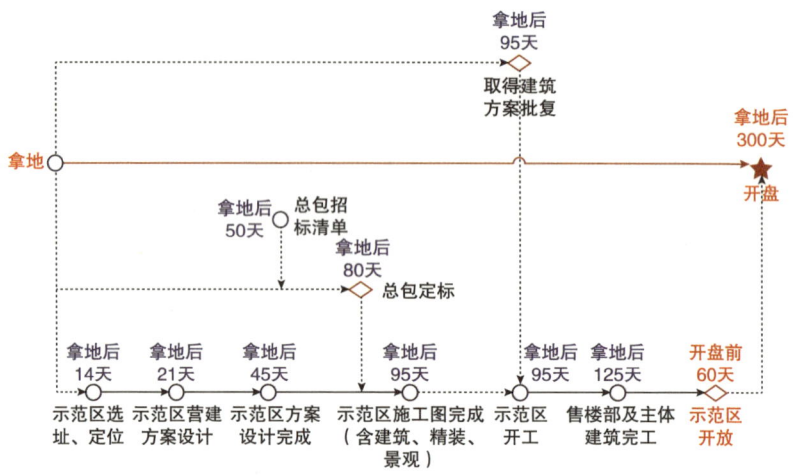

图 3-11　项目关键路径开发图

如图 3-12 所示，开工环节的前置节点包括工程策划会、建筑工程施工许可证、总包定标和详勘。其中，建筑工程施工许可证这一节点又包括施工图确认、施工图外审、方案复核、建设工程规划许可证等前置节点。围绕开工这个节点延展出其他关键节点之间的逻辑关系，是 AI 预演的核心和难点。

在开盘环节，AI 系统也可以用同样的方式进行预演。在开盘前，工程进度要达到预售条件，项目整体开盘方案以及项目定位需要明确，其前置节点包括定价、示范区开放。开盘之后，有销售去化至 90% 和开盘后评估节点。围绕开盘，管理者可以梳理前后节点的逻辑关系，从而形成一个小的路径图。

通过围绕里程碑节点展开推演，并形成一个个小的路径图，AI 系统可以串联起一个重点突出的项目关键路径开发图。因为这是以关键节点和关键路径为导向的，所以预演的结果能够很好地应用到未来实际的工作场景中。

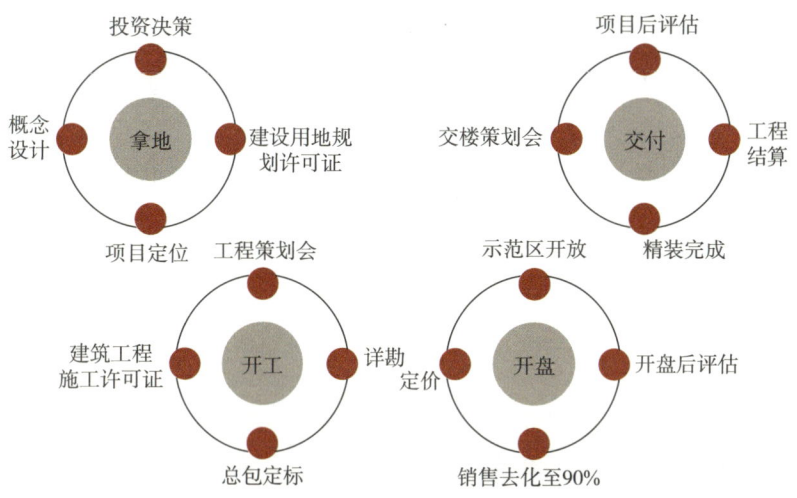

图 3-12　围绕里程碑节点展开推演

在整个系统里，管理者可以通过预设各个关键节点之间的逻辑关系来推演整个项目的路径图。其中，标准工期是不可或缺的因素。如果没有标准工期，所有路径的时间长度就不清晰。只有同时导入标准工期和关键节点，项目全周期路径图才具备了节点、逻辑、路径和长度这些关键要素。

各家房企都在做计划管理预演，它们通常将这些关键节点所需的前置条件，以会议或成果管理的形式，在线下的各个环节中导入。

如果把这些前置条件放到线上，通过 AI 系统进行操作，那么这会不会产生更大的辅助价值呢？仅通过线下梳理，管理者未必能将这些节点之间的逻辑关系考虑得非常全面。在这一过程中，管理者可能只考虑了一个关键路径。

地产行业是一个多专业交叉的，受空间、时间及外部上下游单位等多重因素影响的庞杂体系，在这个体系内，对前后逻辑关系的导入是一个比较复杂的过程，而 AI 系统可以给管理者提供一个更好的解决方案。

第四节
预警：预警对象与分级预警机制

在计划管理 AI 体系中，预警是非常重要的环节。很多计划最终失控的一个重要原因就是，预警机制建立得不到位。

一、计划管理预警

计划管理预警是房企日常工作中比较常见且重要的一项工作。如图 3-13 所示，不论是在线上，还是在线下，房企都要明确预警规则。三级节点计划延迟需要通知哪些人？二级节点和一级节点计划延迟又分别需要通知哪些人？哪些环节需要审批？当项目运营目标出现偏差时，房企应该预警到哪一个层级？出现问题时应该由谁做出决策？等等。这些都要有一个明确的机制。

预警对象		子公司				集团总部		
		项目工作组	运营管理部	分管领导	总经理	集团相关部门	分管领导	集团总裁
项目计划	三级节点计划延迟	●	●	●				
	二级节点计划延迟	●	●	●	●	●		
	一级节点计划延迟	●	●	●	●	●		
	项目运营目标出现偏差	●	●	●	●	●	●	●
公司计划	月度工作计划延迟		●	●	●			
	年度工作计划延迟		●	●	●	●		
	公司经营目标出现偏差		●	●	●	●	●

图 3-13 计划管理预警的基础设计

计划运营部门除了要制定权责上的规则，还要建立相应的预警机制，比如，预警应该提前多少天发出，预警节点的责任人是谁。预警机制应包含预计完成时间、计划延迟的原因、弥补措施等内容。

　　管理者并不是简单地将事情向上汇报，而是要把预警的前因后果、补救机制、责任人等明确下来，并形成一套清晰的方案。

　　这样的预警机制对整个计划管理体系来说，是较大的挑战。只有具备比较固化的工作程序，预警机制才会真正发挥作用。在日常工作中，运营部门发出预警，但这个事情到底谁来办、谁来落实，很多时候议而不决，并没有清晰的结论。

　　最终，问题回到项目总或运营部门身上，并没有落实到个人。项目总有一套自己的判断方法，但这种方法未必特别精准。如果没有成熟的机制将问题固化到每个环节上，预警的督导或跟进就都容易出现偏差。也就是说，管理者要通过 AI 系统这样的固化管理工具来提升执行力，让预警机制对项目有正向帮助。这不仅是在暴露问题，更是在解决问题。

二、分级预警机制

　　AI 系统通过分级预警机制来反映问题的严重程度。对于按时或提前通过审批的节点，AI 系统将对该节点发出白灯提示，这说明该节点执行情况正常。

　　如图 3-14 所示，在里程碑节点和一级节点，一旦某项工作出现延迟，AI 系统就会发出警告。如果延迟时间在 3 天及以内，那么系统将对该项工作发出黄灯警告；如果延迟时间超过 3 天，那么系统将对该项工作发出红灯警告。二级节点和三级节点的黄、红灯警告时间点分别为 7 天和 15 天。

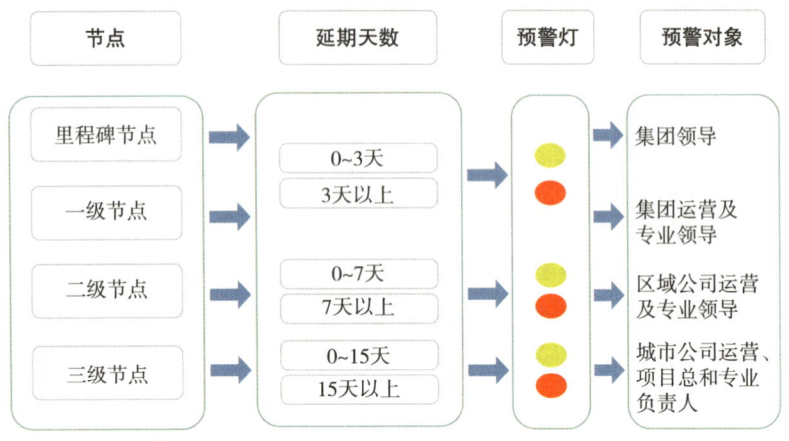

图 3-14 分级预警机制设置

在对不同节点的重要程度进行相应的延期警示时，预警标准也会有所不同。这种分级预警推送机制和预警灯设置，也是对管理工作的固化。通常，计划管理系统的重要价值就是把管理动作固化下来，以避免因主观操作而导致偏差。AI 系统可以自动、及时地反映问题，从而提升反馈的效率和精准度。表 3-7 为预警计划的流程及标准。

表 3-7 预警计划的流程及标准

工作要点及流程	预警计划	预警时间	责任部门和责任人	流程说明及标准
向项目工作群预警	项目总进度控制计划 出图矩阵表 采购矩阵表 报建矩阵表	至少提前 15 天预警	时间节点上的责任部门、各专业负责人	预警信息应包含预计完成日期、计划延迟原因、弥补措施
	开放区开盘专项计划 竣工验收计划 产品交付计划	至少提前 7 天预警		

（续表）

工作要点及流程	预警计划	预警时间	责任部门和责任人	流程说明及标准
向总经理办公室预警	项目里程碑节点计划	■ 当开放、开盘、竣工备案和入伙节点预期滞后30天时，需提前90天进行预警，并提出纠偏措施 ■ 当开放、开盘、竣工备案和入伙节点预期滞后15天时，需提前45天进行预警，并提出纠偏措施 ■ 当其他节点影响到项目整体开发运作，且项目内部不能采取有限措施进行纠正时，需要公司提供资源协助，由片区总经理在判断后提出预警	项目总助	当项目工作群预警信息导致项目里程碑节点计划推迟时，应将该预警信息报总经理办公室审批备案

如图3-15所示，分级预警系统可以根据节点级别和完成情况设置不同的预警动作，包括亮灯类型、亮灯颜色，以便及时监督、检查任务的完成情况。更进一步的应用是把每个预警点的反馈数据自动生成一个工作报告，推送给相关领导和必要的责任人。每一个报告的模板都可以通过数据抓取，最终由AI系统自动生成。

预警分为五种类型：开始提醒、结束提醒、延期报警、前置预警和风险预警。如图3-16所示，该系统支持按照预警角色、预警人员、预警节点等多个维度来进行预警。

节点级别	亮灯类型	完成情况	亮灯颜色	行号	操作
一级	计划临期	计划完成时间前60天	●	10	修改 删除
一级	计划临期	计划完成时间前20天	●	20	修改 删除
一级	计划延期	计划完成时间后1天	●	30	修改 删除
二级	计划临期	计划完成时间前20天	●	40	修改 删除
二级	计划临期	计划完成时间前7天	●	50	修改 删除
二级	计划延期	计划完成时间后1天	●	60	修改 删除

图 3-15 分级预警示例

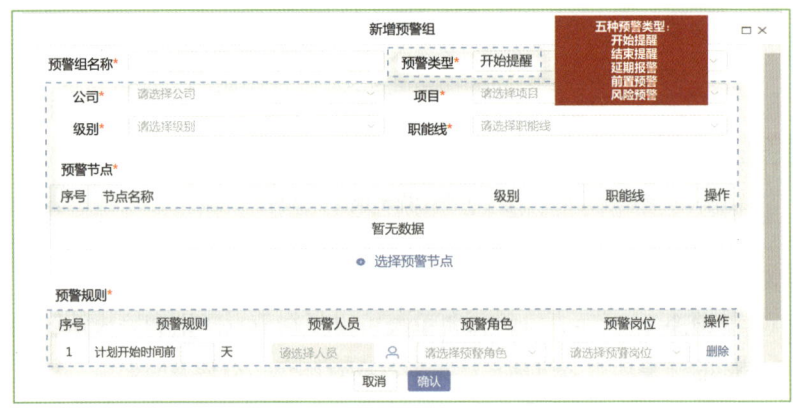

图 3-16 多维预警示例

无论是分级预警还是多维预警，AI 系统都会把每个节点的反馈数据生成工作报告，推送给相关管理者，从而使计划能够顺利实施。

第五节
预控：五大管理机制

预控就是在计划管理中提前运用一些方法和工具来进行预先控

制，而不是事后救火。这是一种运筹帷幄和未雨绸缪的表现。

如图 3-17 所示，预控管理体系的五大抓手包括权责分工机制、绩效考核机制、计划调整机制、会议决策机制和成果管理机制，这五个机制相辅相成。

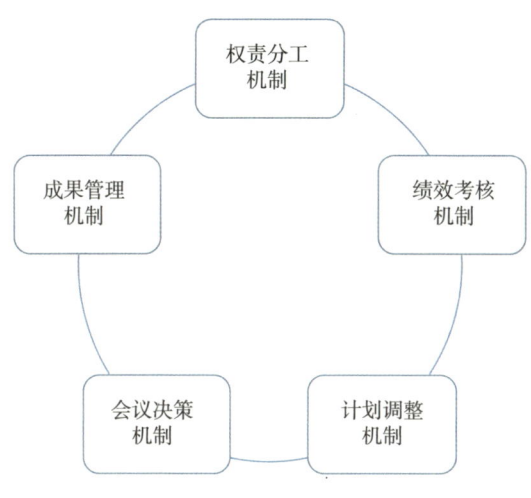

图 3-17　预控管理体系的五大抓手

一、权责分工机制

计划管理过程中的每一个环节、每一个输出成果，都要有相应的责任主体和负责条线。如果计划有所调整，那么相应的责任人需签字确认。如表 3-8 所示，工期模型涵盖项目分期开发策略、项目分期开发路径图、方案批复工期表、工期变量录入表、分档工期标准表、浮动工期表等，每一项都是非常重要的输入条件。

表 3-8　工期模型填写事项及界面划分示例

管理层级	内容	填报责任主体		签字确认	调整后签字人	
^	^	层级	专业条线	^	层级	签字人
项目	1. 项目分期开发策略：项目开发策略及思路填写（摘自运营体系表）	事业部	营销条线	否	无	
^	2. 项目分期开发路径图：项目基本信息及开发路径图	事业部	运营条线	否	无	
^	3. 项目基本信息录入表：工期档位标准填报与调整	事业部	运营条线	否	无	
集团	1. 全周期运营体系工期表：核定工期	事业部	运营条线	否	无	
^	2. 方案设计工期表：核定工期	事业部	设计条线	否	无	
^	3. 拿地时间及设计周期切分判断表：核定工期	事业部	设计条线	否	无	
^	4. 方案批复工期表：核定工期	事业部	报建条线	否	无	
^	5. 预售形象进度汇总表：首开业态及业态对应层高填报	事业部	营销条线	否	无	
^	6. 预售条件信息表：校对已进入城市预售办理的形象进度要求	事业部	报建条线	否	无	
^	7. 浮动工期表：标准部分及总体工期评审	总部	大运营工作小组	是	总部	会签
城市	1. 价格修正判断表：价格标准调整（若需要）	事业部	营销条线	是	事业部	营销部门负责人
^	2. ±0—预售天数标准表：调整施工标准天数（若需要）	事业部	工程条线	是	事业部	工程分管副总
^	3. 预售—主体结构封顶天数标准表：调整施工标准天数（若需要）	事业部	工程条线	是	事业部	工程分管副总
^	4. 工期变量录入表：各变量工期时长填报及修改	事业部	工程条线	是	总部	工程分管副总

（续表）

| 管理层级 | 内容 | 工期模型填写事项及界面划分 |||||
| | | 填报责任主体 || 签字确认 | 调整后签字人 ||
		层级	专业条线		层级	签字人
城市	5. 分档工期标准表：变量选取、核对（立项—全周期）	事业部	运营条线	是	事业部	运营分管副总
	6. 分档工期标准表：核对（全周期—拿地、拿地至方案内审完成）	事业部	设计条线	是	事业部	设计分管副总
	7. 分档工期标准表：变量选取、核对（方案内审完成至取得政府批复）	事业部	报建条线	是	事业部	报建分管副总
	8. 分档工期标准表：变量选取、核对（取得政府外部批复至开工）	事业部	设计条线	是	事业部	设计分管副总
	9. 分档工期标准表：变量选取、核对（开工至交付）	事业部	工程条线	是	事业部	工程分管副总
	10. 拿地各节点工期统计表：数据核对及评审	事业部	大运营工作小组	是	事业部	会签
	11. 浮动工期表：浮动部分填写及核定	事业部	工程条线	是	事业部	工程分管副总

管理者把这些条件输入系统，从而形成一个完整的体系，固化每个部分的责任主体。无论是执行标准工期还是确认各种变量，都需要有相应的确认动作。这样才能做到事事留痕、有的放矢。

二、绩效考核机制

对很多企业来说，绩效考核是非常头疼的问题。它本身存在很多不确定因素，既有外部原因和不可抗力导致的计划变化，也有公司内部主动调整带来的计划变化。此外，一些条线的计划完成程度不一，比如，前期条线的计划完成比较困难，而在内部评审的设计条线的计划完成则相对容易。

由于采购部和工程管理部都与前置节点存在相应关联，绩效考核非常难做。采购部没有完成绩效，可能是因为前期图纸没有跟上；工程管理部没有完成绩效，可能是因为前期招采没有跟上。这些前后节点之间存在一定的关联，一个节点出现延迟容易引来连锁反应。

那么，在这种复杂的情况下，如何才能把绩效考核做好呢？如表3-9所示，管理者需要把关键节点的计划分解做得比较细致，对每一个节点的负责人、参与方及其所占的考核权重，在做考核筹划时就规定清楚。

表3-9 关键节点计划分解表示例

序号	节点名称	发展部	设计管理部	采购部	工程管理部	项目部	营销管理部
1	产品定位（里程碑节点）	√	√	√	√	√	√
2	概念设计		√				
3	规划设计		√				
4	取得建设用地规划许可证	√					
5	方案设计（里程碑节点）	√	√				
6	初步设计		√				
7	施工报建图完成	√	√				
8	全套施工图完成		√				
9	总包单位确定			√			
10	取得建设工程规划许可证	√					
11	取得建筑工程施工许可证（里程碑节点）	√					
12	±0施工			√	√	√	
13	主体结构封顶				√	√	
14	销售展示区施工		√				√

（续表）

序号	节点名称	发展部	设计管理部	采购部	工程管理部	项目部	营销管理部
15	主体结构达到预售条件（里程碑节点）				√	√	
16	取得商品房预售许可证	√					
17	销售展示区开放				√		√
18	销售开盘（里程碑节点）						√
19	外脚手架拆除				√		
20	竣工验收				√	√	
21	取得规划验收许可证	√				√	
22	竣工备案（里程碑节点）	√				√	
23	预验收					√	
24	交付（里程碑节点）					√	
25	取得大产权证	√					

在考核过程中，管理者也应根据不同节点的重要程度，赋予其相应的权重。比如，规划设计这一重要节点通常由前期部门报建，考虑到这个节点的重要性及连带性，管理者一般会把相关的前期部门绑定。规划设计在公司内部通过对设计管理部来说并不算真正完成任务，只有设计管理部和其他前期部门共同努力，让这个设计方案成功通过政府审批，任务才算真正完成。

通常，规划设计的内部审批通过只占考核分值的1%，而外部审批通过占考核分值的5%。把设计管理部和其他前期部门进行绑定的思维也广泛应用于其他条线。在销售任务的完成上，工程管理部和营销管理部需要绑定，工程管理部要保证正常供货，营销管理部要负责售卖，从而避免发生在未完成销售额的情况下，双方互相扯皮的问题。这样可以加强部门之间的协同合作，打通部门之间的壁垒。表

3-10 为各部门考核得分表。

表 3-10　各部门考核得分表示例

各部门考核得分表			
部门名称	里程碑节点考核得分（分）	换算考核系数	节点总数（个）
工程管理部	100	1.2	6
财务部	93	1.2	18
运营部	87	1.2	40
营销管理部	86	1.1	7
采购部	83	1.1	16
设计管理部	80	1	14

对一个节点来说，其分解后会涉及多个部门，这使得线下操作的工作量非常大。如果通过 AI 系统自动地抓取数据，企业就能轻松识别某个部门的任务完成情况，给予其相应的分值，从而自动生成考核结果。

计划考核是企业对大运营体系中每一个节点过程的考核，并不只是考核项目的运营指标。项目运营指标的完成情况与这些节点的完成情况密切关联，只有计划考核的过程和标准做得扎实，项目运营指标考核的最终结果才会比较理想。

如表 3-11 所示，这是一种比较常用的计划考核方式——建立逆向考核机制。

逆向考核就是让下游部门对上游部门进行评分，以增强上游部门对下游部门的服务意识和赋能意识的一种考核机制。这一过程在线下开展的工作量比较大，但可以内嵌在线上系统的运行机制里，以一种自动、及时的方式完成。

表 3-11 逆向考核机制

级别	前期工作	计划时间	后期工作	负责主体
一级	申请建设用地规划许可证	立项批复后 10 天内	取得建设用地规划许可证	区域中心或城市公司
一级	申请规划方案复函	方案上会后（外部）15 天内	取得规划方案复函	技术部、区域中心或城市公司
二级	总包内部招标	方案设计内部评审完成后 75 天内	总包中标审批表	合约部
二级	工程监理内部招标	方案设计内部评审完成后 60 天内	监理中标审批表	合约部、区域中心或城市公司
二级	投资监理内部招标	方案设计内部评审完成后 60 天内	投资监理中标审批表	合约部
二级	勘察设计单位外部招标	立项批复后 45 天内	确定勘察设计中标单位	区域中心或城市公司

技术部绩效考核——季度绩效考核细则

类型	指标名称	说明	权重
PPI 指标（生产价格指数）占指标总数的 70%	项目节点类、职能计划类得分	PPI	70%
BPI 指标（经营业绩指标）占指标总数的 30%	部门配合协调得分（采购部、城市公司或区域中心、营销管理部）	BPI	10%
	企业管理得分	总经理室评分	10%
	部门业务管理得分	总经理室评分	10%

目前，AI 系统集中应用的考核场景并不是很多，它更多地是进行数据自动抓取，最终自动生成考核结果。AI 系统的考核应用具有严肃性和刚性。线下逆向考核会受到人为因素影响，从而遮掩了项目本身的真实情况，不利于形成规则标准。因此，通过 AI 系统生成考核结果，相对来说更严谨、科学。

第三章 项目计划的 AI 决策

三、计划调整机制

如表 3-12 所示，对于里程碑节点、一级节点、二级节点和三级节点，管理者会有不同的调整条件、调整时间、调整流程的设定。

表 3-12　计划调整分级机制

项目	里程碑节点	一级节点	二级节点	三级节点
调整条件	1. 公司战略规划调整； 2. 政府政策、市场情况发生变动，项目开发方案调整； 3. 不可预见因素	因里程碑节点调整而导致的调整	因里程碑节点、一级节点调整而导致的调整	1. 因里程碑节点和一、二级节点调整而导致的调整； 2. 在不突破一、二级节点情况下的调整
调整时间	根据经营需要，原则上半年修订一次	同里程碑节点修订情况	可根据项目情况，每季度进行调整	每月最多调整一次
调整流程	项目进度第一责任人→城市运营部经理→城市运营分管领导→城市总经理→区域运营部经理→区域运营分管领导→区域总经理→集团营销运营中心→集团投运部分管领导→集团总裁（由集团总裁终审）	审核路径与里程碑节点一致（由集团投运部分管领导终审）	区域或城市运营对接人→项目进度第一责任人→城市运营部经理→城市运营分管领导→城市总经理→区域运营部经理→区域运营分管领导→区域总经理（传阅至集团投运部）	区域或城市运营对接人→项目进度第一责任人→城市运营部经理→城市运营分管领导→城市总经理（传阅至区域运营部）

里程碑节点有三个调整条件。第一，公司的战略规划发生了调整。第二，政府政策和市场情况发生了变动，从而使项目开发方案发生了调整。这主要是外部因素的影响使整个项目的策略发生了变化。第三，出现一些不可预见因素，比如出现了非常重大的环境变化。

理论上，里程碑节点的计划调整时间是半年一次，不能频繁地对其进行调整。调整流程从项目进度的第一责任人到城市运营部经理、城市运营分管领导、城市总经理以及区域公司相关领导和集团各个条线的相关领导，最终到集团总裁。

里程碑节点对项目运营指标的影响非常大，比如，开盘、开工、竣工备案等节点会影响签约、利润、内部收益率等指标。因此，对里程碑节点的调整必须非常慎重，不能随便调整。其审批流程也非常长，需要企业的一把手，即集团总裁进行最终决策。

一般情况下，一级节点会根据里程碑节点的调整而调整。这种随动性调整的节奏可能会比里程碑节点灵活，但也有企业对此严格要求。很多企业在淡化里程碑节点的概念，将其与一级节点一起考量，所以在审核路径上，二者一致。

二、三级节点的调整通常是因为项目本身出现了延误，或是因为里程碑节点或一级节点调整而带来连锁反应。对二级节点的调整，可以根据项目情况按季度进行，其审批权限一般会传到区域公司相关领导的手中。

由于不同公司的管理颗粒度不一样，三级节点的调整过程比较复杂。如果调整不突破二级节点，三级节点的调整就相对灵活，在城市公司层面就可以决定。当然，这种调整也不能过于频繁，一般每月最多调整一次。

四、会议决策机制

对地产企业来说，会议管理是一个由来已久的"老大难"问题。有些企业觉得会议特别多，工作的开展缺乏效率；有些企业觉得缺少一些关键性的决策会议。会议是多些好，还是少些好？其实，多或少都不是问题，关键是会议要开在点上。也就是说，会议开得到位才是最重要的。

如图 3-18 所示，最核心的会议有两类：一类是经营管理工作会议，一类是项目运营决策会议。经营管理工作会议一般定期召开，比如公司年度预算会、年度目标会、半年度调整会、季度工作总结会、月度跟进会等。此外，也包括一些公司级的会议，对一些重大工作安排、人事安排等做出决策，这与地产项目有一定的相关性，但不是最密切的会议。

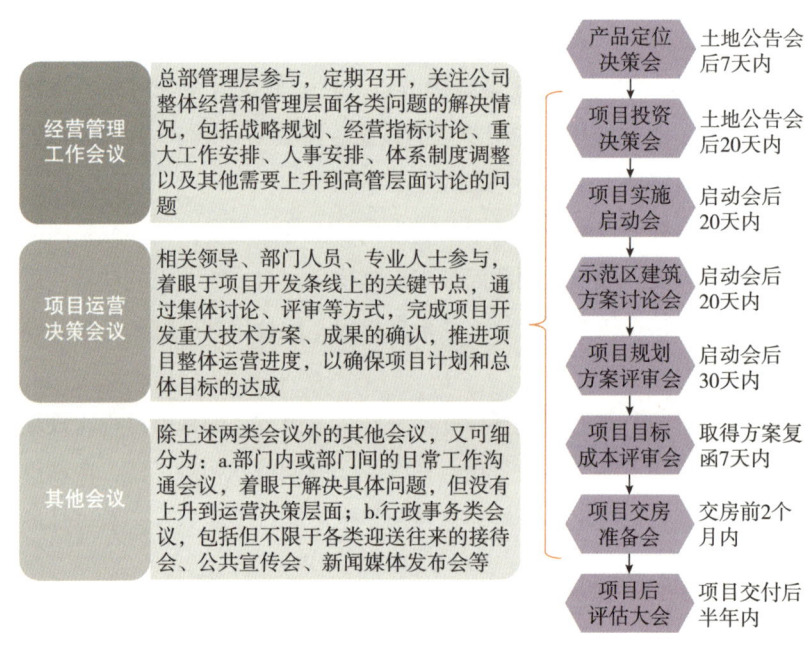

图 3-18　地产企业会议体系

与地产项目关系最密切的会议是项目运营决策会议。它是根据项目全周期开展的关键性会议，着眼于项目开发条线的各个关键节点，通过集体讨论、评审等方式，完成项目开发重大技术方案、成果的确认，推进项目整体运营进度，以确保项目计划和总体目标的达成。

通常，项目运营决策会议包含几个关键会议：产品定位决策会、项目投资决策会、项目实施启动会、示范区建筑方案讨论会、项目规划方案评审会、项目目标成本评审会、项目交房准备会和项目后评估大会。

这整个过程还涉及其他会议，有些会议很重要，有些会议却没那么重要。这需要公司根据经营导向做出相应的区分。

通过梳理，会议管理框架就形成了：每个会议由哪个条线主导？相关会议应该在哪个节点召开？会议的目的是什么？会议前需要准备哪些资料？会上需要输出什么成果？哪个部门负责组织？哪个部门负责汇报？哪个部门负责决策？若决策人不在场，二级决策人又是谁？参会的人有哪些？所有会议要素都要考虑在内。

对这些会议要素的梳理，可以通过 AI 系统进行固化操作，自动生成整个会议的报告（见图 3-19）。在每次开会之前，AI 系统会对这个会议的召开时间、参会人员和准备资料等进行自动抓取，形成相应的报告。以这种形式对会议进行自动化管理，可以提高会前准备的效率，避免运营部门陷入大量的数字和文字整理工作。企业还可以通过 AI 系统管理机制，提升工作人员对固化管理动作的延续性、接受度。

第三章　项目计划的 AI 决策

【会议管理手册】包含要素		
◆ 通用会议要求		
➢ 会议组织要求		
➢ 会议资料规范性要求		
➢ 会议程序要求		
➢ 会议纪要要求（含模板）		
➢ 会议任务跟进要求		
◆ 各级会议标准要求		
➢ 会议名称		
➢ 召开时间		
➢ 会议目的		
➢ 参会主体		
➢ 上会资料		
➢ 输出成果		
➢ 相关流程		
➢ 使用模板		
➢ 备注说明		

会议名称	项目投资决策会	
会议等级	一级项目运营决策会议	
召开时间	在投资发展部编制完可研报告后一周内	
召开地点	具体会议室安排以会议通知为准	
持续时间	1.5~3小时（尽量安排在上午）	
会议目的	对项目可行性研究报告进行评议和集体决策，明确新项目获取意向，同时对后续项目开发给出指导意见	
参加范围	组织部门	总部投资发展部
	主持人	总部投资发展部副总
	汇报部门	总部投资发展部
	决策人	总经理
	会议纪要	总部投资发展部
	参会领导及部门	总部管理层及相关部门
会前准备资料	项目可行性研究报告（上会讨论版）	
会议决策事项	新项目获取意向	
会议议程	1. 投资发展部讲解项目可行性研究报告； 2. 各相关部门或分管领导从本专业角度对项目可行性研究报告进行解释、补充（成本、设计等）； 3. 集体审议； 4. 总经理评述项目可行性研究报告结果，明确新项目获取意向； 5. 各部门明确项目获取的具体工作和安排	
会后输出成果	1. 会议纪要； 2. 项目可行性研究报告（确认版）（含项目投资分析结果）	
相关流程	项目投资决策管理流程	
备注	无	

图 3-19 项目关键节点的会议报告

如图 3-20 所示，在每个会议召开前，AI 系统都会形成一张卡片，相关信息都会被记录在卡片上。AI 系统可以自动完成会议召集、会议材料准备和会议成果输出等工作。

图 3-20 会议节点计划与会议卡片

第三章 项目计划的 AI 决策 115

五、成果管理机制

如图 3-21 所示，对计划管理来说，成果管理机制所扮演的角色并不陌生。阶段性成果的质量，特别是开工之前各种方案的质量，对项目的成败至关重要。企业如果前期没有对一个成果进行确认就匆忙开始下一个阶段的工作，那么它承担的风险很大，这容易导致计划被推翻重来。

为什么要进行成果管理
- 阶段性成果的质量，特别是开工之前各种方案的质量，**对项目成败至关重要**
- 阶段性成果被确认合格之前就匆忙开展下一阶段工作，**风险很大，往往导致返工**
- 阶段性成果凝聚了团队的智慧，**应作为组织的知识被积累与共享**

工作标准类
需要公司内部审批的阶段性成果文件，反映项目各个阶段需要输出的工作成果内容、提要及深度要求，体现了专业化和标准化操作的要求，是确保下游工作按时、保质开展的前提条件，比如产品定位报告、方案设计标准等

外部批复及证照类
包括外部机构发放的各种与项目开发相关的批复文件、意见、证照、证明等

实体类
工程项目的实体成果，可以通过现场勘察、照片等体现

图 3-21　成果管理机制

这些阶段性成果凝聚了团队的智慧。不过，这些成果大都储存在员工的电脑里，或是积累成员工的个人经验，并未形成组织的成果积累，因此错误会重复发生。这时候，知识管理的重要性就体现出来了。

成果管理的核心价值就是知识管理，不过线下很难做到这一点。不少企业会遇到在一位员工离职后，许多资料、文档发生断档的情况，即使这位员工的责任感再强，留下的文档再充分，如果缺少公司级的整合和提炼，成果管理就难以实现。

通过成果管理把核心竞争力、核心成果掌控在公司手里，把个人成果、团队成果转化成公司成果，是成果管理的核心目的。在这样的目的下，一些外部批复及证照类和实体类成果并不是成果管理的重点。

管理者关注的重点是工作标准类成果，比如产品定位报告、方案设计标准、开盘方案、项目合约规划方案、物业管理方案。这些文件反映了项目各个阶段输出成果的深度要求，也体现了专业化、标准化操作的要求，是确保下游工作按时、保质开展的前提条件。

成果管理可以按照地产开发价值链上的各个专业节点进行。每个专业节点在每个阶段都会输出自己的知识成果，对这些知识成果固化管理、固化沉淀，非常有助于企业提升管理能力。

很多标杆企业都会对每个阶段的知识成果规定相应的成果定义、完成时间、主责岗位、成果确认审批流程、决策人以及成果确认后通知的部门。只要有相应明确的管理规范，企业就完全可以通过系统自动实现成果管理。只要把一个成果的标准要求内嵌在计划管理 AI 系统里，当这个成果确认后，AI 系统就能第一时间将其发送给需要的人，并帮助下游部门快速启动后续相关工作。

如图 3-22 所示，通过成果积累，管理者将成果固化，在审批落地、固化标准落地的过程中，依据落地管理标准有效执行相关计划。每个节点都有相应的输出成果标准和审核要点，这有助于管理者对计划管理的关键成果进行快速确认。

历经多年的发展和演变，地产行业已逐步由一个暴利行业转变成微利行业。无论是头部房企还是中小型房企，它们都形成一个共识——过去的土地红利、金融红利都已不复存在。未来企业能进一步把握的就是管理红利，各家房企都在管理上提升效益。在这一过程中，一个重要的抓手就是构建大运营管理体系，全面提升企业的经营管理水平。

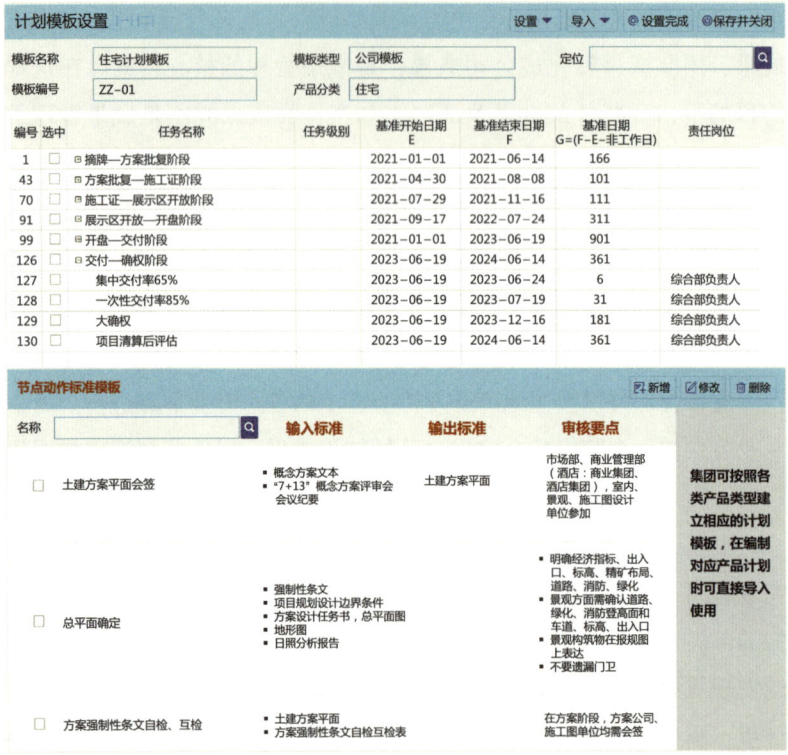

图 3-22 成果固化与标准模板

在大运营管理体系中，房企对于利润的管控、货值的管理、现金流的管理都给予了前所未有的重视。其中，计划管理是至关重要的管控工具，大运营管理体系中的各个节点都需要通过计划管理得到支撑和保障。离开了计划管理，一切都成了空中楼阁。

第四章　动态货值的 AI 决策

资产的保值、增值永远是企业经营管理的核心议题之一，货值的储备与动态分布是影响企业战略、经营决策的核心因素。

不动产企业的货值管理要比制造业的货值管理复杂得多。AI技术可以应用于货值管理的预测、预演、预警、预控四个环节，对货值实现进行预见性管理，从而为企业经营决策打下坚实基础。

动态货值的 AI 决策，让企业资产增值有了保障，风险有了预防。

我们以 AE 企和 V 企为例，探讨它们在预测、预演、预警、预控方面具有企业特色的动态货值管理方法。

AE 企是一家 1 000 亿元级别的地产企业，业务体系涵盖住宅、商业地产、长租公寓、文化旅游地产、产业地产、大型商场的运营管理和住宅物业管理等业务板块。为了方便对多个业务板块进行管理，AE 企建立了一套较为健全的货值管理 AI 系统和数智化运营体系。

V 企是一家 3 000 亿元级别的地产企业，近年来经过一系列业务重组，划定了投资、代建、文化旅游三大固定业务板块。V 企根据自身业务架构及运营模式建立了一套成熟的大运营体系，包括数智化货值管理系统。

第一节
动态货值：AI 应用保障销售与利润最大化

传统的线下货值管理模式，主要做的是繁杂的数据统计工作，难以实现动态数据更新和深入的数据分析；业务预测缺少科学的数据沉淀和参考依据，只能依赖人工手动填报，缺乏对预测合理性的校验；风险预警依赖人工进行简单提示，缺乏智能工具；预演和预控功能通常是无法实现的。

一、管理痛点：传统线下管理方式面临数据和管理两大难题

1. 货值数据缺失，全量数据统计不清

全量数据包括待建货值、在建货值、在售货值、已售货值等货值数据。因为大部分企业，特别是中小企业缺失全量数据，且没有梳理和计算数据的依据，所以它们无法取得预售证节点之前的货值数据，从而致使货值数据不完整，全量数据统计不清。

2. 统计口径不一，数据失真

房企的数据通常来自各个系统且缺乏统一管理，统计口径不标准，数据模型不一致，这导致计算有误差，数据失真。以拿地货值和在建货值两项指标为例，拿地货值通常是指投资时的强排数据，在建货值一般是指施工阶段工规证上的面积数据。因为这两项指标并没有进入营销阶段，房企没有及时更新价格数据，同时房企统计口径和测算标准不一样，所以这两类数据通常与实际情况存在明显的偏差。

3. 填报流程过长，费时费力

在手工填报数据方面，从项目到公司再到集团，流程冗长，并且需要经过层层审核，这使得数据更新不及时。一线营销人员重复填报数据，花费了大量精力和时间。即使大部分房企进行了货值数据的收集，集团内的各层管理人员也都只是把精力集中在数据统计和核查方面，至于数据是否精准、合理，是否可以用来分析，是否能够为管理决策提供意见，他们对此并没有采取相应的管理动作。

4.数据庞杂，决策困境

成果文件大都以表格方式呈现，这使得数据结果不直观。管理者不仅没有足够的时间来梳理数据，还缺乏更加科学的数据分析依据，缺少线下及手工编制的分析场景。由于没有对海量基础数据进行科学的分析处理，房企不能通过这些数据为决策环节提供有效的指导意见。

二、管理目标：保障销售与利润最大化

货值管理就是对地产类商品的价值进行预判和动态监控。货值的大小直接影响收入总额，因此，货值管理是利润管控中的重要一环。

如图4-1所示，在生产环节，数智化的动态货值管理通过信息化手段来动态预判、监控货值指标，管控货值结构的合理性，避免产销匹配失衡和不良库存累积，以指导项目和公司的整体运营，并保障项目利润达成，同时指导集团层面的战略布局。

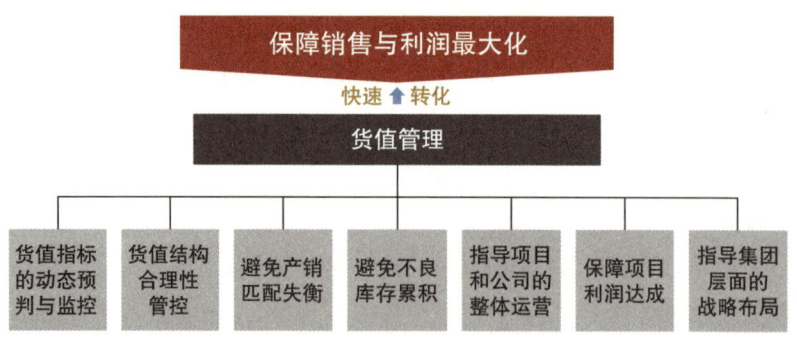

图4-1 数智化动态货值管理的流程

货值管理通过对生产端的管控来实现对收入端的管理，从而完成货值转化，让其成为真正的收入，最终保障销售与利润的最大化。

如图 4-2 所示，货值管理系统规划蓝图是从三个方面构建的：自下而上，最底层的数据层通过业务系统数据采集来支撑中间模型层的动态货值管理，最终支持应用层的分析应用。

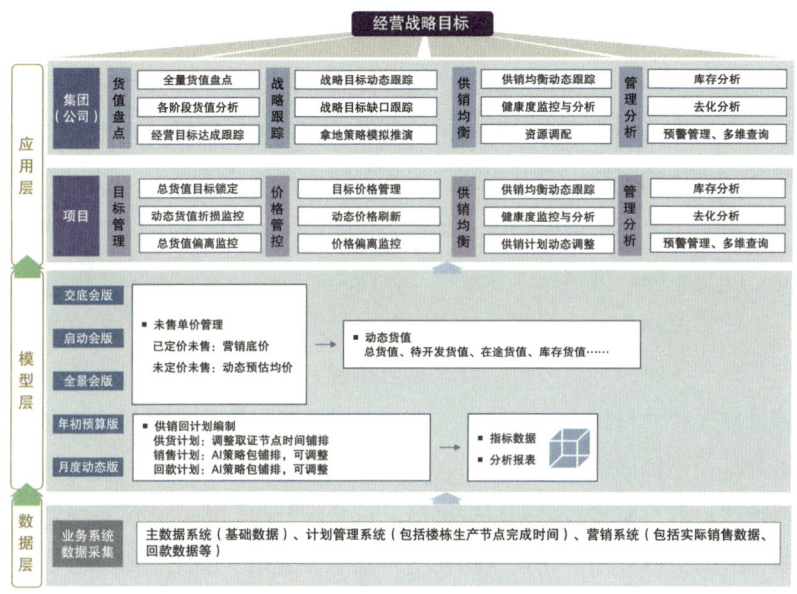

图 4-2　货值管理系统规划蓝图

在数据层，业务系统首先对接的是主数据系统，获取主数据系统中的组织架构、面积、版本等基础数据；然后对接的是计划管理系统，获取楼栋生产节点完成时间；最后对接的是营销系统，获取实际销售数据、回款数据等。业务系统以这些数据为基础，对动态货值进行建模，呈现不同版本的管理模式。

模型层不仅对未售单价进行管理，实现对动态货值数据的更新和持续跟踪，同时还对供销回的全周期计划进行编制。在这个铺排过程中，模型层会监控供销回的匹配情况以及分期的状态。这个模型层可以支撑应用层两个视角的分析应用。

应用层包括集团（公司）和项目两个视角。项目层面的应用包括目标管理、价格管控、供销均衡和管理分析四类。

目标管理主要锁定总货值目标，监控当前的动态货值折损及其与目标总货值之间的偏差。价格管控是对目标价格和动态价格之间的偏差进行监控，及时参与目标价格管理。供销均衡是对供销之间的均衡动态进行跟踪，监控和分析整个生产链条的健康度，并及时采取相应的管理动作，进行生产经营供销计划的动态调整。管理分析主要是对库存、去化的分析，兼有预警管理和多维查询等功能。

集团（公司）层面的应用整体上与项目层面的一致，包括货值盘点、战略跟踪、供销均衡和管理分析四类。

在货值盘点上，集团（公司）层面更关注的是整个集团的全量货值盘点和各阶段货值分析，以及货值结构、整体资源分布、供销回年度目标等经营目标的达成跟踪。在战略跟踪上，集团战略目标的动态跟踪基于供销回的数据，同时对比战略目标进行缺口跟踪，进而在战略推演上进行拿地策略的模拟推演。这个部分起到的是货值系统对战略推演的支撑作用。在供销均衡上，集团（公司）层面主要进行公司和公司之间、区域和区域之间的供销均衡动态跟踪，监控和分析整个生产链条的健康度，以实现公司整体的资源调配。在管理分析上，集团（公司）层面与项目层面的管理内容大致相同。

三、AI 应用：四大环节实现动态货值的精细化管理

在传统的线下货值管理模式中，因为主要精力被投放在繁杂的数据统计上，所以房企无法基于动态的、精准的数据进行数据的挖掘及深度应用。

通过 AI 手段，数智化的动态货值管理系统能够真正帮助房企实现货值数据的动态更新。动态货值 AI 应用的四大环节如下。

预测：通过经验沉淀，进行全周期供销回计划智能预测，让结果更加精准、高效，从而实现差异化、多版本、阶段性的动态货值预测，同时进行预实管理。

预演：根据货值盘点以及健康评价指标，进行货值资源调配预判、预演，促进资源优化，提升运营弹性。

预警：通过前瞻性的风险触发机制，推动动态决策体系的建立；通过对关键指标进行偏离度跟踪，自动关联风险，实现及时预警。

预控：通过供销回目标的预判性监控，支撑精细化管理；结合经营管理工具，识别推送决策点，进行有效预控。

传统的线下货值管理模式面临着数据和管理两大难题，而数智化动态货值管理系统基于4P预见性决策，有效解决了这两大难题。后者是从数据层、模型层、应用层三个层面来构建的，旨在制定管理目标，保障销售与利润的最大化，进而实现全周期计划智能预测、资源调配预演、偏差及时预警、风险有效预控。

第二节
预测：四大关键节点预测，实现全周期管理

动态货值管理是对供销回进行实时监控与分析，同时实现多业务交圈管理。房企通过动态货值管理来分析年度经营目标，有助于为下个阶段的开发策略的调整做好铺垫。

动态货值管理主要包括四大关键节点预测：未售价格预测、供货计划预测、去化计划预测、回款计划预测。总体来说，动态货值管理就是为了实现对价格和供销回的全周期预测。

一、未售价格：精准对标预测

动态货值管理的核心是对未售价格进行预测，这是动态货值管理中最重要且最困难的一点，因为只有房屋完成交付，兑现货值才是货值的最终价值。

如图4-3所示，房企从拿地开始就要对动态货值进行整体价格的预测，其中，可售面积以证照为依据进行更新。在这个过程中，房企要针对需要管理的货值版本，匹配相应的面积，对其价格进行相应的预估。例如，在计算拿地版总货值时，房企应以土地证上的面积为依据。因为在项目拿地阶段，这是最合理、最有依据、最标准的面积数据，所以用这个面积数据计算的总货值的准确性会更高。

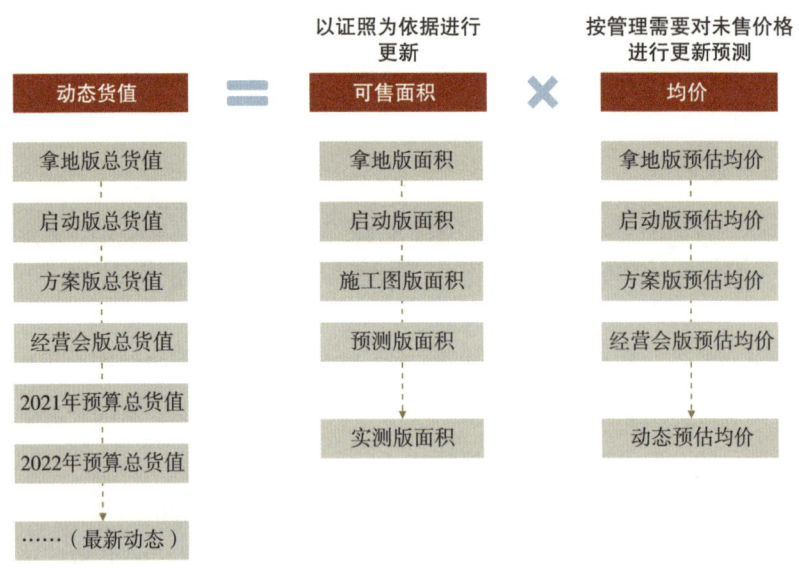

图4-3 动态货值整体价格预判

房企预估均价需要基于当下的客观条件和未来的市场变化进行价

格预测。拿地版、启动版和方案版的总货值都有对应的面积数据，所以在对它们进行相应的价格预估时，房企应在对应节点锚定价格，进行目标管理。房企在对不同版本的总货值进行预估时，也需要动态刷新可售面积和均价。例如，在制定年度目标时，房企应该按管理需要回顾往年的可售面积和均价，以进行动态预估。所有版本的均价都只能依据经验进行更新预测。

未售价格的预测依据应当客观且紧贴市场。只有在当前市场的合理价格范围内进行整体预估，才能保证整体货值的精准度。许多企业在做相关的数据、模型或系统管理时，都会提出一个问题：如何让我们的货值更加精准？

货值要精准，其价格的预判就要精准。目前，行业内没有明确的策略进行价格预判，大部分企业采用的策略是价格对标，并在对标过程中不断进行试价评估，然后及时对价格进行调整。此外，价格预判要匹配相应的营销和价格管理制度，细化价格管控的颗粒度。在预售之前，价格管控的颗粒度只能达到项目的分期、分业态层面。在业态层面，价格的颗粒度相对比较粗糙，而动态货值管理可以将其细化到具体楼栋层面，还能落实到具体的业态产品上，这个细化程度使整个价格预判有了一定的参考依据。价格对标不仅包括自身价格对标，还包括外部价格对标。

如图4-4所示，总体来说，未售价格预测是从投前开始的，房企在投前拿地时应当对整体价格进行预估。如果前期的预估比较精准，后期落地也比较符合预期的话，那么这个动态价格相对来说能够匹配投前所确定的目标价格。

进入投后阶段，在定位会上定位方案时，各个部门需要统一口径，一定要把控好定位方案里的整体产品设计方案，使它的价格能够兑现投前的目标价格。对动态价格进行预估时，房企要基于价格所涉及各项指标之间的对比，确定当前的价格是否在合理范围内。这个对

第四章　动态货值的AI决策

标依据通常包括启动会价格、方案版价格、备案价、营销底价、前三个月成交均价等。通过这些对标依据，房企可以对价格进行预判。

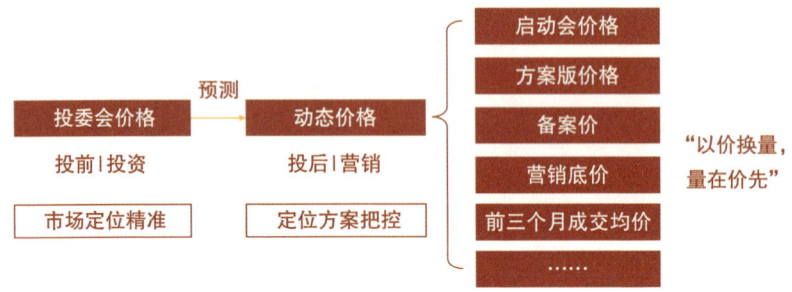

图 4-4　未售价格的预测过程

以 AE 企为例，其通过未售单价管理模块来建立未售价格监控体系。如图 4-5 所示，系统界面显示的是 AE 企未售楼栋单价管理情况，体现的是未售楼栋的货值。每栋楼都有未售货值、未售套数、未售面积以及未售单价等指标。未售单价分为两个不同的维护状态，如果这个单价已在系统中进行了调价，那么 AE 企应以营销系统中的底价为管理依据。因为底价是不可突破的成本线，所以以营销底价为依据，可以保证预测的货值处于一个合理范围内。

对于全盘未售部分的定调价，因为未开盘未定价的部分没有进入营销系统，处于在建或拿地阶段，所以这个单价就需要在货值系统中进行动态维护，由责任部门落实到营销部。如何预判和填报这个单价呢？判断当前营销系统中这部分的单价是否合理，在填报未定价部分的单价时，房企需要借助内外部的对标价格来辅助预判。

图 4-5　AE 企未售楼栋单价管理情况

AE 企把"未售单价高于前三个月签约均价的幅度"作为参考比例，预判价格是否处于一个合理的范围内。系统在这里设定了一定的阈值，幅度在 ±10% 以内都属于比较合理的状态，在 10% 和 20% 之间亮黄灯，超过 20% 时亮红灯。这个模块与其他模块联动进行未售价格的预警管理，这有利于房企监控价格的涨跌幅度。

对于内外部对标价格，除了未售单价，其他指标聚焦的是内部价格，例如："首开经营会基准单价"是启动会的目标单价，通过与目标价格对比来确认项目当前的可实现性或者拟实现性；管理系统中还有"前一个月签约均价""前三个月签约均价"指标；有些企业还会增加"认购均价"和"备案价"指标，以供参考。

此外，"竞品项目单价"是手工维护指标。项目的营销人员需进行踩盘，了解竞品项目相应的分期业态价格。不过，这个价格的颗粒度比其楼栋价格颗粒度略粗。如果企业对接了外部数据库，那么这些指标还会结合外部数据进行价格比对。

如图 4-6 所示，AE 企设置了一个关于未售单价的定调价管理策

第四章　动态货值的 AI 决策

略，无论是营销已开盘的部分，还是营销未开盘的部分，都对其进行统一管控。AE 企会结合营销开盘定调价流程，在一房一价定调价的同时，动态回顾并结合市场情况，调整未定价部分的未售单价。

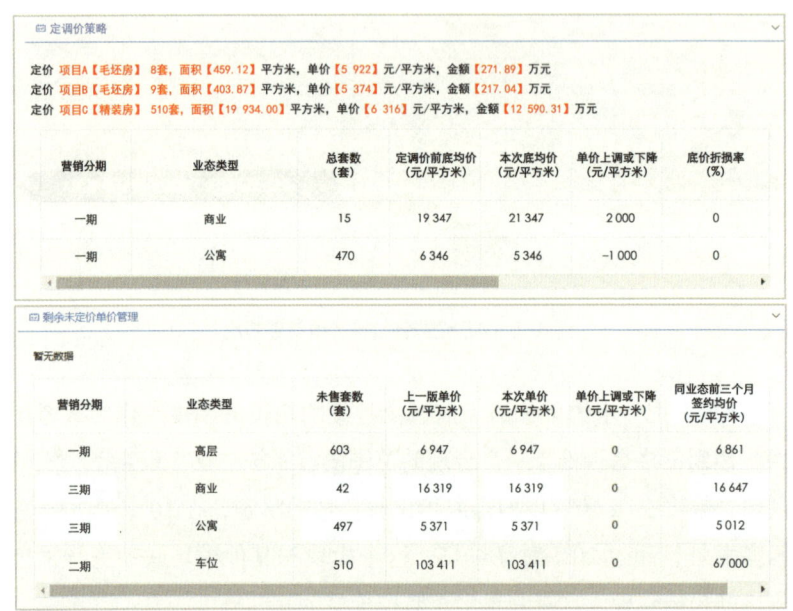

图 4-6　AE 企未售单价的定调价管理策略

营销开盘定调价是指开盘时定价或开盘后调价，企业可以打通货值系统与营销系统，在触发定调价时，对定调价的批次以及未定价部分进行修订，并整体回顾全盘数据。

如图 4-7 所示，以该批次产品的调定价为例，每次的价格调整都要基于整盘的角度对比调整前后的价格，监控整盘总货值的变化情况及其与目标货值的偏差情况。

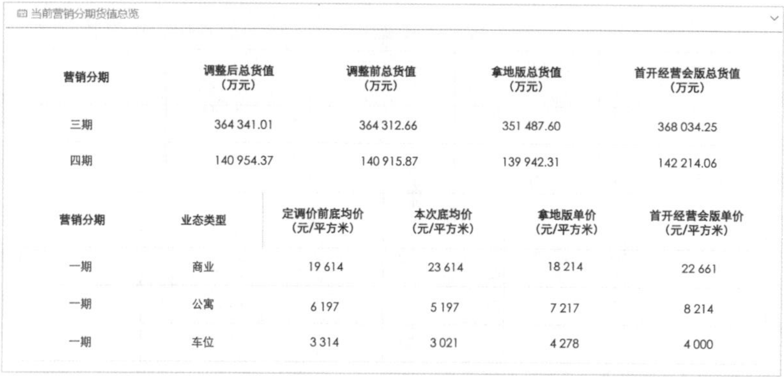

营销分期	调整后总货值 (万元)	调整前总货值 (万元)	拿地版总货值 (万元)	首开经营会版总货值 (万元)
三期	364 341.01	364 312.66	351 487.60	368 034.25
四期	140 954.37	140 915.87	139 942.31	142 214.06

营销分期	业态类型	定调价前底均价 (元/平方米)	本次调均价 (元/平方米)	拿地版单价 (元/平方米)	首开经营会版单价 (元/平方米)
一期	商业	19 614	23 614	18 214	22 661
一期	公寓	6 197	5 197	7 217	8 214
一期	车位	3 314	3 021	4 278	4 000

图 4-7　AE 企当前营销分期货值总览

在对已定价的房源进行价格调整时，企业要先了解调整后的整体情况，再考虑剩余未定价的部分。企业对剩余未定价部分也要进行价格的整体预判以及整体回顾，在此基础上再分析全盘数据。企业要基于各分期的所有未售情况，包括未售套数、未售价格和全盘变化，对比全盘价格，关注货值变化，从而监控当前价格调整的合理性，以及当前货值的实现程度。

如图 4-8 所示，V 企未售单价管理的思路与 AE 企的一样——对已定价的货值进行营销定调价，采用"一房一价底均价"策略，而在进行预售后，所有的房源价格调整都以是否定价为判断的依据。只要是已定价的货值，企业都按营销系统中房源的底均价进行统一管理。

V 企与 AE 企不同的是未定价货值。V 企对这个部分不会进行动态预估，只会锚定全景会的目标均价，这体现了其对目标价格的强管控。对于目标价格和目标货值，企业都要进行严格管控，不能进行动态调整。

因此，V 企与 AE 企对未售单价管理的差异在于，是否对没有进入销售阶段的货值价格进行动态预估。这两种方式在行业中的适用程度比较高，以企业的管控需求为准，体现了不同的管理逻辑。

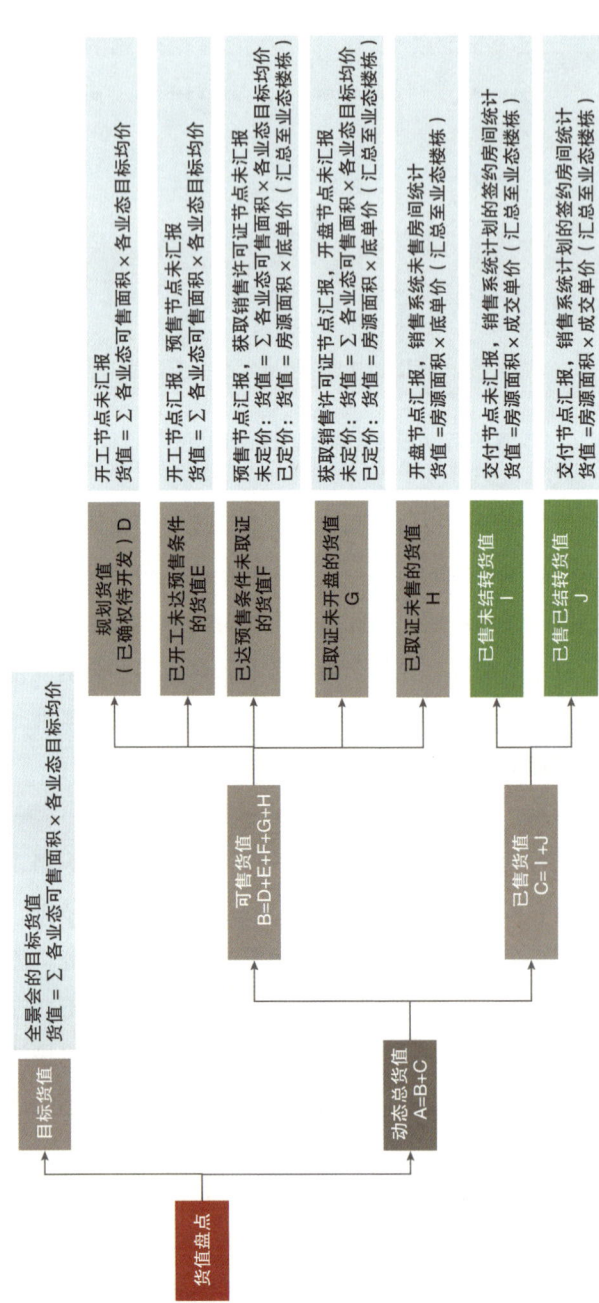

图 4-8 V 企的未售单价管理

V企进行未售单价管理的主要目的是目标强管控，而价格是强管控的指标之一，目标价格的兑现是整个项目考核的重心。

AE企进行未售单价管理的主要目的是保证当前动态货值的精准性，提高运营管理的精细度和经营数据更新的及时性。AE企整体管控的目标是总成本，因此无论是面积的变化还是价格的变化，它都给予一定的弹性。

总之，V企与AE企的管控强度以及管理要求有所不同。

二、供货计划：全周期运营节点预测

供货预测就是对供货计划的全周期运营节点进行预测。供货的界定标准通常是取得商品房预售许可证这一节点的达成（也有按达到预售条件这一节点的达成）。

供货计划预测也是节点计划预测。企业一般通过判断供货节点是否实际完成来了解供货计划的完成情况：如果供货节点实际完成，那么这个供货计划已经完成；如果前者未完成，则后者还处于计划状态。这就是供货的计划铺排。

AE企的楼栋专项供货计划主要包括开工、达到预售条件、取证、封顶、竣备和交付六大节点，不与主项计划有强关联，允许计划管理部门在货值系统中调整预计完成时间并回传至计划系统。

当然，这个做法属于非常规操作，因为供货的实际完成时间仍然要通过计划系统汇报，但是在货值系统中对供货计划的相关预测进行管理意味着供货管理被分为两个部分：实际供货情况在计划系统中汇报，预测的供货计划在货值系统中铺排。这使得整个供货计划的调整都要以供销匹配的情况为依据。

这种基于供销匹配情况进行调整的方式，需要房企提前取证，可能是提前两三个月取证，但这是否可以在前置的工程条件下达到调整的标准呢？由于 AE 企的管控动作是在计划管理系统中统一进行的，提前取证很可能会产生系统间的冲突。

如表 4-1 所示，AE 企的特殊情况在于，六大节点作为供货计划中的关键节点，即使不关联主项计划也不会受到影响，不过，这对一线业务人员提出了非常高的要求。一线人员要对整个公司的业务、系统操作以及管理要求有非常全面且深刻的了解，并且要在相关的执行动作上执行到位，比如数据录入、系统数据处理。这样才能保证供货预测的精准度，这也符合公司整体运作的逻辑和标准。

表 4-1　AE 企供货计划关键节点

项目	供货计划关键节点																	
^	开工			达到预售条件			取证			封顶			竣备			交付		
^	计划完成时间	实际完成时间	动态完成时间	计划完成时间	实际完成时间	动态完成时间	计划完成时间	实际完成时间	动态完成时间	计划完成时间	实际完成时间	动态完成时间	计划完成时间	实际完成时间	动态完成时间	计划完成时间	实际完成时间	动态完成时间
一期 1#																		
一期 2#																		
一期 3#																		
一期 4#																		
二期 1#																		
二期 2#																		
二期 3#																		
二期 4#																		

如果某个节点调整得不到位，供货计划就有可能与这条业务线的工作计划产生冲突，并影响整个供货计划的调整。例如，供货计划调整需提前两至三个月，但是工程条线没有及时跟进，因此整个工程的

相关节点也没有进行相应的调整。如果两者没有进行业务上的交圈，那么供货计划的预测和调整就变成了无效的动作。

如图4-9所示，V企的供货计划预测比较简单，同大多数地产企业的做法一样。在V企的供货计划中，生产计划各节点和供货计划的预测和调整都在计划管理系统中进行统一管理。这意味着计划管理中的所有节点数据，无论是实际的完成时间，还是预测的完成时间，都来自计划管理系统。

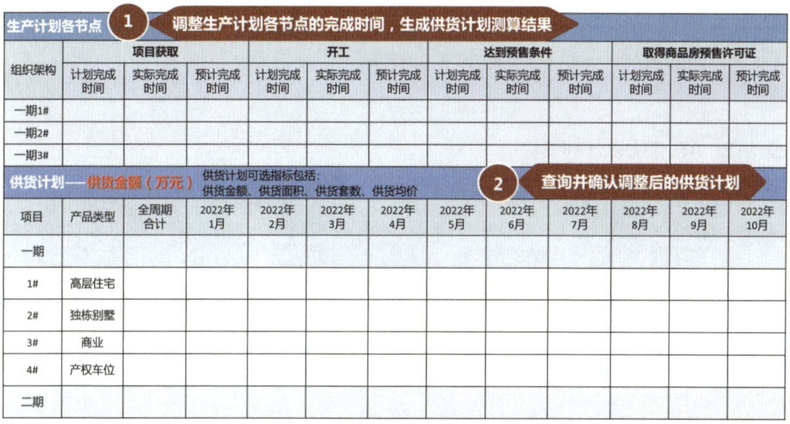

图4-9　V企的供货计划预测

系统通过判断各节点的完成时间，在自动计算后生成全周期的供货计划，帮助V企实现完整的管理，因此V企不需要在货值系统中对供货计划进行其他特殊处理。

三、去化计划：全周期去化预测

由于市场变化难以预测，去化预测缺乏明确的参考标准或依据，主要依赖人为经验，所以其准确性难以保证。短期（当月、当季）预测相对可靠，计算方式是用全年的指标除以 12 或 4，得出月度或季度的数据。不过，长期预测不具备参考性。

AE 企的去化计划是项目营销人员根据产品定位、库存和推盘等情况，完全依靠经验，直接手工铺排的全周期销售金额计划。

这种传统的线下填报数据的模式，没有将线下铺排的去化计划的表格线上化，员工不能每个月都看到铺排的去化计划和参考数据。由于当月的可售货值、库存货值和新供货值的去化率不同，企业需要对其进行区分，铺排后再滚动到下个月的库存和新供货值中。进行下个月去化计划的铺排要以当前的可售情况为出发点，如表 4-2 所示，AE 企根据销售金额进行去化计划铺排。

表 4-2　AE 企去化计划铺排

组织架构	产品类型	类别		校验	截至2021年年底	合计	2022年1月	2022年2月	2022年3月	2022年4月
A项目	产品合计	销售金额								
一期	产品合计	销售金额								
一期	高层住宅		期初库存							
			供货金额							
			可售金额							
		去化计划	销售金额汇总							
			库存							
			新供							

（续表）

组织架构	产品类型	类别	校验	截至2021年年底	合计	2022年1月	2022年2月	2022年3月	2022年4月
一期	独栋别墅	期初库存							
		供货金额							
		可售金额							
		去化计划 销售金额汇总							
		库存							
		新供							

去化计划铺排

V企的去化计划铺排是由集团营销部门提供参考性的去化策略，各项目在此基础上进行调整，以支持项目快速完成的全周期销售金额计划的预测铺排。但该去化策略更适用于开盘前的阶段，在项目开盘后使用的话实用性较弱。因为项目开盘后，房企需要人为地考虑项目实际情况及市场情况，以此对未来去化计划进行预测。

如表4-3所示，V企的去化策略比较简单，就是给开盘当月一直到第12个月都设定去化率。不过，去化率是一个经验值，例如，V企对洋房设定的是"4321"的结构（开盘当月去化40%，第2个月去化30%，第3个月去化20%，第4个月去化10%）。但是，不同的项目可以在V企给定的策略的基础上进行调整。V企通过设定去化参数，让系统自动完成全周期去化计划的预测和铺排。

表4-3　V企去化策略

分期	产品类型	开盘当月去化率	第2个月去化率	第3个月去化率	第4个月去化率	第5个月去化率	第6个月去化率	第7个月去化率	第8个月去化率	第9个月去化率	第10个月去化率	第11个月去化率	第12个月去化率
一期	洋房												
	车位												
	保障房												
二期	洋房												
	车位												
	保障房												

但是，这种策略的适用性比较低，更适用于开盘前的项目或者分期，因为在开盘后，每个月的数据都有差异。那么，如何对去化计划进行滚动铺排呢？是由人工根据项目实际情况进行铺排吗？当出现这个问题时，就意味着整个策略是失效的，最终还是需要依靠人工来进行未来去化计划的预测和铺排。此外，这个策略在经过几轮的方案变更后，适用性更会大大降低。

值得注意的是，对于去化计划铺排，营销部门普遍习惯以年度销售业绩为基础进行去化计划铺排，但该做法有三点不足。

其一，不能在面积层面指导一线业务。未来各月销售面积铺排是根据销售金额倒推得出的，这可能与一线业务铺排的真实逻辑有一定差异，从而导致线上未来各月销售面积与线下各月实际销售面积有所出入，因此不能从面积流速方面指导线下业务。

其二，无法实现面积严控的业务管理场景。业务管理要基于面积严控、金额不可控的原理，即面积是房企判断是否追加货量，是否调价的标准。若项目的实际面积流速和金额流速都较高，则房企原则上可以提高未售单价。但因为本年剩余可售面积较少，没有一定货量基础来承接上涨的单价，所以该项目不具备上涨的货量前提。总之，基于金额控制来预判去化走势，掺杂了市场因素，也没有考虑货量这一前提，这会导致供销匹配预判不准确。

其三，影响经营分析的准确性。在公式"利润 = 销售金额 – 销售面积 × 单方成本 – 费用 – 税金"中，由于供销存系统中未来各月销售面积与一线业务数据有所出入，因此基于未来各月销售面积计算的未来利润预测也会与真实情况有所出入。

四、回款计划：全周期回款预测

回款预测主要以去化计划为依据，有销售，才有回款。通过梳理同一家公司在不同城市的政策要求、项目类型、业态和回款方式等，整理出有关回款的标准或策略，并将其快速应用于全周期的回款预测铺排，这种方式便捷且高效。同时，这也是校验回款预测铺排合理性的参考依据。

如表4-4所示，V企对不同业态、不同类型的项目设定了不同的回款占比和对应的回款周期。在回款周期中，根据每个项目的回款节奏设定由系统自动测算出的全周期回款占比。

但是，这种方式的实用性不强，因为根据市场的变化，很少有企业能实现一次性回款，按揭或分期回款的情况比较常见。由于受到政策的影响大，策略预估并不能以原有经验值为依据。也有可能是政策的限制导致银行不能放款，所以在开发商层面进行预估是行不通的。在这种背景下，该回款策略的实用性较低，房企大多还是采用原始方式——通过人工铺排来预测项目未来的回款节奏。

表 4-4 V 企的回款策略

业态	回款类别	回款占比	回款周期	第1个月	第2个月	第3个月	第4个月	第5个月	第6个月	第7个月	第8个月	第9个月	第10个月	第11个月	第12个月	第13个月	……
住宅	一次性回款	10%	1 个月	100%													
	分期回款	10%	12 个月	30%					30%						40%		
	按揭回款（商业贷款）	60%															
	首付款	40%	1 个月	100%													
	按揭回款后续款	60%	4 个月	20%	40%	35%	5%										
	按揭回款（公积金、组合贷款）	20%															
	首付款	30%	1 个月	100%													
	按揭回款后续款	70%	12 个月	40%	20%	35%	5%		30%						40%		
商办	一次性回款	10%	1 个月	100%													
	分期回款	30%	12 个月	30%					30%						40%		
	按揭回款	60%															
	首付款	50%	1 个月	100%													
	按揭回款后续款	50%	1 个月	100%													
地下室	一次性回款	60%	1 个月	100%													
	分期回款	20%	6 个月	30%					30%						40%		
	首付款	20%															
	按揭回款	30%	1 个月	100%													
	按揭回款后续款	70%	4 个月	60%	35%	5%											

通过对未售价格、供货计划、去化计划和回款计划四大关键节点的预测，V企实现了对动态货值的价格与供销回的全周期预测。

未售价格预测遵循"以价换量，量在价先"的原则，价格管控的颗粒度细化到业态、楼栋。AE企建立了未售价格监控体系，联动预警风险；V企对已定价部分采用"一房一价底均价"策略，进行目标强管理。

供货计划预测主要是节点计划预测，AE企采用楼栋专项供货计划，其各业务条线的工作计划及时响应供货计划的调整；V企供货计划的预测与调整是在计划管理系统中进行统一管理的。

去化计划的短期预测相对可靠。AE企依靠经验进行预测和铺排，制订全周期销售金额计划；V企根据集团营销部门提供的参考性去化策略和实际情况对未来去化计划进行预测。

回款计划预测以去化计划为依据，回归原始方式——通过人工铺排来预测项目未来的回款节奏。V企对不同类型的项目设定了由系统自动测算出的全周期回款占比，不过这种方式的实用性不强。

第三节
预演：模拟定位资源缺口，弹性调整业务计划

目前，预演在货值系统中的运用较少，因为项目的整个推演过程并不复杂。V企对公司资源调配的目的是通过公司健康评价指标，监控资源转化情况，模拟定位资源缺口与经营问题，再通过具体业务的管理动作，分析项目货值数据，从而为资源调配决策提供支持。

如图4-10所示，V企的货值系统预演主要体现在各种指标上，系统可以通过看板对货值进行监控。例如："货值保障倍数"可以通过数据倒推来定位目前的资源缺口；"需补充货值"可以通过给定一

个健康目标值来倒推出当前需要补充的货值。

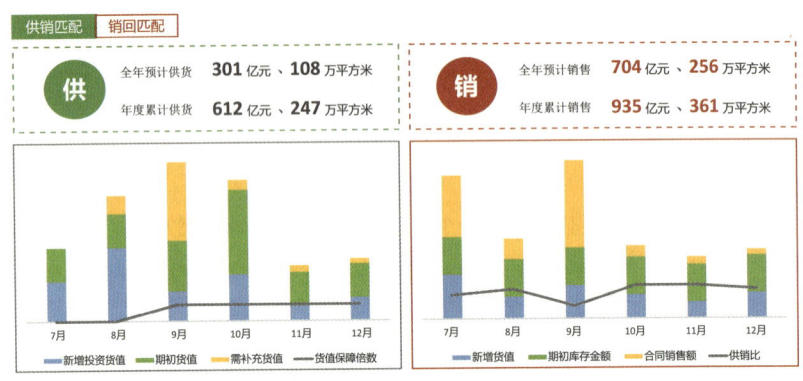

图 4-10　V 企的货值系统预演（模拟数据）

房企通过线下管理来进行相关业务的梳理动作，摸查并分析公司现有项目的节点计划、货量情况等，结合各业务条线的管理要求，弹性调整相关业务计划，及时补足资源缺口。

V 企的货值系统预演主要通过看板来监控资源转化情况，快速定位资源缺口，同时结合线下管理手段，摸查现有货量情况，从而合理调配资源。

第四节
预警：四大决策场景下的关键指标预警

货值预警的目的是对货值关键指标进行动态监控和管理。我们从公司和项目两个层面，了解货值管理的各个方面及侧重点。房企通过梳理健康评价指标，形成相应的标准，并明确各项标准的管控层级，同时采用健康预警的方式来实现标准管控的落地。

表 4-5 是 V 企 AI 货值预警管理模块中的货值健康评价指标及参考阈值。V 企将货值预警的指标与利润、现金流、公司经营的相关指标绑定，建立独立的预警模块，在项目和公司两个层面监控各项指标的偏离程度，进行红、黄、绿三级预警。

表 4-5　V 企 AI 货值预警管理模块中的货值健康评价指标及参考阈值

阶段	指标	计算公式	参考阈值
储	年度投资保障系数	年度新增投资货值 / 年度销售额	1.2 ~ 1.3
	投资规模系数	年度新增投资货值 / 年度新增土地合同价款	> 2
	地货比	年度新增土地合同价款 / 年度新增投资货值	< 0.44
	开储比	年度新开工面积 / 年初未开工面积	0.2 ~ 0.3
	货值保障倍数	年初可售货值 / 年度销售额	2 ~ 3
	投资强度	年度新增权益土地款 / 年度权益销售额	< 0.4
建	开销比	年度新开工面积 / 年度销售面积	1.3 ~ 1.4
	在途比	在途货值 / 近 6 个月月均销售额	3 ~ 6
供	供销比	(年度新领预售证金额 + 年初库存) / 年度销售额	1.3 ~ 1.4
销	综合去化率	年度销售额 / (年度新领预售证金额 + 年初库存)	> 74%
	新增投资货值年度转化率	年度新增投资货值销售额 / 年度新增投资货值	> 20%
存	存销比	库存货值 / 近 6 个月月均销售额	3 ~ 6
	长期库存销售比	长期库存货值 / 年度销售额	< 0.1
回	综合回款率	年度回款金额 / (年度销售额 + 年初应收账款)	> 86%
结	结转率	年度结转收入 / (往年已售未结销售额 + 当年销售额)	30% ~ 35%

如图 4-11 所示，V 企通过运营门户中的预警看板，监控"储、建、融、供、销、回、存、结"各环节的相关货值指标，比如地货比、货值保障倍数、供销比、去化率等。系统通过看板对这些指标是否处于健康范围进行判定，然后进行相关的预警提示。

第四章　动态货值的 AI 决策

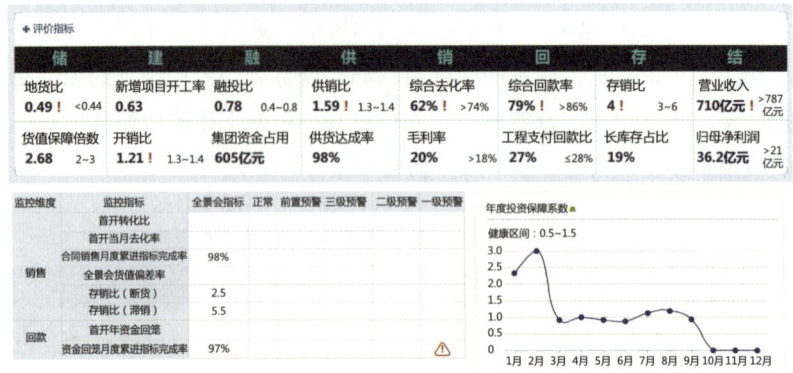

图 4-11　V 企货值预警看板、预警管理模块（模拟数据）

图 4-11 的下半部分是专门的预警管理模块。右侧是年度投资保障系数的健康趋势图，这是对公司层面指标进行预警提示的，它还可以切换为不同层面指标的健康趋势图。左侧是项目层面各维度的指标预警表，通过监控不同维度下的指标，进行不同层级的预警提示。在正常情况下，系统会显示绿灯，指标触发预警时会出现一个三角提示，并标示红灯或黄灯。

一、未售单价预警：提示未售单价虚高风险

以 AE 企为例，在选定四项预警内容后，系统会发出三级预警提示。系统不显示预警颜色灯时没有预警提示，只有显示红灯和黄灯时发出预警提示。

未售单价预警的目的是对项目的全盘未售单价高于全盘已售单价的幅度进行监控，以保证当前的货值没有虚高的风险。

未售单价预警的阈值范围为 ±10% 时不显示预警颜色灯，阈值范围为 ±10%～±20% 时显示黄灯，超过 ±20% 时显示红灯。亮灯会触发相应的管理流程：绿灯不触发流程，黄灯触发流程至城市公司

层面，红灯触发流程至集团层面。一旦触发审批流程，营销部门就需要进行动态价格回顾，并把价格调整到合理范围内。营销部门会基于预警来调整定调价流程，并进行价格刷新。如果营销部门选择不调整，那么相关负责人需要在这个系统中解释不调整的原因，例如，当前的价格偏低，整体开盘策略低开高走。

如图 4-12 所示，按项目的预警总个数（红色预警和黄色预警的个数之和），系统最多展示前七个项目，同时展示项目业态单价最大正偏差、项目业态单价最大负偏差、预警等级三项指标。房企也可以在具体项目的未售单价预警报表页上查看这些指标。该报表页支持按业态类型、情景进行筛选，导出符合筛选条件的项目。

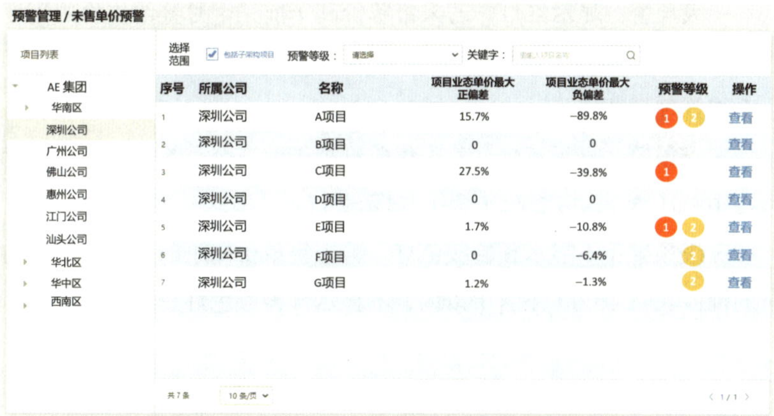

图 4-12　AE 企未售单价预警系统（模拟数据）

如图 4-13 所示，房企可以在未售单价预警报表页上查看具体项目各分期、业态的未售单价、前三个月签约均价、未售单价高于前三个月签约均价的幅度［(未售单价 – 前三个月签约均价) / 前三个月签约均价］、预警等级四项指标。未售单价预警报表页设置了三级预警。

第四章　动态货值的 AI 决策　　　　　　　　　　　　　145

项目名称：A项目		情景：最新动态版			
情景		最新动态版			

未售单价预警

分期	业态类型	未售单价 （元/平方米）	前三个月签约均价 （元/平方米）	未售单价高于前三个月 签约均价的幅度（%）	预警等级
一期	高层住宅	12 555	12 000	5	三级
	独栋别墅	22 222	20 000	11	二级
	商业	15 000	12 000	25	一级
	产权车位				
二期	高层住宅				
	独栋别墅				
	商业				
	产权车位				

图 4-13　A 项目未售单价预警报表页（模拟数据）

一级预警：显示红灯。若未售单价高于前三个月签约均价的幅度超过 ±20%（不含），显示红灯。其中，作为参数的预警等级阈值可由系统管理员调整。

二级预警：显示黄灯。若未售单价高于前三个月签约均价的幅度为 ±10%（含）~ ±20%（含），显示黄灯。

三级预警：不显示预警颜色灯。若未售单价高于前三个月签约均价的幅度在 ±10%（不含）以内，不显示预警颜色灯。

二、存销比预警：提示供销匹配失衡风险

存销比预警的目的是对本月存销比、3 个月后的存销比和 6 个月后的存销比三项指标进行监控，以便提前发现供销匹配失衡的风险。

存销比预警的阈值范围为 3~6 时不显示预警颜色灯，6~12 时显示黄灯，小于 3 或大于 12 时显示红灯。AE 企将这部分的预警管理落实到了项目层面，并没有进行强管控。因此，预警提示不会触发审批流程，只是为了指导项目和区域层面的供销匹配。

如图 4–14 所示，按项目的预警总个数（红色预警及黄色预警的个数之和），系统最多展示前七个项目，同时展示各个项目的本月存销比、3 个月后存销比、6 个月后存销比、预警等级四项指标，房企也可以在具体项目的存销比预警报表页上查看这些指标。该报表页支持按业态类型、情景进行筛选，导出符合筛选条件的项目。

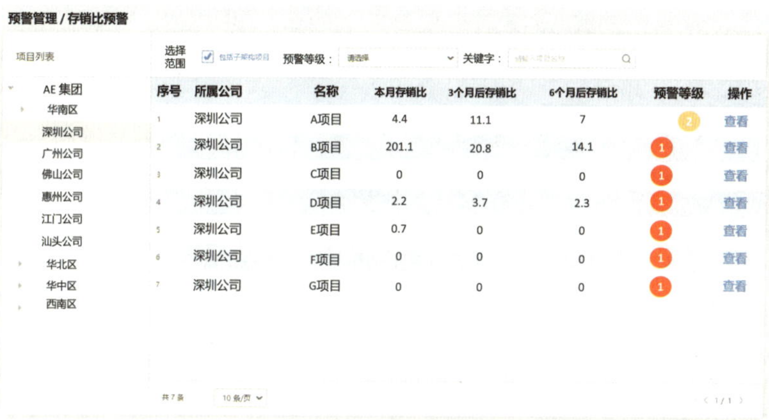

序号	所属公司	名称	本月存销比	3个月后存销比	6个月后存销比	预警等级	操作
1	深圳公司	A项目	4.4	11.1	7	2	查看
2	深圳公司	B项目	201.1	20.8	14.1	1	查看
3	深圳公司	C项目	0	0	0	1	查看
4	深圳公司	D项目	2.2	3.7	2.3	1	查看
5	深圳公司	E项目	0.7	0	0	1	查看
6	深圳公司	F项目	0	0	0	1	查看
7	深圳公司	G项目	0	0	0	1	查看

图 4–14　AE 企存销比预警系统（模拟数据）

如图 4–15 所示，房企可以在存销比预警报表页上查看具体项目各分期、业态的本月存销比及预警等级、3 个月后存销比及预警等级、6 个月后存销比及预警等级六项指标。存销比预警报表页设置了三级预警。

一级预警：显示红灯。存销比小于 3 或大于 12 时，显示红灯。其中，作为参数的预警等级阈值可由系统管理员调整。

二级预警：显示黄灯。存销比在 6（不含）和 12（含）之间时，显示黄灯。

三级预警：不显示预警颜色灯。存销比在 3（含）和 6（含）之间时，不显示预警颜色灯。

项目名称：B项目		情景：最新动态版						
情景		最新动态版						

存销比预警

分期	业态类型	本月		3个月后		6个月后	
		存销比	预警等级	存销比	预警等级	存销比	预警等级
一期	高层住宅	18	一级				
	独栋别墅	10	二级				
	商业	5	三级				
	产权车位						
二期	高层住宅						
	独栋别墅						
	商业						
	产权车位						

图 4-15　B 项目存销比预警报表页（模拟数据）

三、开停工预警：把控开停工的节奏

开停工预警的目的是对该项目批次从开工到取证这一周期进行监控，这个周期需要控制在合理的工期范围内，以提示业务部门及时关注开停工的节奏，控制供销匹配。

开停工预警的阈值范围为 3～6 个月时不显示预警颜色灯，小于 3 个月时显示黄灯，大于 6 个月时显示红灯，但预警不会触发审批流程。

如图 4-16 所示，按项目的预警总个数（红色预警及黄色预警的个数之和），系统最多展示前十个项目，同时展示各个项目从开工到取证最短周期、从封顶到竣备最短周期、从竣备到交付最短周期、预警等级四项指标。开停工预警系统支持按公司、项目名称进行筛选，导出符合筛选条件的项目。

序号	公司	项目名称	从开工到取证最短周期（月）	从封顶到竣备最短周期（月）	从竣备到交付最短周期（月）	预警等级	操作
1	深圳公司	A项目	−20.3	−10.4	−3.1	● (21个) ● (3个)	查看
2	深圳公司	B项目	−3.6	7.2	−35.3	● (9个) ● (12个)	查看
3	深圳公司	C项目	−4.1	−1.3	−20.7	● (13个) ● (7个)	查看
4	深圳公司	D项目	0.1	−3.6	0.3	● (12个) ● (5个)	查看
5	深圳公司	E项目	0.4	−0.6	−2.5	● (10个) ● (7个)	查看
6	深圳公司	F项目	−0.9	6.5	0.4	● (5个) ● (10个)	查看
7	深圳公司	G项目	1.2	8.6	0.8	● (4个) ● (11个)	查看
8	深圳公司	H项目	−2.1	9.3	1.2	● (9个) ● (5个)	查看
9	深圳公司	I项目	−4.1	2.5	−0.9	● (12个) ● (2个)	查看
10	深圳公司	J项目	−3.8	3.2	−1.6	● (10个) ● (4个)	查看

图 4-16　AE 企开停工预警系统（模拟数据）

四、总货值变动预警：提示货值损益风险

总货值变动预警的目的是对动态总货值与启动会（目标）总货值的偏离程度进行监控，以提示货值损益风险。总货值变动会影响项目整体总货值与目标货值的关系，还会影响整体经营指标的调整。如果总货值减少，其利润指标或内部收益率就会降低，所以企业对总货值的监控要求更严格。

总货值变动预警的设定为：总货值变动偏差在 −3% 和 3%（含 ±3%）之间，但不是 ±2% 时，显示黄灯；超过 ±3% 时，显示红灯。预警不会触发审批流程。

如图 4-17 所示，按项目当前的动态版总货值与启动会版总货值的偏差比例，系统最多展示前七个项目，同时展示各个项目的动态版总货值、启动会版总货值、动态版总货值与启动会版总货值的偏差比例、预警等级四项指标。房企也可以在具体项目的总货值变动预警报表页上查看这些指标。系统支持按公司、项目进行筛选，导出符合筛选条件的项目。

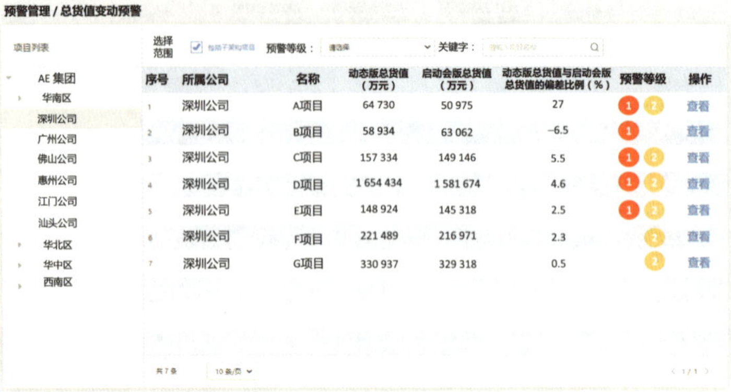

序号	所属公司	名称	动态版总货值（万元）	启动会版总货值（万元）	动态版总货值与启动会版总货值的偏差比例（%）	预警等级	操作
1	深圳公司	A项目	64 730	50 975	27	1 2	查看
2	深圳公司	B项目	58 934	63 062	−6.5	1	查看
3	深圳公司	C项目	157 334	149 146	5.5	1 2	查看
4	深圳公司	D项目	1 654 434	1 581 674	4.6	1 2	查看
5	深圳公司	E项目	148 924	145 318	2.5	1 2	查看
6	深圳公司	F项目	221 489	216 971	2.3	2	查看
7	深圳公司	G项目	330 937	329 318	0.5	2	查看

图 4-17　AE 企总货值变动预警系统（模拟数据）

如图 4-18 所示，房企可以在总货值变动预警报表页上查看具体项目各分期、业态的动态版总货值、启动会版总货值、动态版总货值与启动会版总货值的偏差比例以及预警等级。总货值变动预警报表页设置了三级预警。

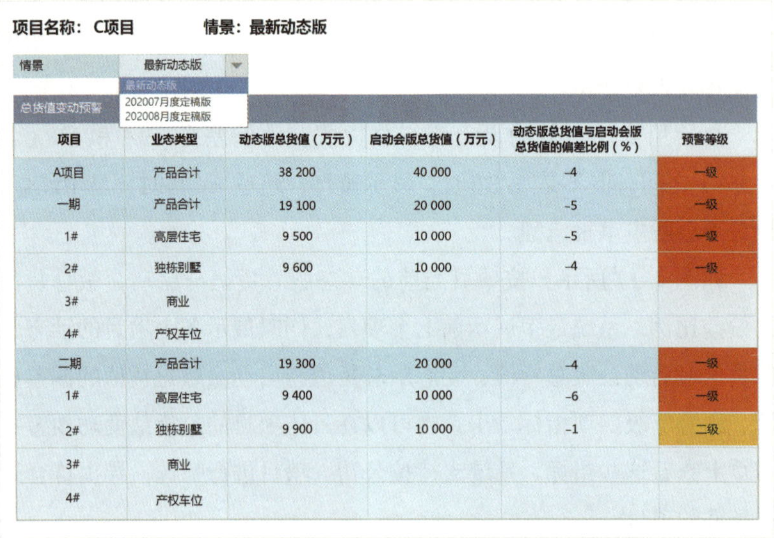

项目	业态类型	动态版总货值（万元）	启动会版总货值（万元）	动态版总货值与启动会版总货值的偏差比例（%）	预警等级
A项目	产品合计	38 200	40 000	-4	一级
一期	产品合计	19 100	20 000	-5	一级
1#	高层住宅	9 500	10 000	-5	一级
2#	独栋别墅	9 600	10 000	-4	一级
3#	商业				
4#	产权车位				
二期	产品合计	19 300	20 000	-4	一级
1#	高层住宅	9 400	10 000	-6	一级
2#	独栋别墅	9 900	10 000	-1	二级
3#	商业				
4#	产权车位				

图 4-18　C 项目总货值变动预警报表页（模拟数据）

一级预警：显示红灯。若动态版总货值与启动会版总货值的偏差比例超过 ±3%（不含），显示红灯。其中，预警等级阈值可由系统管理员调整。

二级预警：显示黄灯。若偏差比例在 -3%（含）~ 3%（含），该区间不包括 ±2%，显示黄灯。

三级预警：不显示预警颜色灯。若货值变动偏差比例是 ±2%，不显示预警颜色灯。

AE企对动态货值进行未售单价、存销比、开停工、总货值变动四大预警管理，能够前置经营风险，反映业务问题。动态监控全盘未售单价，提示未售单价虚高风险；动态监控本月存销比，提示供销匹配失衡风险；动态监控从开工到取证这一周期，快速把控开停工节奏；动态监控全盘总货值，提示货值损益风险。

第五节
预控：提前消除风险，防范动态货值失控

如图 4-19 所示，预控的逻辑是从评价指标异常着手，及时暴露问题、解决问题、销项，最终形成完整的管理闭环。

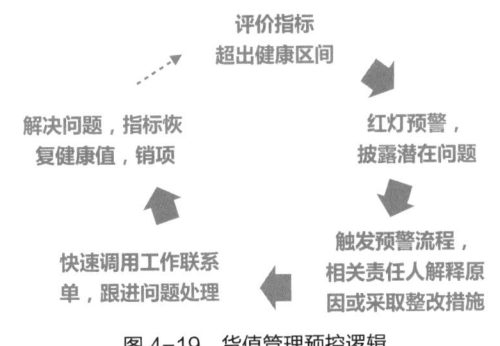

图 4-19　货值管理预控逻辑

如图 4-20 所示，系统对各区域进行指标监控，通过当前的指标偏离情况就可以判定预警原因。例如，供销比的比值偏低，表示供货不足。系统根据比值的偏离程度进行一级预警提示。供销比触发了预警流程，说明其已经超出了指标的健康评价区间。一级预警会披露相应的预警问题，相关责任人会在流程中回复原因或整改措施。集团对接人随后可以直接点击"流程跟进"、"最新回复"，查看当前责任人的整改措施。

健康预警监控

浙江区域 — 工作联系单

评价类别	评价指标	健康区间	指标值	预警问题	预警等级	流程跟进
供货管理	1.3~1.4	1.3~1.4	0.77	供货不足	一级	最新回复
库存管理	1.3~1.4	1.3~1.4	0.83	新开工不足	二级	最新回复

北方区域 — 工作联系单

评价类别	评价指标	健康区间	指标值	预警问题	预警等级	流程跟进
供货管理	1.3~1.4	1.3~1.4	0.79	供货不足	一级	最新回复
库存管理	1.3~1.4	1.3~1.4	0.66	新开工不足	二级	最新回复

华中区域 — 工作联系单

评价类别	评价指标	健康区间	指标值	预警问题	预警等级	流程跟进
供货管理	1.3~1.4	1.3~1.4	0.84	供货不足	一级	最新回复
库存管理	1.3~1.4	1.3~1.4	0.94	新开工不足	二级	最新回复

图 4-20　各区域供货与库存的健康预警监控

如果整改进展缓慢或者预警问题没有得到解决，那么集团对接人可以快速调用相关责任人的工作联系单，向责任人发送问题，要求责任人跟进并尽快处理问题或提供意见。如果问题已经得到解决，指标会恢复到健康值，预警问题直接销项，系统回归正常状态，之后再进行下一个完整的指标流程管理。

一、控制货值动态风险，消除预警

基于预警结果，系统会主动推送预警审批，请相关责任人提前采取预控动作，从而消除预警。

通常，预警会触发审批流程。为了实现供销存系统对经营决策的支撑作用，系统会自动对超出预警阈值范围的动态货值、未售单价发出预警提示。

表4-6为各区域公司的动态货值预警数据。系统每月会自动生成这些数据，由运营部和信息部确认后推送给相关责任人或领导，供其审批。在相关负责人处理完预警问题后，这些指标会恢复正常。所以，推送预警信息给相关领导，供其审批，有助于提前防范货值异常风险。

表4-6 各区域公司动态货值预警数据（模拟数据）

区域公司	货值偏差率超出±3%的预警项目数（A）	总项目数（B）	占比（A/B）	审批人
北京区域公司	3	8	38%	区域总裁
天津区域公司	9	15	60%	集团总裁
上海区域公司	5	13	38%	区域总裁
杭州区域公司	7	16	44%	区域总裁
广州区域公司	3	14	21%	区域总裁
深圳区域公司	8	11	73%	集团总裁
总计	35	77	45%	—

二、预判去化风险，优化供货策略

房企通过指标分析，发现经营问题，并借此支持管理上的决策。房企通过滚动查看在途货值的变化趋势，分析当前的供销比例是否均衡，并及时关注在途货值的动态变化趋势，以便确认每个月的在途货值变化是否处于一个正常的范围内。同时，房企结合健康评价指标中的在途比和存销比，判断新增供应及库存应对的市场压力情况，预判去化风险，提前筹划开工与供货策略，以销定产。

如图 4-21 所示，左图中 2 月份的供货货值最高。右边 2021 年 2 月份的在途比是 5，表示在途货值可以支撑 5 个月的销售；存销比是 21，表示库存货值可以支撑 21 个月的销售。因此，在途比和存销比合计为 26，可支撑 26 个月的销售。V 企的这个项目节点计划从开工到预售的工期是 3 个月，基于 26 个月和 3 个月的时间，下一个批次的开工工期可再延缓 23 个月。因为 26 个月的销售期在正常情况下完全可行，预留了 3 个月的从开工到预售的时间，所以，停工 23 个月再进行开工，可以减轻短期现金流支付的压力。

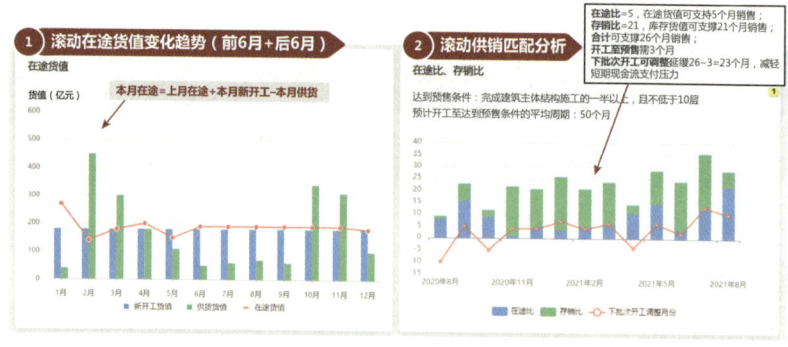

图 4-21　V 企滚动在途货值变化趋势及滚动供销匹配分析（模拟数据）

预判去化风险是通过系统性的指标判定和数据分析完成的，系统在每一个关键节点自动输出一个数据分析的结果和管理决策的建议，以支撑项目或者集团使用。

系统可以通过观察具体供销指标变化，预判问题并提供相应对策，利用动态供销计划的测算功能帮助房企快速调整供销策略。如果发现当前的供销状况不匹配，那么房企应该如何调整策略呢？系统可以通过指标分析来进行供销均衡预警提示，触发预警待办流程。

如图 4-22 所示，房企可以看到近期的销售情况和供货情况，通过销售计划测算和供货计划测算这两项动态测算，把供销计划进行完整铺排，模拟分析当前的供销策略，判断其是否符合调整要求。

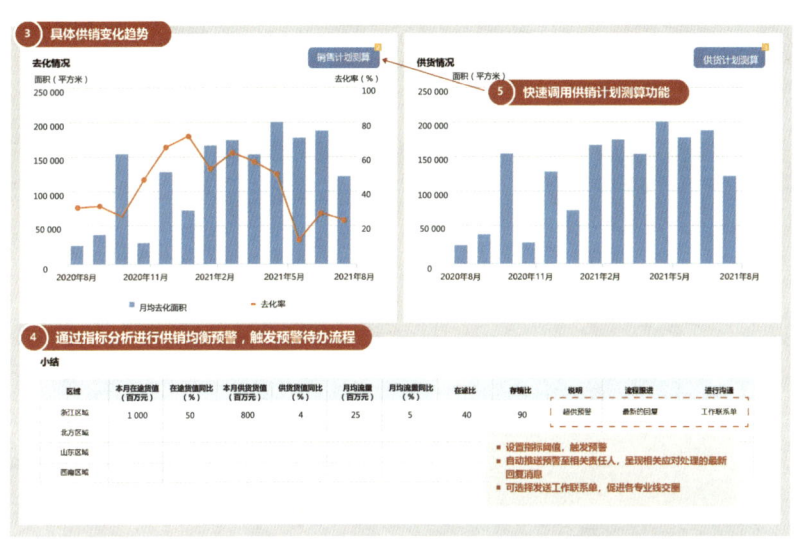

图 4-22　销售和供货情况分析（模拟数据）

货值管理系统预控模块形成了一个完整的管理闭环，使系统整体的操作流程更加完善和智能化。

系统通过关键指标的预警审批流程进行预控，快速完成预警提示。系统还可以整合所有供销数据，包括在途、供货、销售的指标以及指标说明。通过整体分析，定位出目前企业是处于断货状态还是超供状态，从而结合预警以及工作督办流程，促进各专业线交圈，及时处理预警问题。

第五章　动态利润的 AI 决策

地产行业彻底结束了盲目扩张、野蛮发展的时代，进入了依靠自身、创利求生的阶段。这是行业发展的必然趋势。

通过提升专业实力和管理能力来提高利润已经成为行业人士的共识，但面对多而广的项目，变幻莫测的市场环境，多业务、多专业协同合作的时代形势，如何打好企业的"利润保卫战"呢？房企必须要合理地预测现有资源在未来可创造的利润空间，以支持企业的动态经营和战略决策。

房企需要严谨、专业的管理体系，更需要先进的工具和手段。AI多维自主建模测算工具与 4P 管理方法论相结合，可以完美地助房企一臂之力。动态利润的 AI 决策助力全员创造利润，实现利润最大化。

第一节
地产利润管控的挑战与难点

自 2018 年下半年以来，地产行业进入整体调整阶段。时隔近四年，市场并未出现前期人们基于行业周期所判断的根本性反转。但对房企来说，它需要根本性的转变，因为其过去十几年的经验受到了挑战。整个国家在经济结构调整、资本引导方向上出现了根本性的思路转变，"脱虚入实"是大势所趋。我们需要用新的思维方式来看待地产行业的走势和变化。

如图 5-1 所示，中国地产行业经历了三个时代，现在正进入管理驱动的管理红利时代。

土地为王时代 （1998—2004年）	资本为王时代 （2004—2019年）	管理红利时代 （2019年至今）
占地为王 野蛮成长	高杠杆 高周转 高成长	回归本源 精益致远

图 5-1　中国地产行业经历的三个时代

第一个时代是 1998—2004 年的土地为王时代。企业只要获取土地、占地为王，就抓住了时代的最大红利，基本上就能取得成功。

第二个时代是 2004—2019 年的资本为王时代。2004 年之后，随着资本市场化，企业拥有资金，就获得了进入市场的入门券。房企通过高杠杆、高周转等手段，轻松实现了业绩高增长。

第三个时代是 2019 年至今的管理红利时代。行业背景与逻辑发生了根本性的变化，房产已不再是市场和民生问题。从中国未来 10 年、20 年的角度上看，资本对房企的影响力在慢慢减退。行业进入管理红利时代，企业更多通过精细化管理来发展业务。

早先房企通过高杠杆、高负债、高库存等手段来实现高增长的模式难以为继。在此形势下，房企的核心任务就是坚持做实体经济的生力军，坚持稳健经营，坚持开发与经营并重，用科技助力业务的开展。

一、行业发展趋势

1. 地产行业进入管理红利时代，行业的内在驱动力发生重大切换

地产行业进入新常态，未来最大的变化可能会出现在整个行业以及企业发展的重心和逻辑上。

过去，地产行业采取以规模增长为核心的发展模式，现在以及未来，地产行业要转向以健康、稳健为核心的发展模式。那么，为什么

会发生这种根本性的变化呢？究其原因，地产企业的经营逻辑主要是两个循环叠加（见图5-2）。

第一，项目小循环。项目资本的运作循环，就是地产企业使用自有资金进行投资，通过高周转经营快速回笼资金，然后再进行下一轮投资。同时在较为友好的金融环境下，地产企业还会通过融资来实现整个项目的再投资，从而减少自有资金的投入。这就是传统逻辑下的项目小循环。

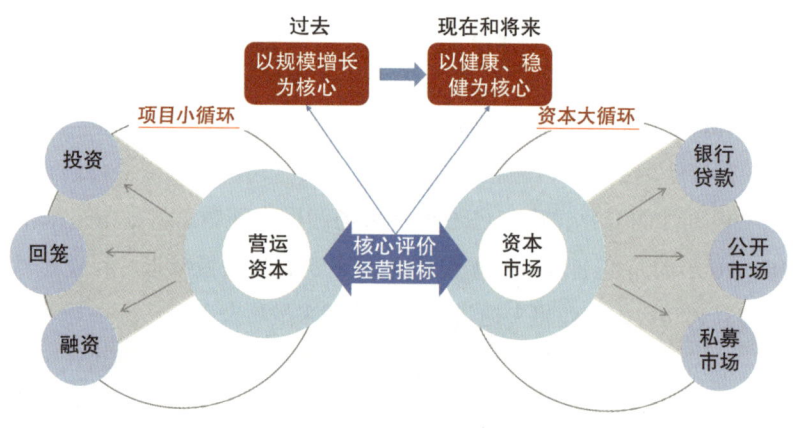

图5-2　地产企业两个循环叠加的经营逻辑

第二，资本大循环。过去，地产企业的能力或经营的稳定性并不十分重要，只要发展到一定的规模，其就可以借助资本市场的力量，通过银行贷款、公开市场、私募市场等手段，进行大量的融资。

过去，行业对地产企业的一个核心评价指标就是规模，项目运作的终极目标是实现规模增长。不过，项目小循环获利不大，而资本大循环却会给地产企业带来很大的认可。地产企业只要发展到一定规模，就可以在另一个价值层面上得到提升。因此，在资本大循环中，规模是最重要的评价指标，也是地产企业最核心的战略追求之一。

现在，行业的内在驱动力已经发生了重大切换。2019年银监会收紧银根的政策出台后，包括银行贷款、公私募在内的资本市场大幅受限，资本大循环模式难以继续为地产企业提供高杠杆动力。因此，未来地产企业更多会通过自身的经营来实现企业的增长和可持续性发展。

这也让地产企业回归项目小循环的基本逻辑，地产企业一定是依靠自身的能力来运作项目的。地产行业未来增长的资本动力，将更加依赖自身经营的项目小循环体系。

2. "三道红线"为地产企业的经营发展指明方向

以健康、稳健为核心的发展模式对地产企业非常重要。自"三道红线"政策出台以来，企业经营质量，即净负债率、剔除预售款后的资产负债率和现金短债比，成为判断一家企业是否能被资本市场给予帮助的重要标准。"三道红线"是理解未来地产行业发展的重要窗口，它从政策角度为地产企业的经营发展指明了方向。

如图5-3所示，"三道红线"对地产企业的经营要求有两点，即"双升双降"。这代表两个方向：一是在资产结构中，提升权益占比，降低有息负债；二是在资金结构中，提升经营性现金流占比，降低融资性现金流占比。

图5-3 "三道红线"对地产企业的经营要求

"三道红线"的核心就是降低行业中整体过高的财务杠杆，引导地产企业提升利润创造能力、自身造血能力。在这样的前提下，围绕资产结构中的升降，企业能做的主要是两个方面的事情：第一，引入新的股东权益资本，比如战略投资；第二，通过创造利润并结转，增加股东的权益。

围绕资金结构中的升降，短期看，企业可以通过经营性现金流回笼来归还短期债务。长期看，企业仍然需要持续提升的是全项目经营性现金流占比，这样才能从根本上减少对融资性现金流的依赖。

因此，在新常态下，符合企业可持续发展并满足红线监管要求的根本性解决方案是，提高盈利能力，加快经营性现金流回笼，降低对债务性融资的依赖。因此，利润创造能力是未来地产企业最重要的能力之一。

二、地产企业利润管控现状

地产企业的利润管控能力非常重要，但从实际情况来看，地产企业的利润管控效果并不乐观。

1. 高地价、高成本、强限价的外部环境带来挑战

第一，高地价。从市场环境角度来看，地价变得越来越高。从2021年第二季度的土拍政策来看，虽然行业现象是政府开始让利，土地溢价不能超过15%，但是土地的起拍价普遍上涨，这导致利润空间大幅缩水。

第二，高成本。从成本角度来看，自美国实施新一轮宽松的货币政策以来，全球进入缓慢通胀阶段。按照通胀规律，企业成本实际上已经进入加速上升的阶段。在2022年上半年，钢、铜、铝等金属原材料的价格已大幅上涨，这将会影响地产企业的物资和设备采购。因

此，高成本一定会是地产企业未来面临的一个巨大挑战。

第三，强限价。中国地产行业把城市大概分为三档。第一档是热点城市，比如北京、上海、广州、深圳、杭州，其房价涨幅基本不能超过 5%，否则，该城市相关负责人马上会被约谈；第二档是房价涨幅不允许超过 10% 的城市，比如武汉、佛山；第三档则是房价涨幅不允许超过 15% 的城市。

在这三重外部环境的影响下，地产企业想要持续提升利润率，面临的挑战非常大。如图 5-4 所示，从近几年核心上市地产企业的平均利润水平来看，上市地产企业的销售毛利率基本掉到了历史低点，销售净利率也基本只有 10% 的空间，利润率下降的趋势不可逆转。

图 5-4 核心上市地产企业的利润变化

2. 地产企业在利润管控方面能力薄弱

地产行业的利润管控是一项系统性工程，地产企业的利润管控涉及全生命周期、全业务、全专业。从拿地到项目交付，整个生命周期的各个节点都会对利润产生影响。同时，无论是设计，还是营销、财务、人力资源，所有专业都会对利润产生重要影响。此外，几乎所有业务动作、管理环节也都会影响利润管控。

因此，地产企业在利润管控方面具有复杂性、关联性、敏感性和延时性的特点。其中，复杂性意味着地产企业的利润管控边界较广，管控逻辑复杂且层次多。延时性则是指地产企业在收入确认并同步结转成本后，才会形成利润。收入确认是指企业当时的销售额不能马上确认为收入，这在财报里属于预收款，只有在工程交付后，企业才能进行收入确认。

在过往较为粗放的管理模式下，地产企业的利润管控能力薄弱。

第一，盈利能力越来越弱。地产企业的毛利率、净利率持续下滑，尤其是毛利率持续下降，反映出虽然房价仍在增长，但地产企业的盈利能力并没有得到相应提升的问题。

第二，缺乏利润管控体系。最明显的一点是，大多数地产企业没有真正建立对利润负责的部门。一部分地产企业认为利润管控是财务部门的工作，但实际上财务部门并不能起到统筹、指导、管控业务的作用。大多数地产企业没有专门的利润管控体系，管理动作零散，缺少闭环管理和标准化管理。

第三，利润管控工具较差。地产行业的利润计算和预测工作极其复杂，而且利润的确认具有一定的延时性，无法达到所见即所得、所管即所得的效果，这也决定了利润管理主要依靠动态预测。但是在动态利润预测方面，大多数地产企业不具备相应的数据治理能力，也没有高效平台，从而做不到精细化管理、及时管理和精准预测。

从上述这些层面看，复杂的外部环境和自身薄弱的管控能力使得目前大部分地产企业都无法完全掌握利润管控这一核心能力。这也意味着，在未来很长一段时间内，利润管控对地产企业而言将是一个核心议题。

第二节
利润管控体系的搭建

近年来,爱德数智已关注到利润管控这一核心议题对地产企业可持续发展的重要性和复杂性。在协助企业建立数智化利润管控体系方面,爱德数智做了大量有益的尝试,积累了许多成功案例,并形成了总体思路框架。如图 5-5 所示,我们将此概括为一条主线、四大赋能数智化应用场景、八大管理工具。

四大赋能数智化应用场景	预测	预演	预警	预控
	利润智慧测算	利润动态推演	利润偏差预警	利润动态管理
八大管理工具	1. 利润管控标准 2. 公司利润规划测算套表 3. 利润管理会议机制 4. 项目利润测算套表		5. 分层级利润分析报告体系 6. 利润测算业务策略 7. 利润动态预警机制 8. 基于AI的精益化业务应用	

图 5-5 数智化利润管控体系的总体思路框架

首先,搭建利润管控体系;其次,使用爱德数智提供的数智化工具,围绕 4P 来提供支持,以提升利润管控效果;最后,优化地产企业管理工具,提升管理效率。

具体来看,利润管控体系是以动态利润预测和管控为核心的"经营—业务"一体化管理模式。我们将从目标设定、全员执行、过程监管、评估改进四个方面来分析地产企业如何搭建利润管控体系。

一、利润的目标规划管理：多级、多维

如图5-6所示，要厘清地产企业的利润目标规划体系，首先应该了解其多级、多维的特点。

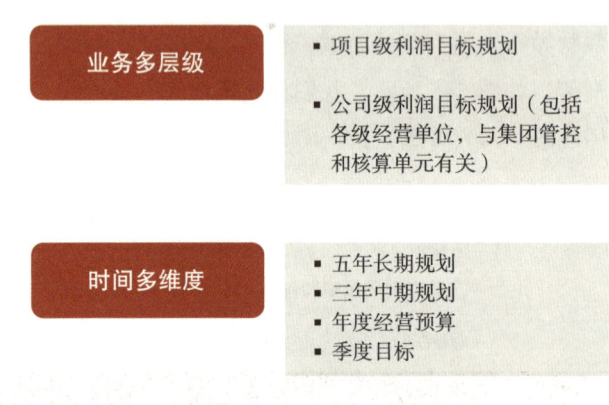

图5-6　利润目标规划体系的特点

如图5-7所示，从业务层级来看，根据地产企业的业务或核算单元（主要是财务上）划分，它至少可以分为项目级利润目标规划和公司级利润目标规划。不同地产企业的核算单元不一样，有的按项目、片区、事业部，有的按城市公司、区域公司，有的则按集团。按利润目标规划级别划分，利润目标可以分为项目级利润目标、公司级利润目标和业务级利润目标。

从时间维度来看，利润从形成到确认，再到动态管理的整个过程涉及多个维度。因此，利润目标规划一般分为五年长期规划、三年中期规划、年度经营预算和季度目标。

通常，地产企业的利润目标规划体系要涵盖上述两个层面的内容。接下来，我们将主要围绕业务层级进行具体阐述。

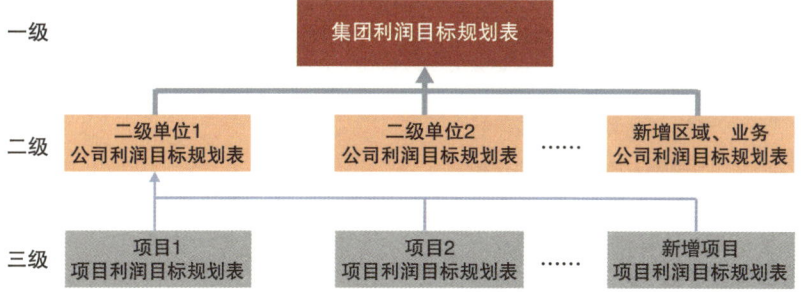

图 5-7　利润目标规划体系的多级特点

1. 项目级利润目标规划

业务层级中的项目级利润目标是地产企业利润核算的基本单元，也是整个利润目标规划的基础。要想了解地产企业项目级利润目标，必须知道四个基本概念：项目全周期利润目标、项目的做收利润目标、动态利润目标、年度可创造利润目标（见表 5-1）。

表 5-1　地产企业项目级利润目标的四个基本概念

概念	定义	管理意义	其他
项目全周期利润目标	一般在项目投资阶段进行测算，在启动会阶段基本形成的控制性指标。当然，各家企业会有差异	一般仅作为项目全周期的控制性目标，用于决策指导和绩效考核等	项目全周期利润目标的实现周期非常长，通常伴随地产项目周期，需要 2~3 年时间才能确认实现。因此在管控过程中，需要其他辅助性的管理指标

（续表）

概念	定义	管理意义	其他
项目的做收利润目标	利润确认是地产行业比较特殊的地方，地产行业收入的确认条件比较复杂。一般是在收入确认后，同步确认对应成本，结合当期费用形成财务报告中的"利润"一栏，地产企业通常称之为做收利润	做收利润是体现在财务报告中的确认数据，是股东和资本市场所认可的唯一利润数据	—
动态利润目标	项目全周期利润管控过程中需要的辅助性管理指标	从结转的视角来评判项目过程中这一时间点利润可能实现的情况	通常是实现利润目标的主要参照物或决策起点
年度可创造利润目标	地产企业以年度为管理周期，进行一定的目标核算和评估考核工作，因此诞生了年度可创造利润目标	这是年度目标、年度绩效考核的基础，是较为准确的评价管理团队在年度范围内对利润的贡献占比的指标	行业内没有标准的定义，各家企业有所差异

第一，项目全周期利润目标。这项指标一般是指从项目拿地开始，按照单元核算，在全生命周期中能够实现的利润总额。这个全生命周期一直进行到确认收入阶段。项目全周期利润目标是一个一般在项目投资阶段进行测算，在启动会阶段基本形成的控制性指标。

因此，就其管理意义而言，项目全周期利润一般仅作为项目全周期的控制性目标，用于决策指导和绩效考核等。但是，项目全周期利润目标的实现周期非常长，需要2~3年时间才能确认实现。因此，在大部分情况下，它是一个目标概念，在管控过程中还需要其他辅助性的管理指标。

第二，项目的做收利润目标。地产行业收入的确认条件比较复杂，在销售型物业、持有经营型物业和资产出让型物业上的确认方法并不相同。例如，地产销售型收入属于确认收入，经营型物业收入按照会计准则，只有当期持有经营型物业的收入可以计入收入。如果资产的转让和处置也是当期回款，那么这也可以算作确认收入。做收利润就是体现在财务报告中的确认数据，是股东和资本市场所认可的唯一利润数据。

第三，动态利润目标。这项指标是指在项目全周期利润管控过程中需要的辅助性管理指标。也可以说，项目全周期利润是目标，做收利润是结果，而其中的过程就是动态利润。如图 5-8 所示，动态利润是一种利润预估，它的意义是从结转视角来评判项目过程中这一时间点利润可能实现的情况。

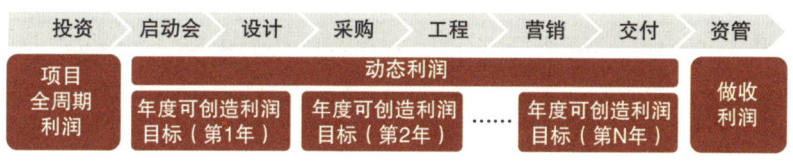

图 5-8 动态利润

一般而言，动态利润是地产企业利润管控的重点。地产企业通过比对动态利润目标和项目全周期利润目标，进行利润目标的重新规划或调整。因此，地产企业要想实现利润目标，主要参照物或决策起点应该在动态利润上。

第四，年度可创造利润目标。部分地产企业为了满足年度预算、年度绩效考核、年度经营计划排布这类需求，定义了一种新概念，即年度可创造利润，用此来指导企业制定当年利润目标。

就其管理意义而言，年度可创造利润目标是年度目标、年度绩效考核的基础，是可以较为准确计算管理团队在年度范围内对利润的贡献占比的指标。如图 5-9 所示，它的管理意义在于通过对中长期利润目标的控制，与专业管控手段相结合，以实现对利润管控过程的管理与调节以及年度经营考核。不过，其在地产行业内没有固定标准，各家企业有所差异。

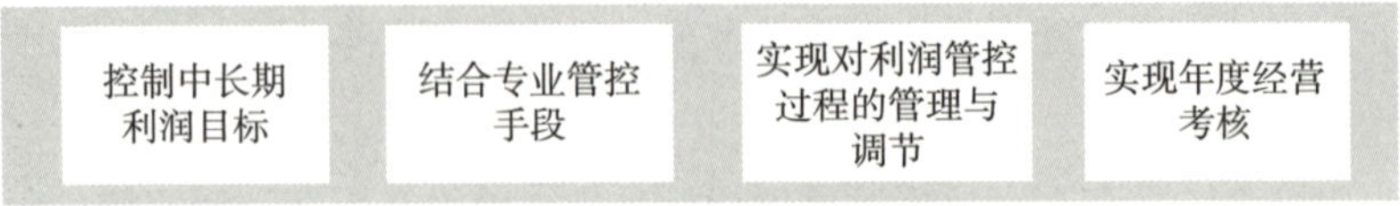

```
控制中长期利润目标 → 结合专业管控手段 → 实现对利润管控过程的管理与调节 → 实现年度经营考核
```

图 5-9　年度可创造利润目标的管理意义

如图 5-10 所示，年度可创造利润的计算公式是：年度可创造利润 = 计算收入口径 × 期末动态利润率 + Δ 年度动态成本（全口径）。

项目	计算方式	需要内部管理体系的支撑
计算收入口径	**方式1：按回款收入计算**（推荐，与动态利润测算直接挂钩，但与经营考核可能存在差异）	—
	方式2：按签约收入计算（部分企业关注规模指标，但与动态利润脱节）	
	方式3：回款收入x%+签约收入y%（偏向年度经营考核方向）	
期末动态利润率	［项目全盘收入预计-动态成本（全口径）］/ 项目全盘收入预计	■ 项目全盘收入预计需对货值使用面积管控、价格预测等较为成熟的预测手段
Δ年度动态成本（全口径）	年末动态成本-年初动态成本	■ 动态成本对公司内部有较高的要求（动态成本的核定能力、价格预期、核算时间等）

图 5-10　年度可创造利润的计算规则

其中，计算收入口径一般可通过三种方式得出。

方式一，回款收入计算。按照回款收入计算有一个好处，那就是回款收入在财务中可以直接被确认为收入，与动态利润测算直接挂钩。部分企业在测算动态利润时就采取这种方式。

方式二，签约收入计算。如果地产企业较为重视规模，其计算收入口径就按照签约收入来计算。但按签约收入计算有一个问题,即地产企业毕竟没有形成回款,后续可能会出现销售后退房或置换的问题。因此,以这种方式计算利润可能会存在一定偏差,容易与动态利润有所出入。

方式三,回款收入 x%+签约收入 y%。这是一种均衡的计算方式,偏向年度经营考核方向。比如,S 企的当年回款收入和签约收入各按50% 计算,以此得出计算收入口径。

2. 公司级利润目标规划

一般而言,公司级的利润目标是地产企业通过合并项目财务报表形成的。因此,它也可以被认为是由项目利润的叠加并结合公司的成本和费用形成的。公司级利润目标规划通常体现在三至五年年度战略预算中的利润相关性指标上。目前,国有企业普遍重视中长期规划。

如表 5-2 所示,W 企按五年进行编制,三年内细化到每月,三年后细化到每年。各利润中心以季度为单位开展滚动预测编制,以配合季度工作会议。目前,很多企业,尤其是央企,都有五年盈利规划,三年动态调整的要求,所以 W 企和 H 企都有三至五年的经营规划。另外,S 企也会做三年滚动规划,但其要求没有 W 企和 H 企的高。S 企在每年九月份编制当年第四季度的预算和未来三年的年度预算,当年第四季度和第一、二年整年细化到每月,第三年整年细化到每季。

表 5-2 标杆企业的中长期规划

项目	W 企	S 企	H 企
要求体现	各大区域每年滚动编制区域商业模式与计划书,其中包含滚动的三年经营规划和当年计划	年度预算	三年盈利规划

（续表）

项目	W企	S企	H企
编制要求	按五年编制，三年内细化到每月，三年后细化到每年。各利润中心以季度为单位开展滚动预测编制，以配合季度工作会议	按三年编制，每年九月份编制当年第四季度的预算和未来三年的年度预算，当年第四季度和第一、二年整年细化到每月，第三年整年细化到每季	编排三年销售、回款、资金计划，利润预测编排至第五年。下年计划细化到每月，后两年计划细化到每季。每半年做正式评估调整，每季度财务做简单预测
编制范围	从制定商业计划书入手，按全面预算管理的理念进行编制（含拟投项目）	所有已在建项目；所有已成功投标，但未签署土地转让合同的项目；所有上过项目启动会的项目	所有在手项目，不考虑增量部分
管理特点	与商业计划书一并编制，并相互匹配	年度经营目标达成逻辑：以项目投资刻度为纲，以资源投入计划为辅助	强调区域的年度目标完成情况，通常对已启动的项目分期较为严格，但未启动的项目分期的变动可能较大

由此可见，地产企业的公司级利润目标规划需要站在中长期角度上进行。因此，爱德数智在为地产企业规划公司级利润目标体系时，通常采取"53163"管理模式。如图5-11所示，"53163"管理模式是指进行五年利润规划、三年经营铺排、一年目标审定（预算计划、经营计划）、六个月调整以及三个月监控。

具体而言，五年利润规划和三年经营铺排可以满足大多数地产企业的需求。这之后要进行一年目标审定，因为三至五年规划会发生变动。而作为年度预算管控和经营考核的基础，每年对利润目标进行一次审定十分有必要。下一步则是每六个月做一次调整，并且每三个月做一次公司级的利润目标监控。

总体上，地产企业收入确认的延时性、利润形成过程的不可逆性、纠错成本高以及利润实现过程的变化性这四大特点，使公司级利润目标规划更需要长期视角和动态调整机制。这也是地产企业在建立公司级利润目标体系时,"53163"管理模式更具适配性的原因。

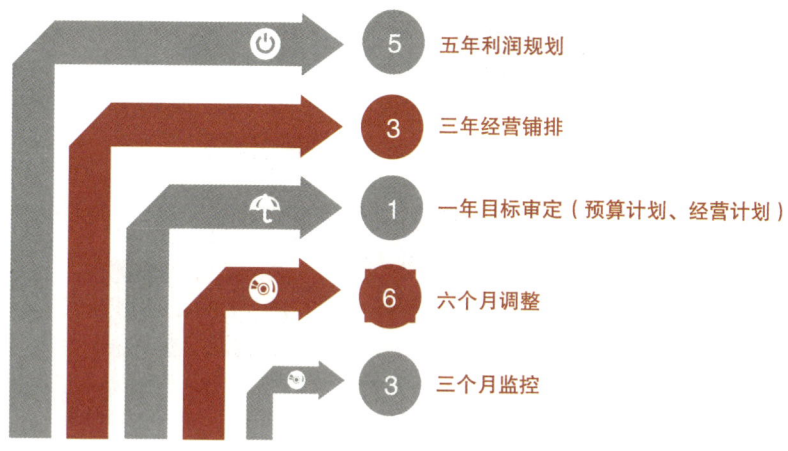

图 5-11 "53163"管理模式

3. 项目级利润目标和公司级利润目标之间的关系及目标设定的流程

如图 5-12 所示,项目级利润目标和公司级利润目标之间的关系及目标设定的流程,可通过下图来理解。

首先,以年度经营计划为核心。虽然项目经营有其自身逻辑,但其逻辑在某种程度上又要服从公司经营的逻辑,二者叠加就是公司的年度经营开发计划、全面预算的基础。企业会汇总项目经营开发计划,从而形成公司(集团)年度经营开发计划,并对其进行可实现预排。

其次,以新增业务计划为变量。地产企业的经营目标通常会出现偏差或缺口。例如,2021 年某地产企业能实现做收利润 2 亿元,但其经营计划要求实现 2.3 亿元的利润,这时该怎么办?一般而言,地产企业应优先通过新增业务进行调整。如果在新增业务调整后仍然无法实现经营目标,地产企业就要要求现有项目进行调整,即再次调整项目年度经营开发计划。

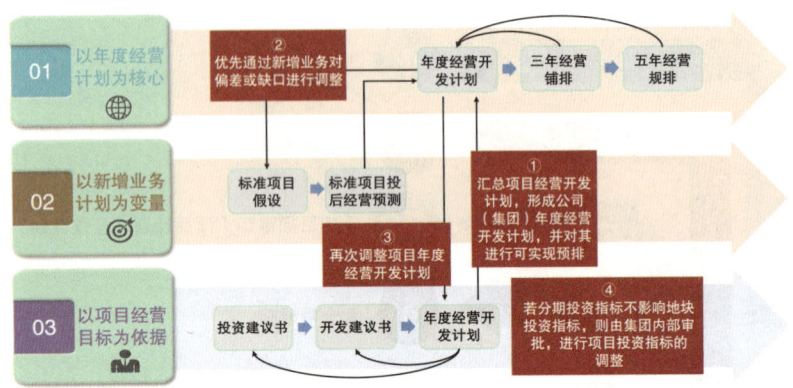

图 5-12　项目级利润目标和公司级利润目标之间的关系及目标设定的流程

现有项目调整又分为两种情况：一是在不违背投资指标的前提下加码，比如，结转利润要达到 2.1 亿元，通过利润规划使结转利润达到 2.15 亿元，这在原则上并没有违背投资指标；二是分期投资指标不影响地块投资指标，这时地产企业就需要进行项目投资指标的调整。

最后，以项目经营目标为依据。项目利润管控会遵循项目节点的逻辑，在投资阶段和启动会阶段确定项目利润的考核指标。在开发过程中，地产企业会不断修正这一指标。许多地产企业是以年度为单位重新铺排利润目标的，在不低于投资阶段和启动会阶段的利润目标的前提下，利润是可以进行一次以年度预算和经营计划为依据的重新铺排的。

如图 5-13 所示，对于项目级利润目标和公司级利润目标的设定流程，概括来说就是"两下两上"。

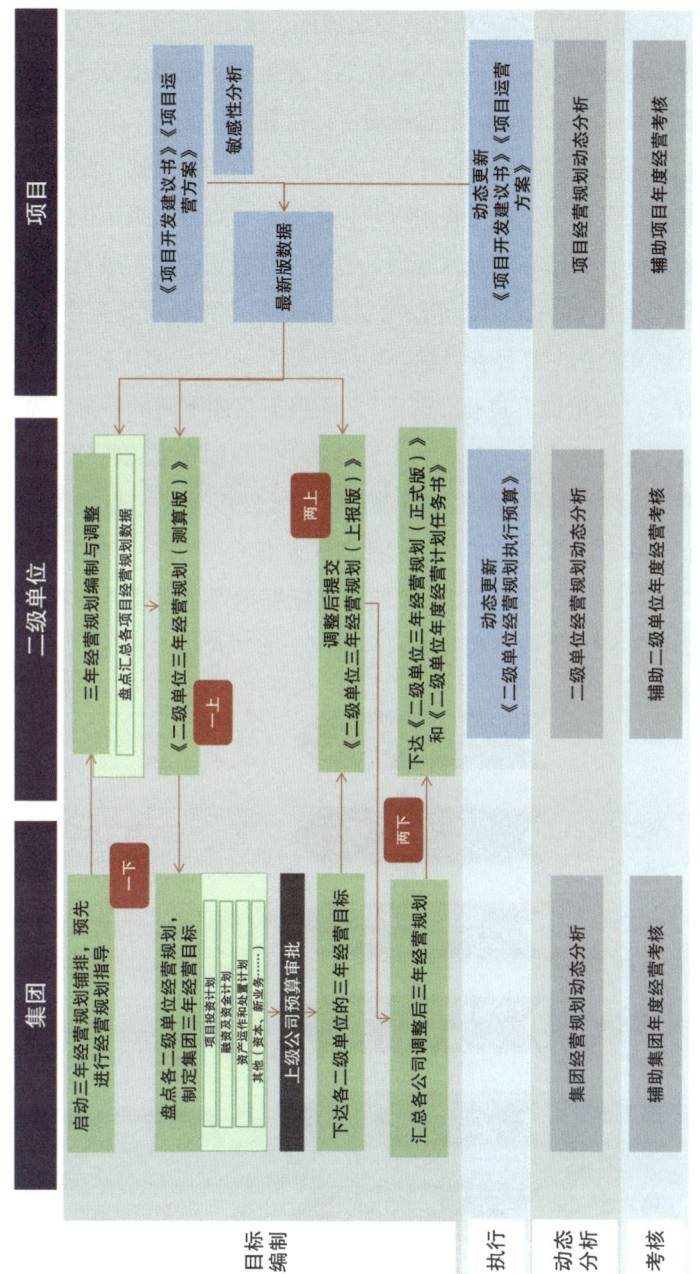

图5-13 利润目标设定流程的"两下两上"

第五章 动态利润的AI决策 175

"一下"是集团启动三年经营规划铺排，预先进行经营规划指导。之后二级单位编制、调整三年经营规划，并生成《二级单位三年经营规划（测算版）》，其间盘点汇总各项目经营规划数据。

"一上"是二级单位在编制《二级单位三年经营规划（测算版）》后，将其上传至集团。然后集团以此为依据，盘点各二级单位的三年经营规划，制订集团三年经营计划，包括项目投资计划、融资及资金计划、资产运作和处置计划等。规划与目标经上级公司预算审批后，下达各二级单位的三年经营目标。

此时，二级单位再进行"两上"，即根据集团下达的目标，调整并提交《二级单位三年经营规划（上报版）》。集团在汇总各公司调整后的三年经营规划后，再向二级单位下达《二级单位三年经营规划（正式版）》和《二级单位年度经营计划任务书》。这就是"两下"。

如图5-14所示，接下来，我们以某标杆地产企业建立的利润管控体系为例，阐述企业利润管控的全流程，即"六步六表"。

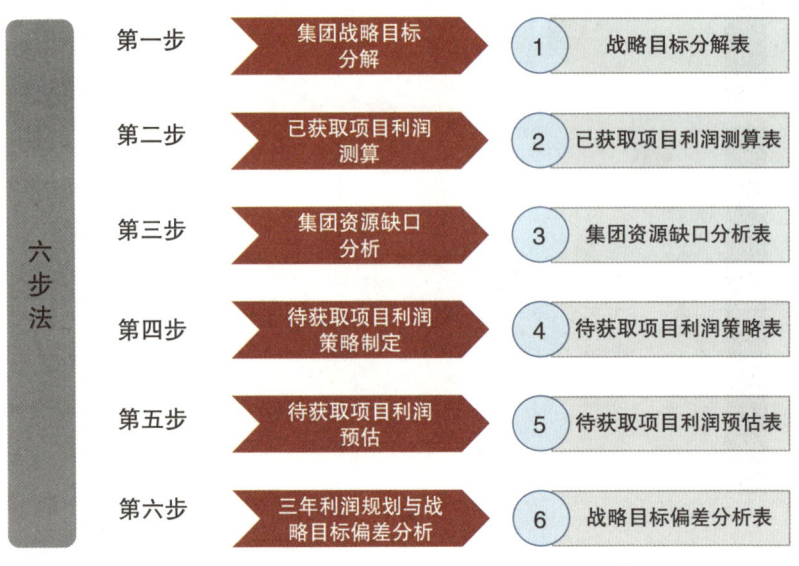

图5-14　某标杆地产企业利润管控的"六步六表"

"六步"的第一步是集团战略目标分解；第二步是已获取项目利润测算，即从收入、结转利润等方面对在手项目进行现有资源盘点；第三步是集团资源缺口分析；第四步是待获取项目利润策略制定；第五步是待获取项目利润预估；第六步是三年利润规划与战略目标偏差分析。

"六表"是"六步"对应下的表格展示，即战略目标分解表（见表5-3）、已获取项目利润测算表（见表5-4）、集团资源缺口分析表（见表5-5）、待获取项目利润策略表（见表5-6）、待获取项目利润预估表（见表5-7）、战略目标偏差分析表（见表5-8）。

表5-3 战略目标分解表

XX集团三年（2021—2023年）战略目标分解表			
项目	2021年	2022年	2023年
销售规模（亿元）			
营业收入（亿元）			
核心净利润（亿元）			
核心净利润率（%）			

表5-4 已获取项目利润测算表

已获取项目		2021年	2022年	2023年
序号	创造利润规划表（亿元）	合计	合计	合计
1	销售收入			
2	预期结转成本			
3	税金及附加费用			
4	销售费用			
5	管理费用			
6	财务费用			
7	营业利润			

（续表）

已获取项目		2021年	2022年	2023年
序号	创造利润规划表（亿元）	合计	合计	合计
8	投资收益			
9	利润总额			
10	企业所得税			
11	销售创造利润（权益前）			
12	销售创造利润（权益后）			

表5-5　集团资源缺口分析表

XX集团三年（2021—2023年）资源缺口分析表			
项目	2021年缺口	2022年缺口	2023年缺口
销售规模（亿元）			
营业收入（亿元）			
核心净利润（亿元）			

表5-6　待获取项目利润策略表

序号	评判要点	事项	项目A	项目B	项目C
1	区域城市				
2	获取模式	招拍挂、兼并收购、旧城改造、城市更新			
3	业态结构	住宅、养老、商业、综合体			
4	周期结构	短平快项目、跨周期项目			
5	产品结构	中低档、中档、中高档、高档			
6	运营模式	高周转、高溢价、均衡配置			
7	拿地时间				
8	运营节奏	开盘周期			
		首开去化			
		回正周期			
9	合作模式	权益占比，合作方			

表 5-7 待获取项目利润预估表

项目 A		2021 年	2022 年	2023 年
序号	结转利润规划表	合计	合计	合计
1	营业收入（亿元）			
2	营业成本（亿元）			
3	税金及附加费用（亿元）			
4	期间费用（亿元）			
5	其他收支净额（亿元）			
6	利润总额（亿元）			
7	企业所得税（亿元）			
8	净利润（亿元）			
9	净利润率（%）			
10	权益占比（%）			

表 5-8 战略目标偏差分析表

战略目标偏差值分析			
项目	2021 年	2022 年	2023 年
销售规模（亿元）			
结转收入（亿元）			
核心净利润（亿元）			
核心净利润率（%）			

二、全员利润管控的责任体系

地产企业的利润管控非常复杂，它几乎涉及所有专业和业务条线。因此，地产企业要想管好利润，首先要做好利润管控的责任界定。

1. 利润管控中的三类责任角色

在地产企业内部运营中，利润管控的责任角色主要包括三种类型。

第一类角色是决策机构。它的主要作用是结合公司战略目标，确定经营、投资、运营等策略方向，并基于有关部门的信息进行公司级和项目级利润目标的确定和调整，从而做出实现利润目标过程中重大事项的决策。通常来说，利润管控是经营管控中的一个维度，利润管控又涉及现金流、负债、战略策略等多个维度。很多地产企业把利润管控纳入经营管理的决策机制中，但有些地产企业会强化利润的管控责任和专项管理，设置专门的利润管控委员会或公司级的利润管控小组。

第二类角色是管理机构。地产企业的利润管控需要贯穿利润的规划、执行、过程管理、结转管理等核心环节。通常，这需要一个整合公司相关信息和工作事项的统筹管理部门，也需要一个对公司级或项目级利润最终目标承担管理责任的部门，我们称它为利润的管理机构。

从行业现状来看，约 1/3 地产企业设有跨专业的执行工作小组，约 1/3 地产企业安排财务管理部门来担任这个角色，还有约 1/3 的地产企业安排运营或经营管理部门担任管理机构。

而在项目层面上，地产企业通常会默认项目负责人（一般是集团的二级业务单位负责人，比如城市公司或区域公司的总经理）是利润管控的第一责任人。而集团对口部门作为监管部门，也要对利润目标的最终实现负责。

第三类角色是执行机构。地产企业的利润执行机构一定覆盖公司全部专业和所有部门。因此可以说，利润执行机构就是企业全员。所有部门及其人员都是公司的利润执行者，都要对职责权限范围内的利润管控结果负责。当然，在项目执行中，地产企业可能会成立由主要部门负责人组成的利润执行小组，以提高其在日常管理中的效率和执行力。如表5-9所示，我们可以看到标杆企业的利润管控机构。

利润管控是公司经营管理中最为重要的一环，企业可以通过利润管控小组来推动管理工作的落实。而利润小组的工作职责主要包括：利润目标制定；利润目标的跟踪与监控，包括业务数据录入、目标达成现状与预测分析、偏差原因分析、提出解决方案及措施等；项目利润结转与总结；编制项目利润分析报告并组织专题研讨会；参与对项目利润影响重大的会议，比如方案评审会、销售定价会等。

表 5-9　标杆企业利润管控机构

集团（事业部）利润管控小组	
责任人： 财务分管领导	投资负责人、运营负责人、财务负责人、成本负责人、营销负责人
项目利润管控小组	
责任人： 项目总经理	成本经理、运营经理、财务经理、工程经理、营销经理

2. 利润责任的分解

在明确利润管控职责及对应机构的前提下，地产企业需要进一步厘清各执行机构所承担的责任，这就涉及利润规划分解逻辑。

表 5-10 为某企业利润规划分解情况。地产企业可以通过利润相关指标的分解，清晰界定各个管理机构的相关责任。我们一般将这个以利润为中心的专业指标体系称为利润规划分解表。

从利润规划分解角度来看，除规划类的相关指标外，还有一部分内容涉及利润的最终结果，比如收入、成本、税费。其中，收入类可细分成一些业务指标，比如可售面积、平均售价定价等。成本类的业务指标更多，比如目标成本偏差率、可售比等。

利润管控地图可以再进一步进行责任和指标的归集，明确地产企业各专业和各部门的细分职责，从而成为各执行机构的利润管控标准。

如表 5-11、表 5-12 所示，地产企业按照利润形成的逻辑，从业务的主要环节中找到与利润相关的核心指标，并对这些指标进行合理范围或一般标准的设定，从而形成利润管控标准。

表 5-10　某企业利润规划分解情况

利润规划分解	规划类	资金价值	经营性现金流回正周期、内部收益率、总资产周转率
		利润目标	公司净利率、公司毛利率、创造利润率
		运营效率	设计周期、工期执行偏差、节点完成率
	收入类	货值论证	可售面积、平均售价定价、总货值
		销售计划	首开目标去化率、楼栋均价、首开占比
		销售管理	认购金额、签约金额、回款金额
		货量管理	库存货值、库存结构、库存周期
	成本类	成本管理	目标成本偏差率、动态成本偏差率
		招标采购	招标覆盖率、实质性应标率
		规划设计	可售比、限额设计达成率
		工程管理	现场签证率
	税费类	期间费用	财务费率、营销费率、管理费率
		融资管理	综合融资利率
		税务管理	综合税负率

在制订方案时，设计人员会保留面积容积率的余量，以便在分摊公摊面积时进行调整。因此，对设计类而言，面积容积率余量的标准是刚需项目必须小于 300 平方米，非刚需项目没有强制性要求。据此，地产企业就可以明确专业评价、考核、管理等一系列指标。

利润管控地图和责任矩阵可以帮助地产企业实现全过程、全专业的利润管控。这是因为在明确了利润管控指标的管控方式、管控动作和责任划分后，各专业在每个阶段具体对哪些指标负责就变得十分明晰。因此，地产企业才能实现对利润管控责任的全覆盖，确保每个指标责任清晰、落实到位。

表 5-11　不同阶段利润核心指标的管控标准

利润管控表——投资报表类			
阶段	指标	计算公式或指标说明	评价标准
投资拓展阶段	地价比	总货值/土地总价或交易对价	≥ 2.5
	投入产出比（投资）	区域公司年度签约销售额/区域公司年度投资额	—
	投资立项转化率	最终拿地项目数/投资立项项目数	—
	投委会正式会拿地通过率	最终拿地项目数/投委会正式会投资项目数	—
	公司净利润率（交底版）	公司净利润/可售总货值（不含持有物业货值）	10%
	经营性现金流回正周期（交底版）	自项目开始投入至经营性现金流回正周期（月）	不超过 12 个月
	内部收益率（交底版）	项目各年经营性现金流量现值等于零时的折现率	≥ 20%

利润管控表——设计类				
阶段	指标	类别	限值	备注
设计阶段（限额设计）	可售比	高层	> 80%	可售比 = 可售总建筑面积/总建筑面积 ×100%
		别墅	> 70%	
	赠送比例	≤ 90 平方米	< 4.5%（1 个生活阳台，1 个观景阳台）	赠送比例 =1- 套型可售建筑面积/套型结构面积 ×100%
		> 90 平方米	< 4%（1 个生活阳台，1 个观景阳台）	
		别墅	< 12%（门廊、阳台）	
	体型系数	严寒和寒冷地区	≤ 0.28	体型系数 = 单体外表面积/单体体积
		夏热冬冷地区	≤ 0.38	
		夏热冬暖地区	≤ 0.40	
	窗积比	严寒和寒冷地区	≤ 0.18	窗积比 = 标准层外墙开窗面积/标准层平面建筑面积
		夏热冬冷地区	≤ 0.20	
		夏热冬暖地区	≤ 0.22	
	飘窗数量	三房及以下	≤ 1 个	界定方式：包括真飘窗及假飘窗
		四房及以上	≤ 2 个	
	车库层高	非人防	≤ 3.50 米	地库层高 = 地库底板结构面到地库顶板结构面的高度
		人防	≤ 3.70 米	
	地库柱网	—	7 900 毫米 ×7 900 毫米	界定方式：地下车库的柱网轴线间距
	单车位面积	—	≤ 35 平方米/辆	单车位面积 = 地下室总建筑面积/地下车位数量

表5-12 采购阶段利润核心指标的管控标准

指标名称	评价标准	管控方式	主责	审核	审批
成本优化金额	≥ 2亿元（2020年目标）	核心指标	区域招标采购中心	—	集团招标采购中心

利润管控表——采购类

阶段	维度	管控要点 名称	管控动作	指标名称	计算公式或指标说明	评价标准	管控方式	管控工具	主责	审核	审批
采购阶段	成本类	合同金额	控制采购成本	成本优化金额	成本优化=集采优化金额+新材料运用+钢砼甲供+招标节约指标	≥ 2亿元（2020年目标）	核心指标	招采系统数据	区域招标采购中心	—	集团招标采购中心
				预算指标达成率	∑[2-（全年中标金额/当年指标）]×100%	≥ 100%	集团监控	招采系统数据	区域招标采购中心	—	集团招标采购中心
				招标覆盖率	当年实际完成招标的合同项数/应招标项数	≥ 95%	集团监控	招采系统数据	区域招标采购中心	—	集团招标采购中心
				实质性应标合格率	每个招标项目实质性应标数不低于5家（合格招标项/总招标项）	每个招标项目实质性应标数不低于5家	集团监控	招采系统数据	区域招标采购中心	—	集团招标采购中心
		优质供应商	引入优质供应商	实质性应标合格率（不含定向）	每个招标项目实质性应标数不低于5家为合格（合格招标项/总招标项，定向不统计）	每个招标项目实质性应标数不低于5家	集团监控	招采系统数据	区域招标采购中心	—	集团招标采购中心
				合作伙伴优胜劣汰	当前有效的红、黄牌数量	双向履约评价：最后一名且70分以下的发放黄牌，60分以下合作异常报审红、黄牌及黑名单	核心指标	招采系统数据	区域招标采购中心	—	集团招标采购中心
		战略采购	保证战略覆盖	首开部分战略覆盖率	首开部分战略覆盖率=（区域+全国首开战略范围已建标准类）/（论证首开战略范围数）/四川区域可建战略合约规划项数×100%	除四川区域，首开战略覆盖率为78%；四川区域均为100%	核心指标	招采系统数据	区域招标采购中心	—	集团招标采购中心

184　　不动产AI决策

利润管控指标体系还包括以下三个表，一是按利润公式分类的利润管控责任表（见表5-13）；二是按专业条线分类的利润管控责任表（见表5-14）；三是按投资条线分类的利润管控责任表（见表5-15）。

如图5-15所示，地产企业的利润管控正是通过细分职责和指标至各执行机构，明确项目全价值链的具体利润管控标准，从而实现全过程的利润管控。

项目	利润规划阶段	利润实施阶段		利润监控阶段		利润盘点阶段
	投资拓展	设计	施工	营销	结算交付	财务统计
关键指标	■货地比 ■投资收益率 ■经营性现金流回正周期 ■内部收益率	■可售比 ■容积余量 ■配套面积控制	■动态成本总额 ■动态成本可售单方	■营销费率 ■整盘均价 ■总货值 ■营销周期	■结转成本 ■结转成本可售单方 ■结转成本偏差率	■利息支出总额 ■费用资本化率 ■毛利 ■毛利率 ■净利润 ■净利润率

图5-15　地产企业利润管控的全过程

三、利润的过程监控体系

利润的监控方式是对比动态利润和目标利润，不过，不同地产企业的监控逻辑略有区别。有些地产企业的监控对象是项目全周期目标利润，有些则更重视年度可创造目标利润。因此，如图5-16所示，利润的过程监控体系的基本职能或功能就是以目标跟踪为管理主线，以利润推演为决策手段，以会议报告为管理抓手，以利润责任为执行保障。

表 5-13 利润管控责任表——按利润公式分类

管控维度	指标名称	计算公式或指标说明	评价标准	标杆标准	管控动作	管控方式	管控部门 主责	管控部门 审核	管控部门 审批	管控工具
资金价值	经营性现金流回正周期	自项目开始投入至经营性现金流回正周期（月）	不超过12个月	8个月	投资决策	核心指标	区域投资发展中心	集团投资发展中心	项目投资决策委员会	项目综合测算表和项目可研报告
资金价值	内部收益率（自有资金）	项目各年净现金流入（加融资）现值等于零时的折现率	≥25%	≥20%	投资决策	核心指标	区域投资发展中心	集团投资发展中心	项目投资决策委员会	项目综合测算表和项目可研报告
资金价值	总资产周转率（合约金额）	合约销售额/平均资产	≥50%	—	投资决策	核心指标	项目财务部	—	—	项目综合测算表和项目可研报告
资金价值	公司净利润率	公司净利润/可售总货值（不含持有物业货值）	≥10%	住宅项目不低于13%，商办项目不低于16%	投资决策	核心指标	区域投资发展中心	集团投资发展中心	项目评价委员会	动态利润跟踪报告和项目后评价报告
利润目标	公司毛利率	（营业收入－营业成本）/营业收入	≥30%（区域年度目标）	≥25%（事业部年度目标）	利润动态跟踪	集团监控	区域办公室	—	—	项目可研报告
利润目标	创造利润额	参考预算PCI系统定义	年度预算目标	—	利润动态跟踪	集团监控	区域办公室	—	集团预算成本中心	月度利润动态
利润目标	创造利润率	参考预算PCI系统定义	不低于子商业计划书（考核）	≥90%	利润动态跟踪	集团监控	区域办公室	—	集团预算成本中心	月度利润动态
利润目标	创造利润达成率	参考预算PCI系统定义	＞90%	≥90%	利润动态跟踪	集团监控	区域办公室	—	—	动态利润跟踪报告和项目后评价报告
利润目标	结转利润目标达成率	年度结转净利润金额/年度目标	≥100%	≥100%	利润动态跟踪	集团监控	项目财务部	区域财务资金中心	项目后评价委员会	动态利润跟踪报告和项目后评价报告
利润目标	结转资源锁定率	已售结转资源货值/结转收入目标	标准待定	≥90%	利润动态跟踪	集团监控	项目营销部	—	—	动态利润跟踪报告和项目后评价报告

注：PCI是指外设组件互连标准。

表5-14 利润管控责任表——按专业条线分类

阶段	管控要点	管控动作	指标名称	计算公式或指标说明	关联指标	指标来源	展示需求 集团	展示需求 展示区域	展示需求 项目	展示需求 时间维度	备注	评价标准	标杆标准	管控方式	管控工具	管控部门 主责	管控部门 审核	管控部门 审批
全阶段	利润运营效率	项目定位	项目定位周期	拿地至项目定位周期	—	计划系统	分区域	分项目	实际值	月度实际		集团标准运营工期	集团标准运营工期	核心指标	计划管理系统	区域办公室	集团运营管理中心	项目投资决策委员会
		方案过规	项目方案过规周期	拿地至项目方案过规周期(首批次)	—	计划系统	分区域	分项目	实际值	月度实际		集团标准运营工期	集团标准运营工期	核心指标	计划管理系统	区域办公室	集团运营管理中心	项目投资决策委员会
		项目开工	项目开工周期	拿地至项目开工周期(首批次)	—	计划系统	分区域	分项目	实际值	月度实际		集团标准运营工期	集团标准运营工期	核心指标	计划管理系统	区域办公室	集团运营管理中心	项目投资决策委员会
		项目亮相	项目亮相周期	拿地至项目亮相周期(首批次)	—	计划系统	分区域	分项目	实际值	月度实际		集团标准运营工期	集团标准运营工期	核心指标	计划管理系统	区域办公室	集团运营管理中心	项目投资决策委员会
		开盘预销	项目开盘预销售周期	拿地至项目开盘周期(首批次)	—	计划系统	分区域	分项目	实际值	月度实际		集团标准运营工期	集团标准运营工期	核心指标	计划管理系统	区域办公室	集团运营管理中心	项目投资决策委员会
		完成交付	项目交付周期	拿地至项目交付周期(首批次)	—	计划系统	分区域	分项目	实际值	月度实际		集团标准运营工期	集团标准运营工期	核心指标	计划管理系统	区域办公室	集团运营管理中心	项目投资决策委员会
		计划达成	5A节点完成率	按计划完成的5A节点/全部5A节点	—	计划系统	分区域	分项目	实际值	月度实际、月度累计		≥90%(暂定)	>90%	区域控制	项目总货值统计表	区域办公室	集团运营管理中心	项目投资决策委员会
			A节点完成率	按计划完成的A节点/全部A节点	—	计划系统	分区域	分项目	实际值	月度实际、月度累计		≥90%(暂定)	>90%	区域控制	项目总货值统计表	区域办公室	集团运营管理中心	项目投资决策委员会
	收入监控	货值监控	销售滚存面积	已供已取证面积-已签约面积	—	运营系统(开发中)	总数、分区域	总数、分项目	实际值	月度实际、月度累计				集团监控	项目总货值统计表	区域办公室	—	—
			销售滚存货值	销售滚存面积 × 动态销售均价	—	运营系统(开发中)	总数、分区域	总数、分项目	实际值	月度实际、月度累计				集团监控	项目总货值统计表	区域办公室	—	—
			生产滚存面积	已供未取证面积	—	运营系统(开发中)	总数、分区域	总数、分项目	实际值	月度实际、月度累计				集团监控	项目总货值统计表	区域办公室	—	—
			生产滚存货值	生产滚存面积 × 动态销售均价	—	运营系统(开发中)	总数、分区域	总数、分项目	实际值	月度实际、月度累计				集团监控	项目总货值统计表	区域办公室	—	—
	加速存货管理	存量周期	(取证未推证面积+取证未售面积)/前6个月月平均签约去化	—	运营系统(开发中)	实际值、分区域	实际值、分项目	实际值	月度实际		以达成年度目标为准		集团监控	项目总货值统计表	区域办公室	—	—
	保障资源产出	资源保障系数	拿地未开发、开工未开售、达预售未取证之和/前6个月平均去化签约面积	—	运营系统(开发中)	实际值、分区域	实际值、分项目	实际值	月度实际		以达成年度目标为准		集团监控	项目总货值统计表	区域办公室	—	—

第五章 动态利润的AI决策

表5-15 利润管控责任表——按投资条线分类

阶段	管控要点(一级)	货值管理		投资拓展阶段			
	管控要点(二级)		货值论证		拿地成功把关尺	投资收益可行性论证	
指标名称	投资规模系数	占用资源汇报率	投资立项通过率	投委会正式拿地通过率	公司利润	现金流快速回正	商业占比	内部收益率
					公司净利润率	经营性现金流回正周期	商业业态建筑面积占比	内部收益率(自有资金)
评价标准	≥2.5	标准待定	标准待定	标准待定	≥10%	不超过12个月	≤5%	≥20%
管理动作	货值测算	货值测算	投资决策	投资决策	投资决策	投资决策	货值测算	投资决策
管控方式	集团监控	集团监控	集团监控	集团监控	核心指标	核心指标	集团监控	核心指标
管控工具	项目可研报告	中长期预算执行计划、区域公司运营商业计划书、投资刚性原则匹配度研判工具	区域公司运营商业计划书	区域公司运营商业计划书	动态利润跟踪报告、项目后评价报告	项目综合测算表、项目后评价报告	项目可研报告	项目综合测算表、项目后评价报告
管控部门 主责	区域投资发展中心	预算成本中心、区域投资发展中心	区域投资发展中心	集团投资发展中心	区域投资发展中心	区域投资发展中心	区域投资发展中心	区域投资发展中心
管控部门 审核	集团投资发展中心	集团投资发展中心	集团投资发展中心	—	集团投资发展中心	集团投资发展中心	集团投资发展中心	集团投资发展中心
管控部门 审批	项目投委会	财务管理委员会、项目投委会	—	—	项目投委会	项目投委会	项目投委会	项目投委会

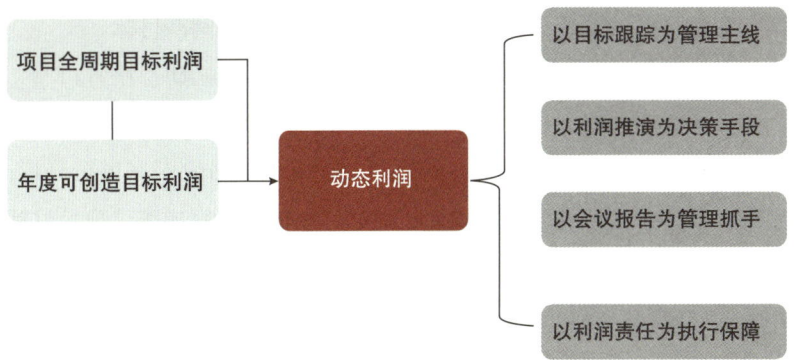

图 5-16　利润的过程监控体系

如图 5-17 所示,利润的监控逻辑和经营管控逻辑没有太大区别,也遵循"4+1"理念。

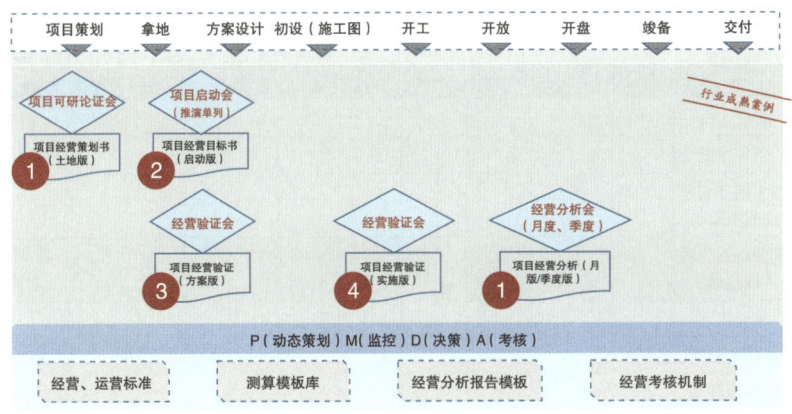

图 5-17　利润监控的"4+1"理念

"4"是指:第一,地产企业在项目可研论证会阶段进行利润测算,设定土地版利润目标,生成项目经营策划书(土地版);第二,在项目启动会阶段进行利润的规划和锁定,形成启动版利润目标,生成项目经营目标书(启动版);第三,在进行利润的跟踪时,部分地产企业没有初设阶段,所以在经营验证会阶段制定利润目标,形成方案版利润目标；第四，在总包确定后，制定实施版利润目标。

"1"是指地产企业以季度或月度为单位进行利润动态评估。

表5-16为某标杆企业的项目利润分析报告。首先，我们一般会将利润分为项目的全盘利润、年度可创造利润，分别对其进行分析；其次，地产企业要确定年度累计实现额、年度目标完成率、项目目标预期达成率等，以此来规划动态利润；再次，地产企业要进行利润的偏差原因分析，包括创造利润与结转利润的偏差原因分析；最后，地产企业要基于利润的偏差原因分析，进一步提出改进建议，并落地执行专业方案（见表5-17）。

表5-16 某标杆企业的项目利润分析报告

指标	项目年度分析						项目全盘分析				
	年度目标	当月实现额	年度累计实现额	年度目标完成率	年度预期总额	年度目标预期达成率	项目目标	项目累计实现额	项目目标完成率	项目预期总额	项目目标预期达成率
股权50%											
销售全额											
销售创造利率（权益前）|										
销售创造利润（权益后）|										
结转收入											
结转毛利率											
结转净利率											
结转利润（权益后，考核）|										

偏差原因分析（五维）：

创造利润	1. 收入原因	4. 税费原因（财务）
	2. 成本原因（成本）	5. 其他原因
	3. 交付原因（运营）	
结转利润	1. 收入原因	4. 税费原因（财务）
	2. 成本原因（成本）	5. 其他原因
	3. 交付原因（运营）	

表 5-17　某标杆企业的项目利润月度执行评估报告

本月措施、建议及待决议事项					
序号	措施、建议或待决议事项	对利润影响	对客户影响	责任人	计划完成时间
1					
2					
3					
4					

上月待决议事项跟踪				
序号	待决议事项	未完成原因	责任人	计划完成时间
1				
2				
3				
4				

利润分析会应以利润分析报告为核心，对动态利润与目标利润进行对比和差异分析。当发现差异和缺口时，相关人员应进一步分析利润偏差的原因。这时通常需要基于利润管控地图和利润管控标准来判断各分项和各专业指标是否偏离标准值或目标值。

在分析偏差原因后，相关人员应针对差异和缺口提出改进建议。需要注意的是，这需要一定的利润推演能力。因为决策需要综合相关专业的变动信息，比如，货值调整后，成本也相应调整，供、销、存一系列指标也随之发生改变。利润目标的调整会涉及多个维度，需要对决策下的动态利润进行测算，直至推演出在专业执行、利润目标上都能达成管控共识的结果。

最后，在会议上形成相关决议，按照利润管控责任分别确定改进计划的责任人、工作成果、完成时间等，并进行执行评估，在下一次会议上继续评判动态利润与目标利润的差异情况。

四、利润的绩效评估

在完成利润的过程监控后,地产企业还要进行利润绩效评估。

以某标杆地产企业 B 企为例。B 企绩效考核中一个非常重要的基数是公司年度计奖利润,即前文提及的年度可创造利润。B 企区域公司的奖金计算方式是:管理线年终奖总额=(公司计奖利润总额 × ROIC 修正系数 × 客户满意度修正系数 × 年度可创造利润增长修正系数)× 70%+ 总裁调整额度。

那么,什么是计奖利润?具体而言,计奖利润=当年结算权益净利+当年年末已售未结权益净利 × 结算时间调整系数-上年已计提过奖金的已售未结权益净利-权益占用 × 6%-特殊调整利润。

其中,当年年末已售未结权益净利的计算规则是:当年年末已售未结权益净利=签约回款 × 动态利润。结算时间调整系数则根据地产企业具体结算时间来定:如果结算时间为次年上半年,则乘以75%;如果结算时间为次年下半年,则乘以50%;如果是其他时间,则乘以25%。

第三节
数智化平台助力房企打赢利润保卫战

为什么房企需要通过数智化平台来对利润管控赋能?从实际落地的角度来看,由于缺乏有力的工具,房企在利润管控上存在落地与预期的巨大差距。

目前,房企在利润管控工具上的痛点主要有四个。

一是运算速度慢。房企使用传统 Excel 运算软件进行全周期动态利润测算需要 30~45 分钟。

二是智能化程度不够。目前在利润测算方面，通过测算模型能够实现的自动计算率仅能达到70%~90%。即使可以达到90%，其智能化程度也远远不够，因为一个项目的利润测算需要几万条数据，相差10%也就意味着有几千条数据需要人工计算。对企业而言，这会带来很大的执行难度。

三是管理精细度不够。房企的测算模型一般只能到分期、地块、项目层面，很难达到业态、楼栋、户型层面，其管理精细度不够，所以大部分房企都是以分期为核算单位进行利润管理。

四是无法灵活计算利润指标。出于上述原因，房企对复杂或需要高阶分析的指标，比如某类户型的动态利润、全国洋房类项目的货值数据等，基本无法实现灵活计算。

针对以上四项痛点，房企可以通过数智化平台来进行改善，保证房企利润管控体系的落地。

第一，数智化平台的运算速度较传统Excel运算软件可提升180倍以上，可实现秒级运算；第二，数智化平台可优化测算模型，95%以上数据可以由系统自动完成计算；第三，数智化平台支持测算精细度达到业态、楼栋、户型层面；第四，数智化平台可使用多维数据库，便捷、快速地进行高阶指标的提取和分析（见图5-18）。

接下来，我们从四个方面相对深入地介绍数智化平台赋能的手段。如图5-19所示，实际上，数智化平台对利润管控的赋能也是通过预测、预演、预警、预控来实现的。

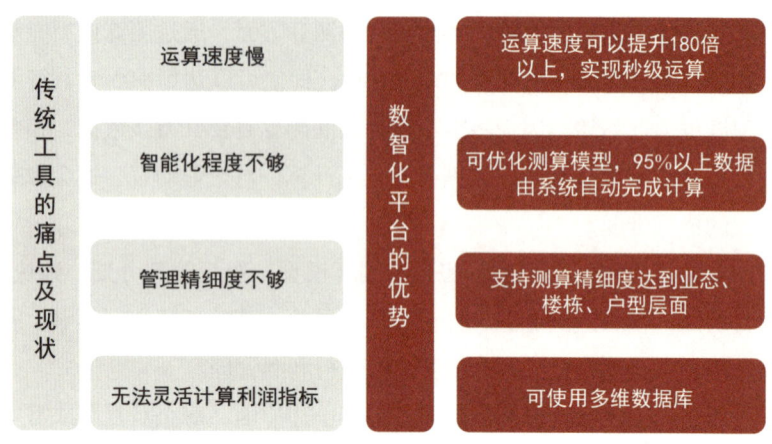

图 5-18 传统工具与数智化平台的对比

图 5-19 数智化平台赋能的四大手段

一、预测：让利润测算更智能

实现对利润管控的前提之一就是进行利润测算。房企可以通过可见的利润目标，实现指导日常相关决策的目的。不过，如图 5-20 所示，地产项目利润测算有其特殊性和难点。

第一，延时性。房企利润结转周期长，利润管控过程中的利润测算非常有必要，同时又需要以一定的业务预测能力为基础。第二，复杂性。利润的测算几乎涉及房企所有的经营指标，比如收入指标、成本指标、费用指标、负债指标、税负指标等，而这些指标又和进度、销售、回款、面积管控等业务有较强的关联性。第三，不确定性。地产项目利润的测算不可避免地涉及对未来的预期，比如销售回款预期。虽然理论上，其与地产项目的面积核定、价格有关，但它们都存在不确定性。

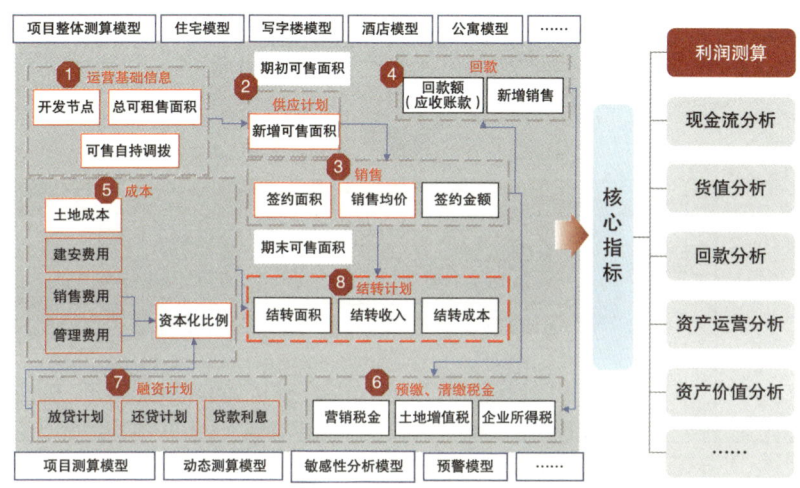

图 5-20　地产项目利润测算的特殊性和难点

因此，这些特殊性与难点也导致地产行业利润测算模型的使用效果较差，存在不透明（无法判断优劣）、不灵活（假设条件很难修改）、不智能（大量的手工填写工作）、不友好的弊端。

如图 5-21 所示，大部分房企的利润测算模型都是由套表组成的，由专业人员搭建。但在建立后，由于模型过于复杂且很难更改，很多员工并不知道其内部测算逻辑或业务策略假设。例如，房企两年前有一套成本估算的测算逻辑，两年后材料价格提升，成本测算的假设逻辑也要做出相应调整，而由套表组成的利润测算模型却无法进行调整。

序号	表名	行数	列数	数据个数
表1	基本参数			10
表2	技术指标			40
表3	1-建造标准			220
表4	1-楼栋表	14	412	5 768
表5	1-一期成本	462	28	12 936
表6	2-现金流及利息	86	39	3 354
表7	2-汇总	212	33	6 996
表8	2-地价及费用	24	14	336
表9	3-开发与销售计划	58	54	3 132
表10	2-土地增值税测算	35	7	245
表11	2-成本分摊表	63	13	819
表12	3-货量形成计划表	46	23	1 058
表13	3-产成品情况表	46	29	1 334
表14	3-项目结转计划	47	127	5 969
表15	4-项目整体开发销售计划	8	8	64
表16	4-项目分业态收益利润	52	24	1 248
表17	4-项目分年度收益利润	31	8	248
表18	5-经营物业现金流表	26	68	1 768

总计：45 545

【单位】面积：平方米；金额：万元（销售单价为元）

开发分期	成本管理分期	楼栋编号	产品类型	工程状态	是否推售	套数	总建面积	地上面积	地下面积	地上层数	地下层数	可售面积	预留面积	销售面积	整体回收均价	总销售额	营业税下面积	营业税下收入
一期	一期	1	商品住宅—商品房—毛坯	拟建	未推	64	5 584	5 584		17		5 530		5 530	7 200	3 981		
		2				64	5 584	5 584		17		5 530		5 530	7 200	3 981		
		3				64	5 584	5 584		17		5 530		5 530	7 200	3 981		
		4				68	5 851	5 851		17		5 823		5 823	7 201	4 192		
		5				126	12 200	12 200		32		12 079		12 079	7 202	8 697		
		6				126	12 200	12 200		32		12 079		12 079	7 203	8 697		
		7				122	11 821	11 821		31		11 700		11 700	7 204	8 424		
		8				122	11 821	11 821		31		11 700		11 700	7 205	8 424		
		9				124	11 828	11 828		31		11 811		11 811	7 206	8 504		
		10	商铺—商品房—毛坯				1 629	1 629		1		1 629		1 629	10 000	1 629		
		11					561	561		1								
		12	地下车库—毛坯		未推		17 283		17 283		−1	17 283		17 283	1 333	2 304		
		13					3 324		3 324		−1							
合计						880	105 270	84 663	20 607			100 694		100 694	76 154	62 814		

图 5-21　由套表组成的房企利润测算模型（模拟数据）

如图 5-22 所示，为使测算模型智能化，爱德数智的解决方案是测算分离：把“算”的部分标准化，而通过一些业务策略让“测”的部分以外挂的方式显性化。换句话说，就是将动态因子的策略包标准化，并全面提升全流程的智能化和标准化水平，减少人工投入和人为干预。

在利润测算中，业务策略主要分为十大模块。如图 5-23 所示，目前爱德数智已经成熟的、与利润管控有关的业务策略有 30 余个。业务策略是根据企业的资源禀赋和运营能力所设定的一种标准业务场景，它是用数量化关系进行描述的，可以作为利润测算中固化、内设的测算假设。

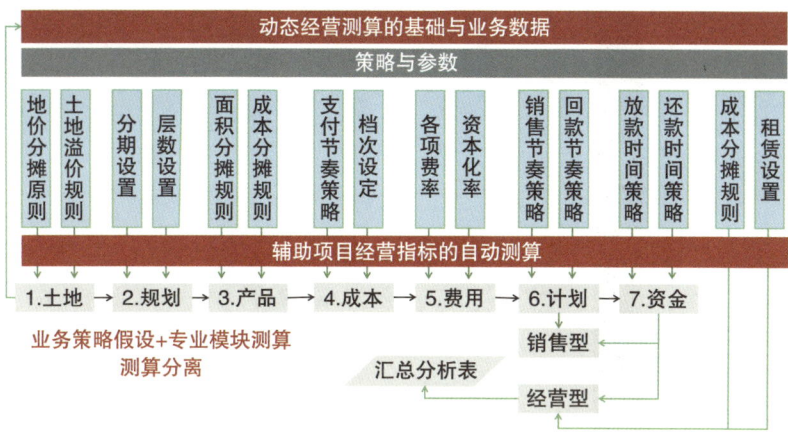

图 5-22 测算分离的数智化方案

如图 5-24 所示,为了厘清销售定价与销售去化速度之间的关系,测算系统内置了一个标准策略。房企在系统中就可以自动计算回款、去化、资金平衡的时间,进而计算利润。

例如,为了了解从开盘去化到当月去化,再到持续销售型去化后大概会留多少尾盘,房企可以设置一个内置型策略。只要确定一个价格系数,系统就可以确定销售去化速度。

国内房企的经营预测能力总体上较弱。以货值管理为例,很多企业很早就开始对货值进行管理,但至今仍然无法对未来货值做出精准的预测,有时反而会产生误判,甚至是误导。

目前多数企业对已售部分的货值都管理得很好,但在未售货值管理方面却出现了很多问题。例如,应该如何确定未售均价?当同一批次货值以 1.2 万元 / 平方米的单价售出 60% 的时候,剩下的 40% 该如何定价?如果没有充分考虑以上因素,那么货值预测就不可能准确。

利润测算指标体系

运营	成本	投发	财务	资金	设计	招采	营销	工程	人力
节点监控	成本测算	货值论证	费用测算	融资成本	货量最大化	采购成本	定价管理	现场管理	管理费率
货量管理	动态成本	成功标尺	付款管理		产品力	供应商管理	货值论证		
业绩产出	目标成本		利润管理		设计限额		价格目标		
计划达成	成本评估		费用资本化		设计周期		来访管理		
创造利润	责任成本		税务管理		设计变更		价格偏差		
			周转能力		设计费控制		存货管理		
							销售回款		
							营销费率		
							投入产出比		

图 5-23 利润测算的业务策略

利润测算业务策略

198 　　　不动产 AI 决策

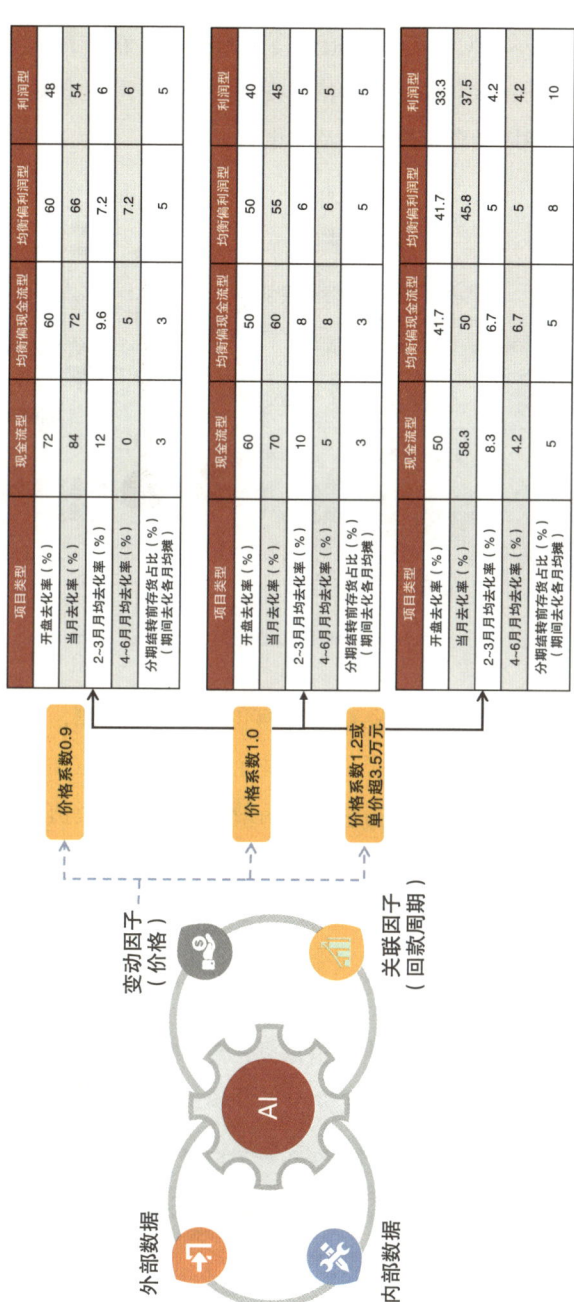

图 5-24 销售定价与销售去化速度测算的标准策略

第五章 动态利润的 AI 决策

如图 5-25 所示，对动态总货值进行逐级拆解，精准预测货值有四个关键点，包括：全盘面积与价格的规则管理、未售均价规则、货值减损的规则处理以及存货减值的及时更新。

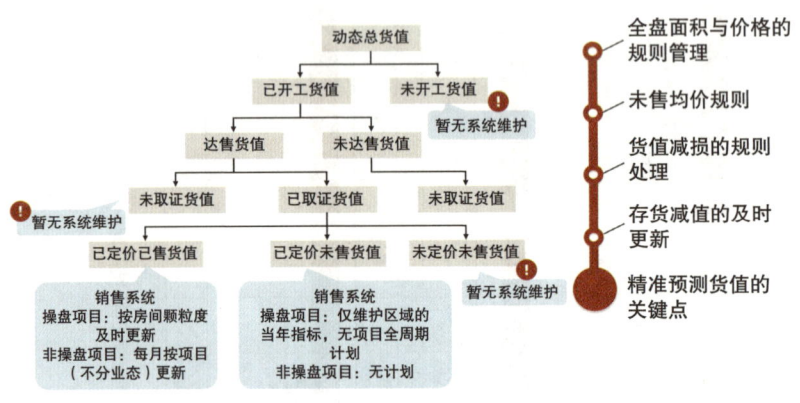

图 5-25　动态总货值结构

以货值减损为例，很多企业都会对利润进行动态预测，但最后却发现所有的动态利润都变成了存货。有些企业明知道车位和底商是不可能全卖掉的，在投资阶段进行货值分析时，却没有对货值减损进行预测。在这种情况下，企业只有账面利润，没有实际利润，这会对企业的经营决策产生误导。

预测的本质是企业对自身经营策略、经营能力、经营业务规则的精细化管理。

由此，智能化测算模型的优势也得以体现，它更能匹配企业的运营策略，提升其运营能力，持续改进和优化策略包。同时，它也拥有更多的标准化策略，可以大幅提升企业效率，减少人为干预。

二、预演：让利润推演更敏捷

利润推演是房企利润管控中的一个重要场景，它的目的是对测算场景中的业务决策进行调整，以达成利润目标。不过，对房企而言，这是一个较为复杂的动作。

由于变量很多，房企的任何一个利润决策或业务调整综合决策，都涉及大量相关信息，比如土地信息、销售信息、成本信息、进度信息等，而这些信息又都交织在一起。

在这种情况下，房企如果没有数智化平台，就只能通过 Excel 运算软件处理这些信息。而这可能需要数十个小时才能完成计算工作，根本无法支持房企在会议场景下形成相关决策。而一旦不能在会议场景下形成决策，整个决策周期将会被拉得很长。

如图 5-26 所示，房企如果使用数智化平台，就可以实现秒级运算。在平台上输入任何参数变量，房企都可以在 15 秒内看到这一输入变量对结果产生的影响。这时，房企就能看到业务决策能否支持利润目标的假设。对房企而言，这是一项很重要的能力，它可以通过数智化的预演，让利润的推演更加敏捷。

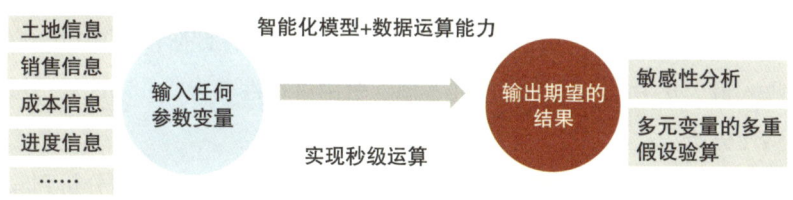

图 5-26　数智化平台的秒级运算

如图 5-27 所示，利润预演也有一些内部标准化流程。房企一般会根据项目的经营定位来确认不同类型项目的利润管控标准，针对与利润相关的运营管控标准，在每一个固定场景下进行与利润相关的敏感性分析或推演。那么，每个阶段必须做的敏感性分析有哪些？其他可选择做的敏感性分析又有哪些（见图 5-28）？只有把这些规定好，房企才可以保证不遗漏关键事项。

图 5-27　利润预演的核心逻辑

例如，在投资和项目策划阶段，房企就可以运用数智化平台进行预演。按照利润计算逻辑，房企的利润主要由收入、成本、费用三个方面构成。因此，如图 5-29 所示，数智化预演在此阶段应用时会有收入最大化考虑、成本可控性考虑、费用可控性考虑，并以此进行敏感性分析。

实际上，进行敏感性分析的房企很少。大部分房企只能分析到收入、地价对利润影响这一层面上，但影响利润的指标远不止这些。因此，当房企有了好的工具，在投资和项目策划阶段就能进行利润推演，这可以帮助房企大幅提高其在利润论证方面的能力。

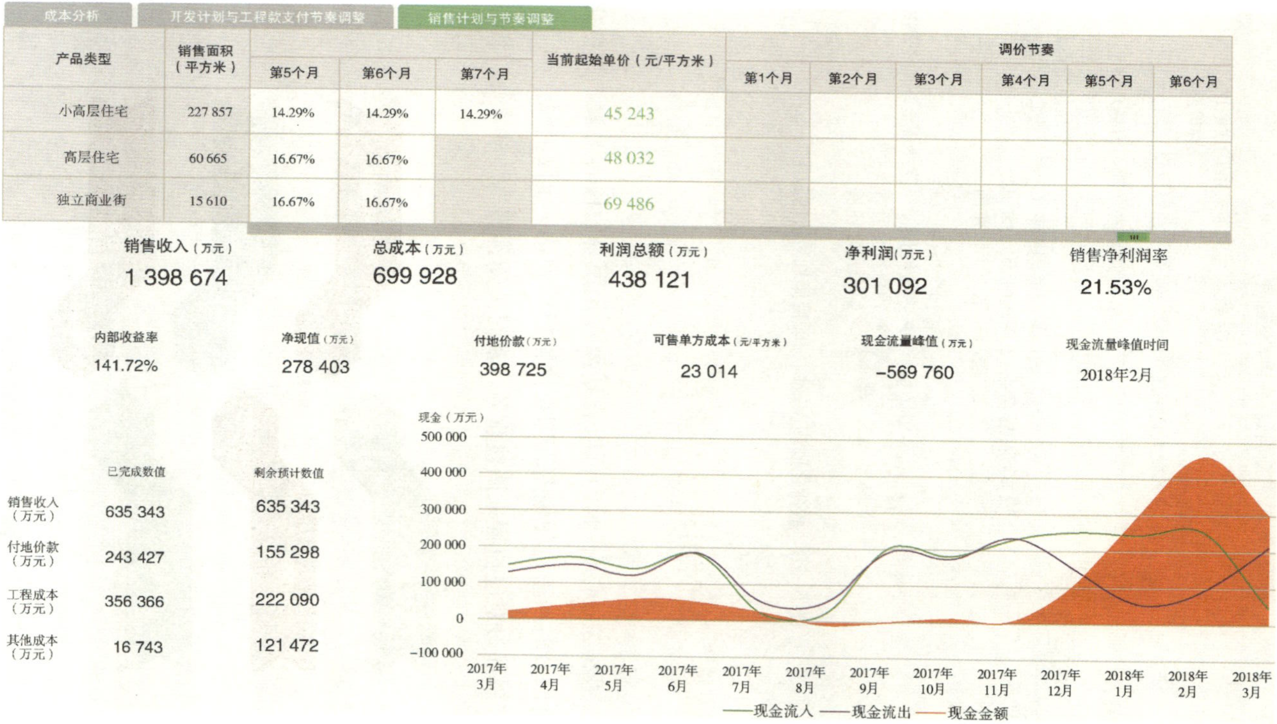

图 5-28 敏感性分析示例（销售计划与价格调查）

第五章 动态利润的 AI 决策

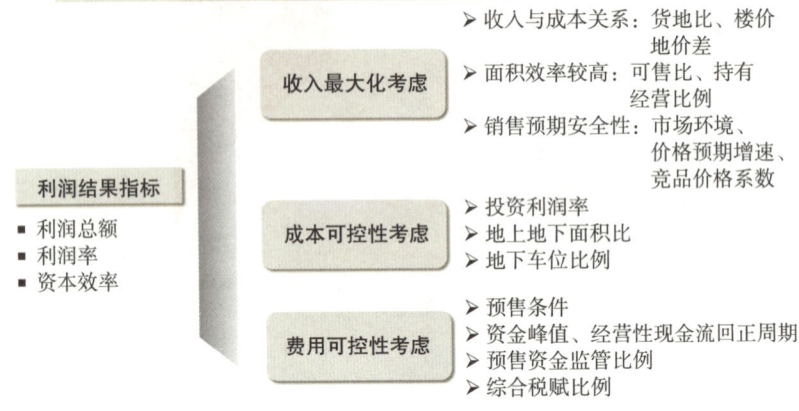

图 5-29 数智化预演在投资和项目策划阶段的应用

三、预警：及时纠正过程偏差

如图 5-30 所示，我们可以看到数智化预警的核心要素。数智化预警可以及时纠正过程偏差，即在预警指标到达一定阈值时，相关责任人可以通过对应流程来调整业务，及时关闭预警。

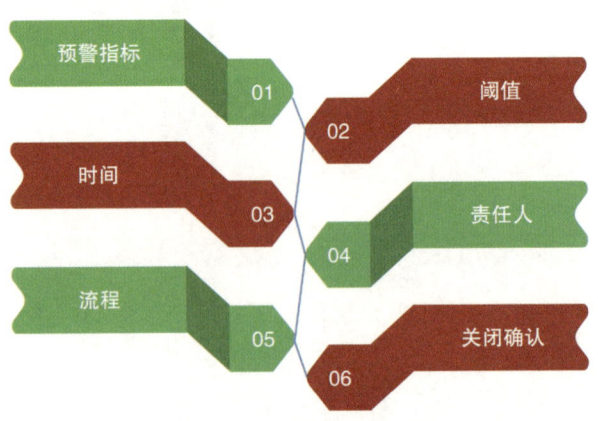

图 5-30 数智化预警的核心要素

如图 5-31 所示，S 企借助自身强大的测算模型，基本上靠结果类指标就可以实现经营指标预警。房企还需要了解在利润预警监控过程中如何对偏差进行溯源，而这一溯源过程就涉及利润项的指标拆解（见表 5-18）和风险寻源。

表 5-18 利润项的指标拆解

权益净利润	净利润	企业所得税	—	
		税前利润	营业收入	产品业态：多层/高层
			所得税前完全成本	—
	营业收入	合同销售	存量去化	存量去化率 × 存量货值
			新增去化	新增去化率 × 新增货值
		增值税	—	
	股权占比		—	

一般而言，房企可将利润的一部分先拆分为净利润和营业收入。

净利润又可以拆分为企业所得税和税前利润。因为所得税会受到利润、费用的反复影响，所以需要单独拆分出来。而税前利润又可拆分为营业收入和所得税前完全成本，后者可以跳转到前面的税前成本，然后进行具体科目的追踪。

营业收入可以按照业态进行拆分，这可以细化到某一个具体业态。同时，房企对营业收入进行了前置性跟踪，即向下可拆分为合同销售和增值税两部分。其中，合同销售为销售节点，即收付制下的收入节点，进而向下根据去化情况进行详细拆解。销售节点主要针对去化进行追踪，拆分出的合同销售部分又会拆分为存量去化和新增去化，存量去化再继续拆分为存量去化率和存量货值。一番操作下来，房企就完成了利润项的指标拆解，并形成了风险寻源路径。

预警阈值 / 审批动作

预警指标	四级预警（最低等级）	三级预警	二级预警	一级预警（最高等级）
货值变化	−1%<货值变化≤0	−2%<货值变化≤−1%	−3%<货值变化≤−2%	≤−3%
股东毛利率变化	−1%<股东毛利率变化≤0	−3%<股东毛利率变化≤−1%	−5%<股东毛利率变化≤−3%	≤−5%
股东净利率变化	−1%<股东净利率变化≤0	−2%<股东净利率变化≤−1%	−3%<股东净利率变化≤−2%	≤−3%
股东净利润额变化	—	该指标不设预警等级，但显示偏差流程		
经营性现金流回正周期延后时间	1个月	2个月	3个月	4个月及以上
未售预计均价高出已实现均价的幅度	5%~10%	10%~15%	15%~20%或低于已实现均价	20%以上

警告类别				
项目整体预警	弱警控	强警控	强警控	强警控

审批动作	审批级别	项目预警	项目团队	区域职能确认	区域总确认
	审批路径	—	项目团队	区域职能各职能负责人（财务、运营、营销）审批	项目团队、区域各职能负责人（财务、运营、营销）、区域总审批
辅助功能		搭建敏感性分析的进入通道，管理者可直接从预警展现看板进入敏感性分析模块，并可返回	若一个项目有多个指标预警，则以预警等级最高的指标所触发的对应流程进行审批		

选取维度 / 指标名称

规模指标		利润指标		周转指标	风险管控
货值变化	股东毛利率变化	股东净利率变化	股东净利润额变化	经营性现金流回正周期延后时间	未售预计均价高出已实现均价的幅度

> 均价细分至业态，而非项目整体的销售均价

图5-31 S企经营指标预警

不动产AI决策

四、预控：内设业务规则保证过程管理不失控

数智化预控可以把一些业务场景设置为标准动作，以保证利润管理过程没有遗漏。很多房企的利润管控动作可能有几百个，如果不固化这些动作，那么利润执行精细度和执行力会大打折扣。

如图 5-32 所示，与利润相关的执行层可分为量、价、速、费、存五个维度，每一个维度都有一些利润管控场景。例如，从销售价格的角度看，原来许多房企在销售价格管理上非常粗糙，最多只能做到底线管理，即房企确定一个均价（底线目标），低于均价要审批，高于均价则无人管理。

销售价格管理可以作为利润管理的第一个突破口，目前大多数房企在销售价格管理方面具有三个痛点。

其一，定价凭经验。通常，各阶段定价应结合竞品、产品力、经营目标等因素制定计算规则。但房企在实际定价过程中仍依赖营销条线的人为经验。

其二，底价强管控。房企主要以投研阶段结论、启动会审批均价，以及"均价＋调价"的审批方式为依据进行底价管控，忽视了超出底线部分的价格。

其三，调价无机制。调价主要依赖现场人员根据经验把控，缺少调价机制、管控机制和计算机制。

针对以上三个痛点，爱德数智运用数智化手段和工具为房企建立了一个定价模型。该模型基于历史数据，并结合市场数据对未来进行预测，通过 AI 系统在第一时间为企业提示风险，提供调价建议，从而帮助企业实现利润最大化并规避风险。

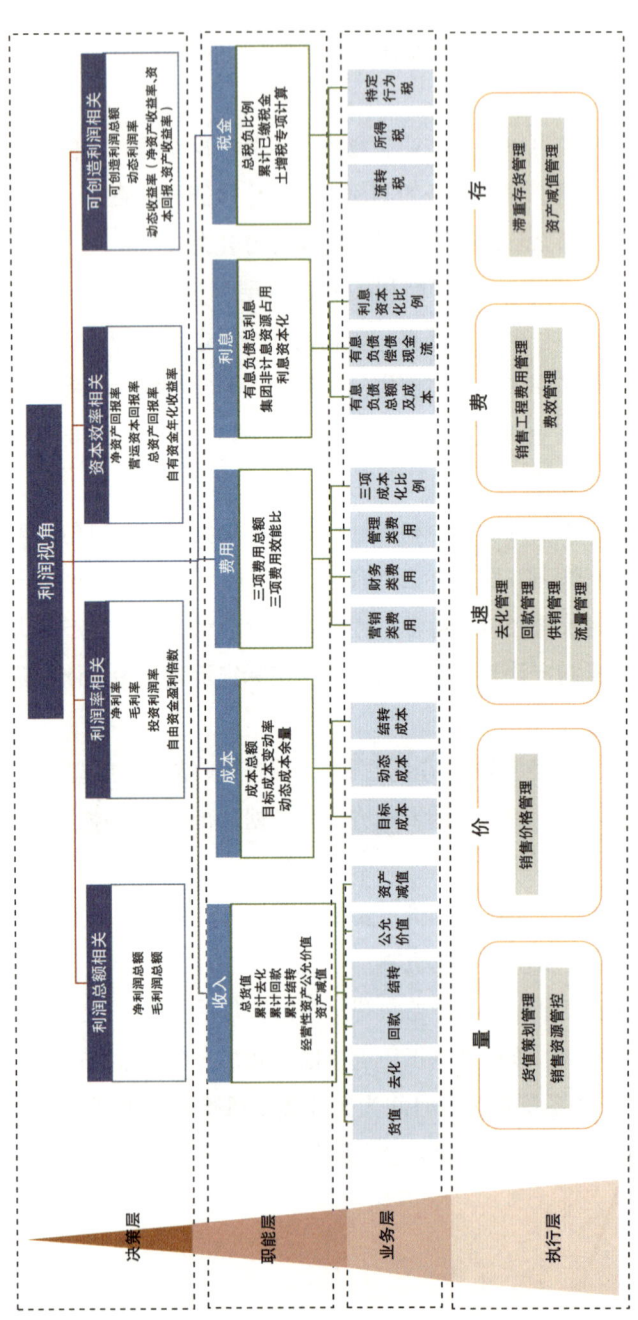

图 5-32 利润视角下的利润管控场景

如图 5-33 所示，关于销售价格管理，我们通过样本项目的定价模型举例说明。假设房企建立一个定价模型，把竞品动态、项目价格与利润关系、库存去化、区位、配套等一系列市场、自身、未来、动态等指标纳入其中。然后，房企通过这一定价模型，在房价年涨幅约 5% 的三线城市，四个月强销期内把平均价格调整次数由人为判断的每月 1.2 次，大幅提升至每月 3.1 次，最后按照 25% 的建议有效性计算，提升均价 7%~10%，提升利润 5% 以上。这样就把一个业务动作预设在利润管控体系中了，这对房企来说意义重大。

再以费用管控为例，通过营销费用对标报告，可以精准分析营销费用投放的历史数据，快速识别偏差项。需要注意的是，数据对标并不以诊断问题为目标，更多的是提供辅助决策的数据支持。同时，它也可以支持多维度的比较，比如城市、产品类型、时间周期等。这也可以通过业务场景的预设，让房企利润管控的执行力更强，管理更细致。

通过以上案例可以看出，数智化平台与利润管控方案的结合是大势所趋。数智化平台可以帮助房企在单项目测算平均时间、人员、经营线、人均效能方面提升效率，降低成本。同时，数智化平台也可以通过大幅提升经营目标达成率、项目效益来协助房企挖掘利润空间。另外，数智化平台还能有效提升项目预警次数、项目预警规定时间关闭率，让房企在利润管控过程中减少试错成本，最终实现经营效益的提升（见图 5-34）。

房企在搭建好利润管控体系后，通过数智化平台对利润管控赋能，可以大幅提升房企利润管控的效率与能力，真正实现利润管控的落地。

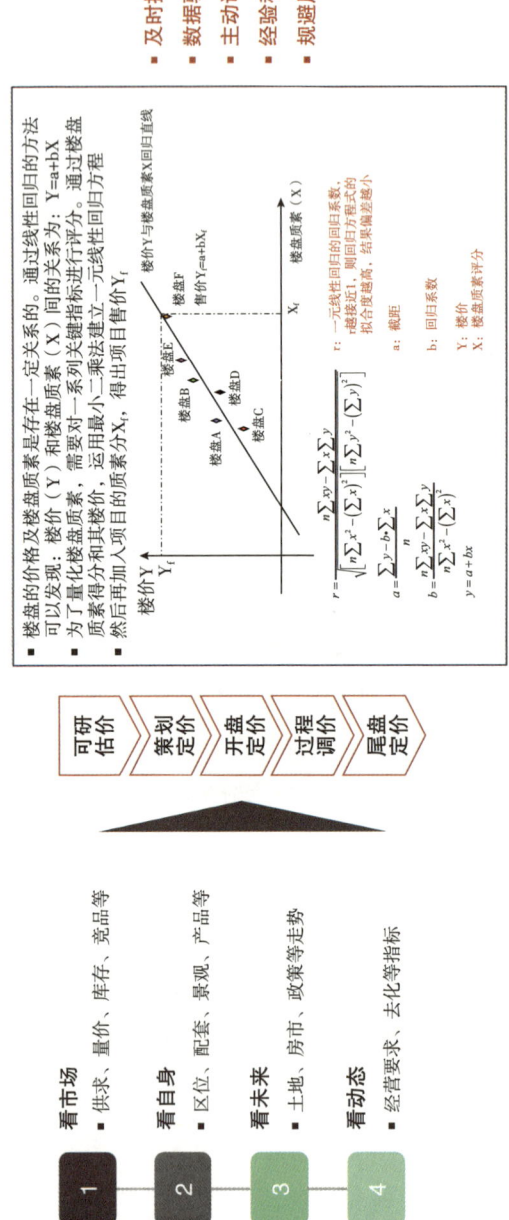

图 5-33 通过定价模型实现销售价格管理

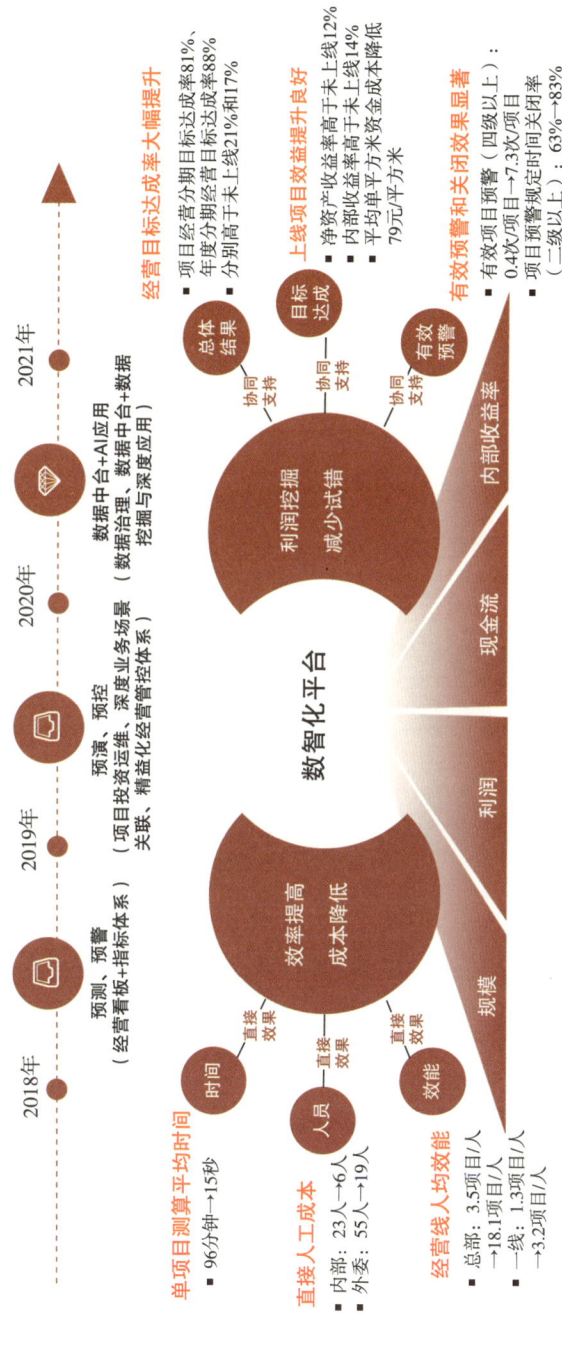

图 5-34 数智化平台的价值

第五章 动态利润的 AI 决策

第六章 资管企业的 AI 决策

资本与不动产一直都是合作共生的伙伴。随着不动产行业逐渐进入冷静期，资本方也愈发需要专业地、审时度势地选择交易对手，同时加强项目投资后的管理深度和力度。

在"选、募、投、管、退"的全生命周期投资流程管理中，许多投资方通过运用大数据、AI测算、远程数字监控等现代化工具手段，实现了投前预测、预演，投后预警、预控的深度管理。

投资管理的AI决策让投资全流程风险可控、利润可期、安全有序。

第一节
五维智能评测：全流程监控资产管理的盈利能力与风险系数

随着房企大规模的快速发展和不断扩张，房企对资金的需求日益增多，不动产开发项目的股权投资比重也在不断增加。基于此，不动产全生命周期投资流程管理的数智化工具对投资机构而言，就显得尤为重要。

一、国内金融机构不动产投资业务的现状

第一，在数据层面上，2020年不动产市场总投资额突破14万亿元，按70%融资比计算，市场有近9.8万亿元的资金缺口。如图6-1所示，基于宏观政策导向，债权融资渠道将面临持续收缩的局面，股

权投资渠道将迎来较大增长。

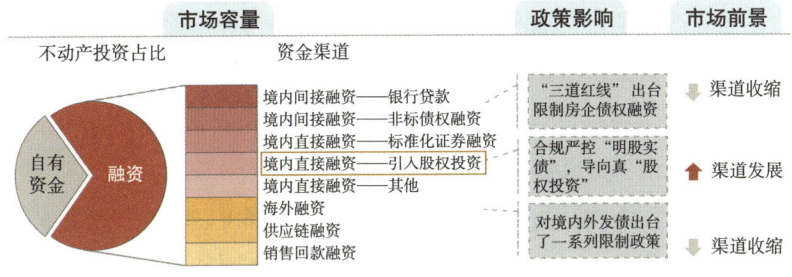

图 6-1　不动产投资业务现状分析

截至 2020 年年底，中国人民币不动产基金市场已有 3 018 支实体基金，由 770 家管理人发行管理，管理资金规模接近 2 万亿元。从基金管理规模看，地产基金约占私募股权、创投基金管理规模的 17% 左右。

第二，在投资市场上，金融机构更加重视不动产行业。不动产开发项目较于其他增值型地产基金的预期收益率都普遍较高，风险也相对可控。因此，金融机构对不动产（增量/存量市场）开发项目的投资意向较大。

如表 6-1 所示，股权投资不动产的项目类型一般包括开发类项目、重新改造项目和成熟运营项目。

表 6-1　股权投资不动产的项目类型

项目	开发类项目	重新改造项目	成熟运营项目
基金种类	开发类地产基金	增值型地产基金	核心型地产基金
预期收益率	18%+	13%+	6%~10%
管理难度	中	中	低
风险	中	中	低

开发类项目：在资金投放时，金融机构是管理方，而该项目处于开发建设阶段。开发建设到后期金融机构可以直接出售物业或持有运营。

重新改造项目：地产企业会对比较旧的楼盘进行重新改造，再进行后续的销售或运营管理，因此，项目获取时可能处于在建状态。

成熟运营项目：当管理方介入时，该项目已是成熟物业，因此，他们可以获取项目成熟运营的投资回报。

对于开发类项目和重新改造项目，管理方都可以获得股东借款回报及房产销售收入。成熟运营项目的主要收益来源是持续运营的租金收入，包括酒店运营收入、购物中心运营收入以及退出时的物业增值收入等。

由于开发和重新改造地产项目在管理方面难度较大，所以金融机构一般都从建设阶段介入。由于前期进入价格比较低，所以预期收益率相对来说比较高。对成熟运营项目来说，由于市场上成熟的资产标的比较少，后续现金流是可以预见的，因此，获取项目资产时价格也会比较高。

整体来看，所有不动产投资业务相较于其他行业的投资来说，具有收益相对稳定、高效的特点。相较于私募股权投资业务，它的管理难度低，风险也相对可控。因此，不少金融机构及投资者愿意进行不动产业务投资。

第三，在商业模式上，国内不动产金融的商业模式已经发生转变。如图 6-2 所示，受政策影响，金融监管愈发严格，投资机构业务由以债权投资为主逐渐转向以股权投资为主。

股权投资收益与经营结果直接相关，对投资机构"选、募、投、管、退"中的"选——项目筛选""管——投后管理"有较高的专业性要求，而投资机构在人才储备和管理经验上严重不足。

基于此背景，金融机构作为资金管理人，从筹集资金到撤资退出的投资运作共分为以下五个阶段。

	现状	趋势
投资机构	私募基金公司、信托公司	私募基金公司、信托公司、公募基金公司
投资途径	有限合伙房产基金、集合资金信托计划等	有限合伙房产基金、集合资金信托计划、房地产信托投资基金等
介入方式	债权、债权+股权	股权、债权+股权、资产包受益权
收益模式	以固定收益为主	以浮动收益为主
管理模式	重点过程、财务专业弱化管理型	全过程、全专业强化管理型

图 6-2　国内不动产金融的商业模式的现状与趋势

如图 6-3 所示,金融机构首先向投资人募集不动产资金,然后寻找和筛选标的项目,详细评估标的项目,投资后对标的资产进行监督,最后撤资退出。

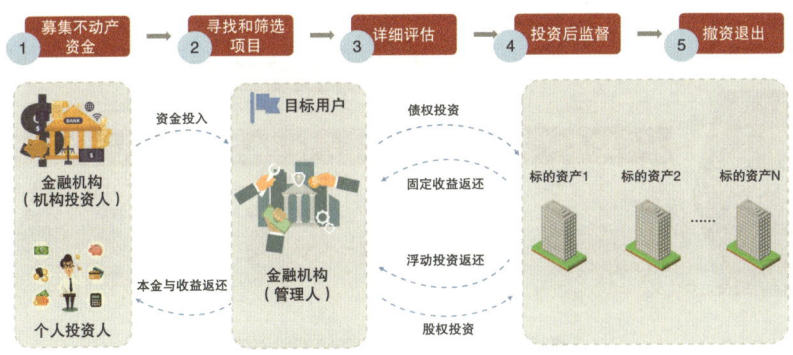

图 6-3　金融机构投资业务运作模式五个阶段

第一,筹集资金。地产企业通过向合格的投资人路演产品,筹集资金。

第二,寻找和筛选项目。第一个阶段和第二阶段一般可以合并,资管公司一边募集资金,一边寻找合格的投资标的。

第三,详细评估。筛选出一定数量的拟投项目后,信托公司或基金公司的投资部以及相关协同风控部门，会对项目收益和风险情况进行详细评估。如果风险和收益达到平衡，它们才会对这种有潜力的项目进行投资。

第四，投资后监督。资金投放到项目后，管理方有投资后监管的职责，以保证投资人的本金和收益达成。

第五，撤资退出。存续期结束后，会有一个撤资退出的环节。

二、三大管理价值：不动产投资业务管理的重点指标分解

如图6-4所示，不动产投资业务管理的价值主要有三点：一是提升投资决策能力，二是保障底层资产盈利能力，三是提升整体风险管理能力。

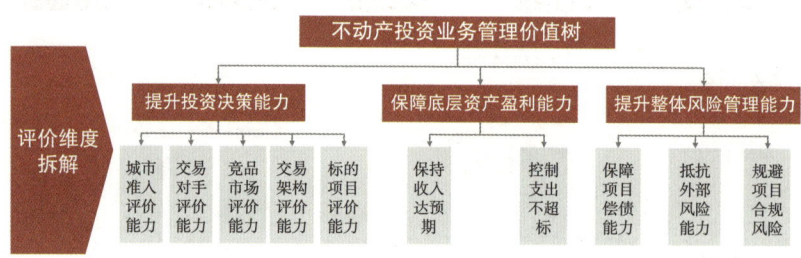

图6-4 不动产投资业务管理价值树

1. 提升投资决策能力

如图6-5所示，金融机构常用五维评测体系辅助投资决策。金融机构会利用大数据服务，结合评价模型，从城市准入、交易对手、交易架构、竞品市场、标的项目五个维度，审视投资项目的盈利能力与风险系数。下面重点阐述前三个评测体系。

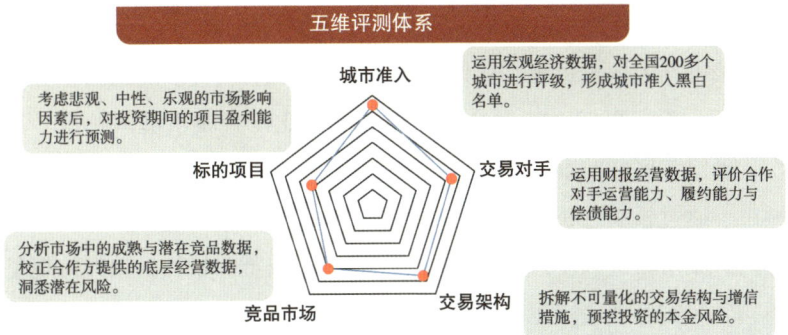

图 6-5　金融机构五维评测体系

第一，城市准入评价维度，详见表 6-2。

表 6-2　城市准入评价维度表

评价维度		评价指标
房地产市场基本面	地产发展现状	商品住宅销售面积、商品住宅销售额、商品住宅销售均价
	增长性	商品住宅价格近三年年均涨幅
	发展潜力	城镇化率、土地去化周期、进入十五强房企的数量、人均可支配收入／商品房销售均价
经济基本面	财富	名义 GDP、人均 GDP、真实 GDP 增长率、城镇居民人均可支配收入、城镇居民人均消费支出等
	人口	人口数量、城市人口净流入数、城市人口自然增长率
	就业	第三产业 GDP 占比、年营收超过 500 万人民币企业数量等
	基础设施建设	公共交通工具数量、公交车乘客吞吐量、飞机航线乘客运载量等

在城市准入评价方面，房地产开发商对于新进入的城市有一套自己的评价逻辑。对于投资人而言，通过对项目所在地的准入实现风险的预控，并分析当前城市的房地产市场基本面和经济基本面，来评价

第六章　资管企业的 AI 决策

所在城市的投资潜力和投资风险。

城市准入评价逻辑主要包括以下几个方面：首先，将城市划分为Ⅰ、Ⅱ、Ⅲ、Ⅳ四个区间，风险控制部据此设置城市准入标准。其次，确定各区间的准入情况：区间Ⅰ内的城市禁止进入；区间Ⅱ内的城市，通过板块分析，筛选出优质板块的优质项目再进入；区间Ⅲ与Ⅳ内的城市可进入。最后，影响不同因子的权重和指标的选择体现了不同公司的管理底层逻辑。

第二，交易对手评价维度，详见图6-6。

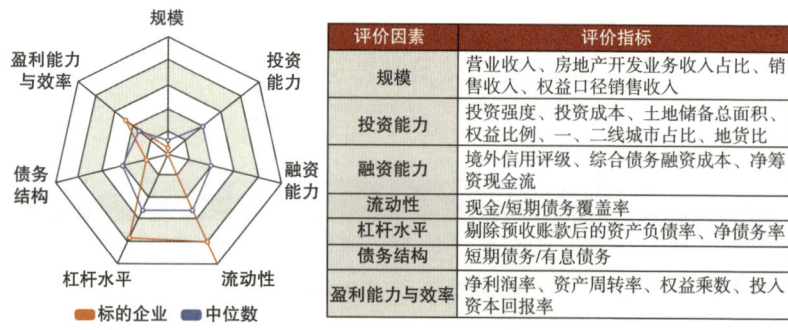

图6-6　交易对手评价维度

在交易对手评价方面，投资方在投资前通过对交易对手的筛选实现风险的预控，从七个维度评价交易对手对项目本金的最终保障能力。比如，参考国内前十强、前五十强、前一百强房企对应的财报数据，并对标项目交易对手进行评估。通过参照房企中位数，获知交易对手在各个维度上的相对水平。

第三，竞品市场评价维度，详见表6-3。

表 6-3　竞品市场评价维度表

评价维度	评价指标
售价维度	与区中心距离、区域规划、景观资源、项目规模、整体规划、产品品质、园林景观、外部配套、社区配套、城际交通、市内交通、开发商品牌、物管品牌
去化维度	开盘首月去化速度、前三个月去化速度、当前去化速度

在竞品市场评价方面，投资方通过将标的项目与竞品项目类比，规避交易对手提供不合理经营计划数据以遮盖其实际经营情况的风险。

比如，当操盘方提供的经营数据与实际数据有较大差异时，投资方通过对比标的项目与同类竞品或周边竞品项目的经营数据，避免被欺瞒的风险。因此，投资方会重点关注售价和去化两个核心指标，分析当前项目的收益及盈利能力，从而对标的项目进行相应的评价。

竞品市场评价对本项目的校正逻辑主要体现在以下两个方面：首先，投资方挑选影响售价的因子，并将标的项目与竞品项目纳入评分体系，比对标的项目和竞品项目在影响因子上的优劣程度，通过竞品项目售价估算标的项目的售价。其次，投资方通过售罄和在售竞品项目的去化速度、去化周期以及与标的项目的类似程度，对本项目的去化速度进行估算。

2. 保障底层资产盈利能力

资产管理者主要通过收入及支出两个抓手对项目进行动态运营监控。如图 6-7 所示，这个逻辑体系与地产企业逻辑体系的区别在于它们的管理视角和管控颗粒度有一定的差异。如图 6-8 所示，以控制支出为例，不同类型的管理机构按不同指标层级对投资项目进行管控。

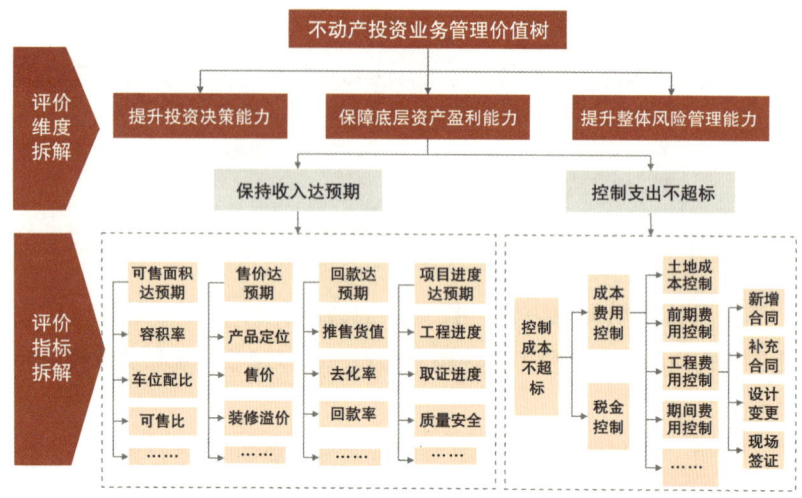

图 6-7　收入与支出评价指标体系

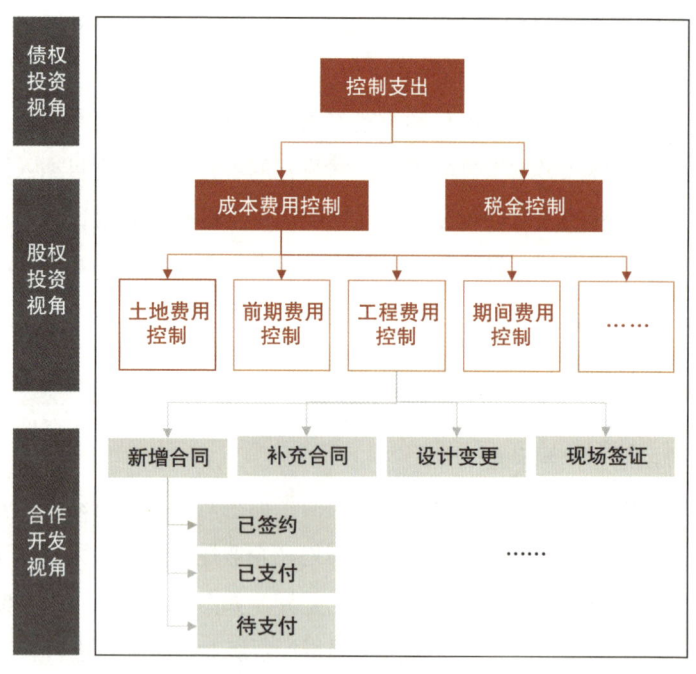

图 6-8　不同投资视角下控制支出的指标体系

222　　　　　　　　　　　　　　　　　　　　　　　　　　不动产 AI 决策

第一，从债权投资视角，对成本支付节奏进行控制。

对于债权投资项目，投资人的收益是到期的固定收益，因此，被投资项目需保证定期刚性兑付利息与本金。成本的管控要点在于，保证存续期内经营性支出现金流符合预期，而对成本总额是否超标不予关注。

第二，从股权投资视角，对一级成本科目进行管理。

对于股权投资项目，投资人更像是开发商的角色。投资人的收益来源是退出时的模拟清算净利润，因此，成本总额直接影响项目可分配利润。所以，成本管控的要点在于，保证一级成本科目总额符合投前测算标准。

值得注意的是，投资人的视角与开发商不同，投资人关注的是一级科目，其管控成本的颗粒度不会到四、五级科目。

第三，从合作开发视角，对合同进行管理。

对于合作开发模式，投资人定向对某一个项目进行相应的投资。管理方利用自有资金入股进行合作开发，在可分配利润达预期的管控基础上，获取超额收益。管理方要求识别和规避合作操盘方通过关联交易，来转移项目利润的风险。管理方对于项目成本管理的颗粒度达到合同颗粒度，甚至在每一份合同审批时，合作方都会有一个审批环节。

3. 提升整体风险管理能力

金融机构重点关注保障项目偿还债务能力。

如图 6-9 所示，保障项目偿债能力类似于抵抗外部风险能力，可以规避项目中的一些不合规行为等。这一能力包括本金保障能力、公司偿付能力、公司综合能力、项目增信措施四项能力。

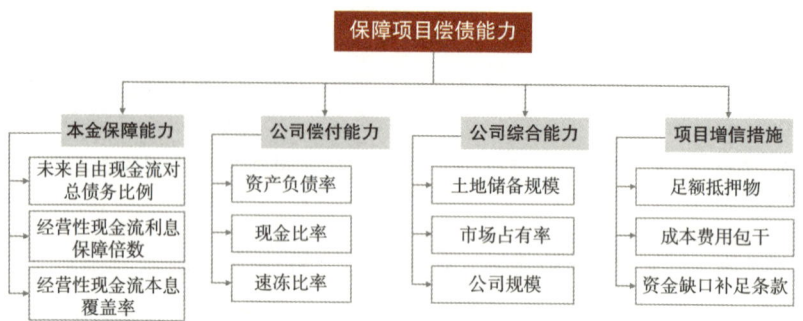

图 6-9 保障项目偿债的四项能力

三、解决方案：不动产投资数智化的技术实现

如图 6-10 所示，爱德数智对不动产投资业务数智化解决方案提出七个方面的原则。

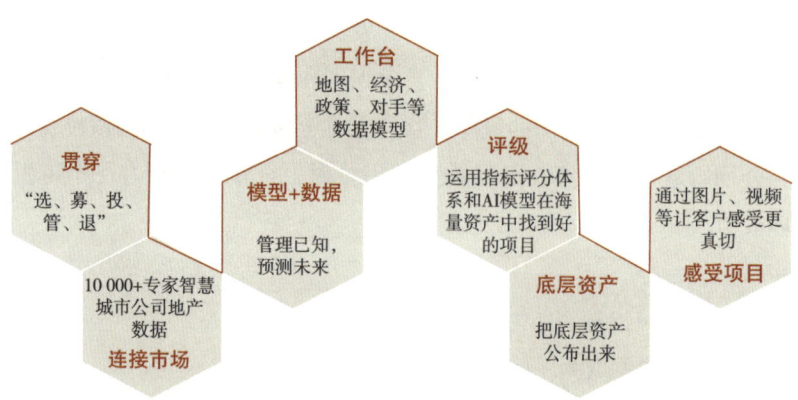

图 6-10 不动产投资业务数智化解决方案的七项原则

一是，贯穿。数智化需要贯穿项目"选、募、投、管、退"的整个过程，这是一个核心原则。

二是，连接市场。通过数智化连接相应市场数据，这是整个监管工具中的大数据支撑。

三是，模型+数据。金融单位有自己判断或决策的模型，而"模型+数据"就是金融机构决策的基础工具。

四是，工作台。金融单位监管等相关工作人员在使用工作台时，围绕相应的模型和数据开展其日常工作。

五是，评级。运用指标评分体系和AI模型在海量资产中快速找到好项目。

六是，底层资产。外部投资者通过数智化系统，来了解底层资产的详细信息。

七是，感受项目。通过图片和视频，让投资人能够看到和听到项目实况，切实感受到资产管理项目。

如图6-11所示，是爱德数智对金融机构不动产投资的数智化技术的实现内容。

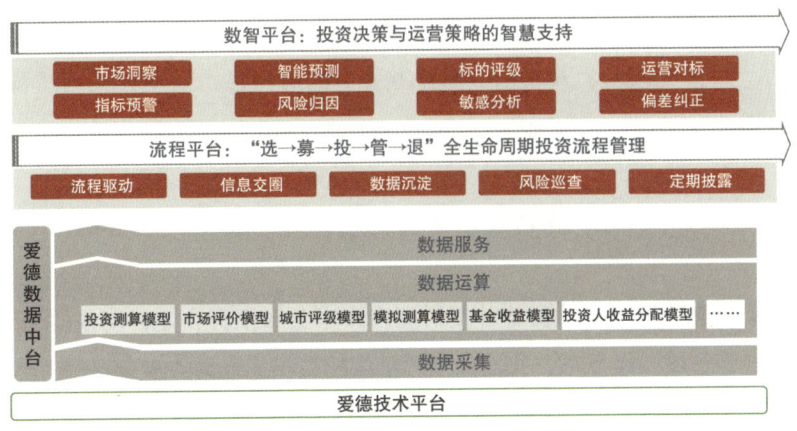

图6-11　爱德数智对金融机构不动产投资的数智化技术的实现内容

爱德数据中台部分包括金融机构业务使用的所有评价模型、底层数据来源、数据沉淀。爱德数据中台是数智化平台提供决策支持的核心来源，支撑了平台全生命周期投资流程的管理工作。

这个数据中台与房地产企业所认知的数据中台有所不同。房地产企业理解的数据中台主要是结合现有的 ERP 业务系统，对实际操盘时已发生的数据进行整合，统一口径，统一标准，以支撑房地产企业的经营管理或项目运营。

对于金融机构来说，爱德数据中台的核心先是投资决策、投前判断，以及宏观市场上的数据积累，然后是对投资流程和决策所用工具进行管理。

在这一技术层面上，爱德数智提出了不动产投资项目监管平台的解决方案，包含流程高效驱动和数据智慧管理两大核心部分。

如图 6-12 所示，是不动产投资管理数智化平台全景规划，其中底层是数智化管理的业务，围绕标的项目先进行"选→募→投→管→退"的全生命周期基金管理，再到投前管理，以及投后管理。这部分的核心是整体全流程管理，这需要使用评价模型、决策模型，以支撑项目的投前决策，以及项目投后的经营监管。最后是以不同的视角，如投资人、个人股东、操盘方等不同的角色，呈现相关的经营数据。

四、项目实践：数智化经营平台赋能信托与基金领域

爱德数智已成功实施并交付国内多家头部投资企业，涵盖信托、基金等领域。接下来，我们分享两个信托类和基金类的实践案例。

1. 头部信托公司 AB 企，管理资产逾 6 000 亿元

受监管政策的影响，不动产债权投资业务大幅向不动产股权投资业务转移。为了保证发行产品的收益率，并维持行业口碑，客户要求

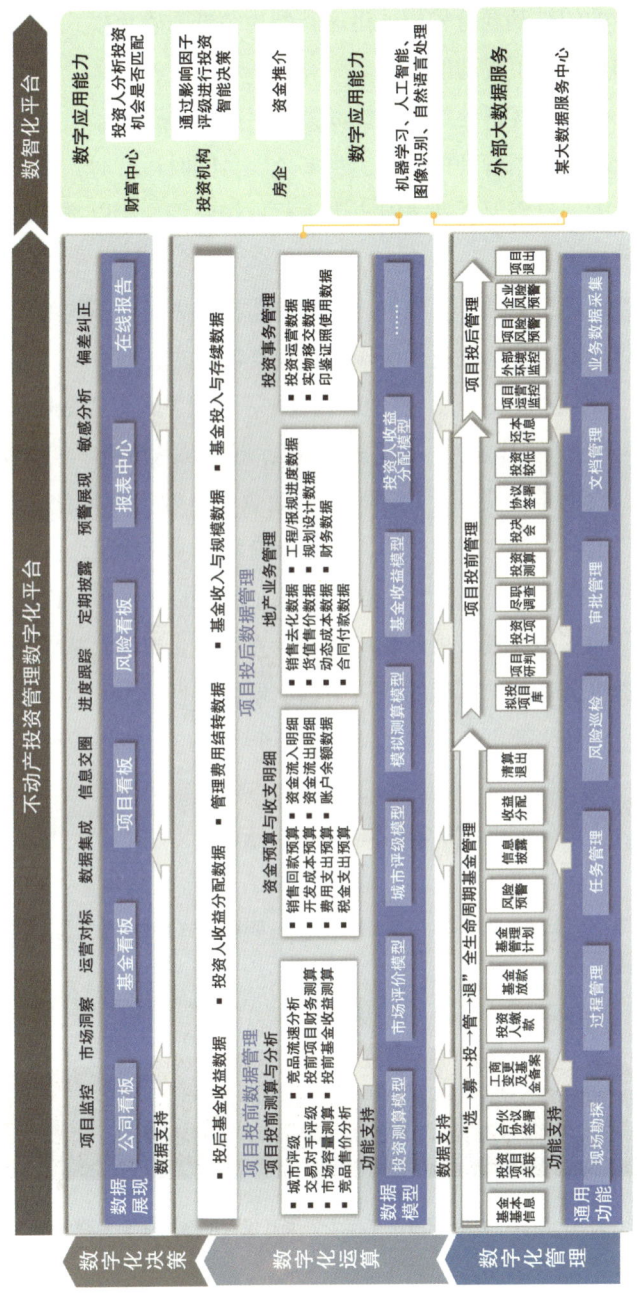

图 6-12　不动产投资管理数智化平台全景规划

第六章　资管企业的 AI 决策

由对投资标的的被动弱管控模式迅速转型为精准强管控模式，这对数智化经营平台提出了更高的要求。

目前，信托类客户的数智化投资决策存在四大痛点。

第一，缺乏数据管理的支持。当多个项目同时运营时，由于时间紧、工作量大，且需要耗费大量人力进行现场监管，所以难免出现疏漏，影响投资决策。

第二，缺乏智能预警。当缺乏自动的巡检能力时，不同部门接收到的风险信息不同步，也就无法输出对投资收益的决策策略。

第三，流程执行效率低。在监管过程中，沟通方式主要是邮件和报告。由于资料整理工作量大，容易缺项漏项，所以大大降低了工作效率。

第四，数据难以交圈。由于监管报表繁多，数据碎片化且割裂，所以难以找出各数据之间的联系，无法准确判断项目状况。

如图6-13所示，爱德数智在制定解决方案的过程中，以围绕信托经理日常的工作场景来展开相应的设计为核心。比如，从信托经理前期的投资机会管理，到标的项目筛选、现场信息采集、尽调报告在线填写，直到最终评审决策信息留痕这五个维度进行规划设计。

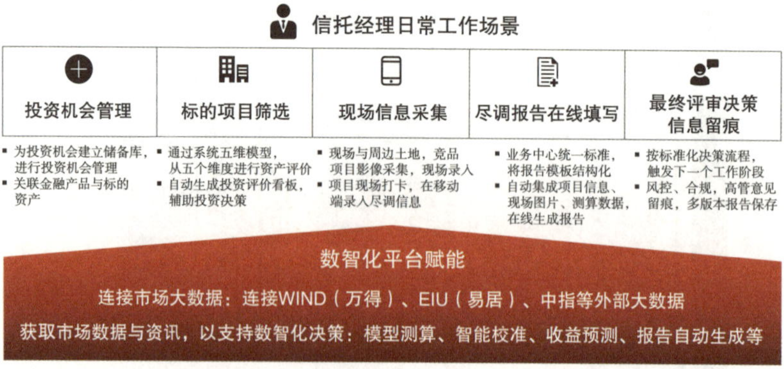

信托经理日常工作场景				
投资机会管理	标的项目筛选	现场信息采集	尽调报告在线填写	最终评审决策信息留痕
・为投资机会建立储备库，进行投资机会管理 ・关联金融产品与标的资产	・通过系统五维模型，从五个维度进行资产评价 ・自动生成投资评价看板，辅助投资决策	・现场与周边土地、竞品项目影像采集，现场录入 ・项目现场打卡，在移动端录入尽调信息	・业务中心统一标准，将报告模板结构化 ・自动集成项目信息、现场图片、测算数据，在线生成报告	・按标准化决策流程，触发下一个工作阶段 ・风控、合规、高管意见留痕，多版本报告保存

数智化平台赋能

连接市场大数据：连接WIND（万得）、EIU（易居）、中指等外部大数据
获取市场数据与资讯，以支持数智化决策：模型测算、智能校准、收益预测、报告自动生成等

图6-13 围绕信托经理日常工作场景展开设计的数智化平台赋能

爱德数智的数智化经营平台赋能主要体现在两个方面：一是连接市场大数据，实时获取最新市场信息，以支撑数智化经营平台对标的项目的五个维度评价；二是支持数智化决策，对标的项目进行投后监管，且提供相应的决策支持，比如模型测算、智能校准、收益预测、自动化报告等一系列工具。

最终，数智化经营平台帮助信托公司实现了两个核心价值：一是利用大数据服务，结合智能模型，从五个维度审视标的项目的盈利能力与风险系数；二是通过数据沉淀、机器学习、模型训练，分析影响因子权重，输出智能投资策略。

2. 综合金融服务集团 Z 企，拥有万亿级资产规模

该基金公司主营业务是集团的不动产投资业务和专业的投后管理。在集团的多项不动产投资标的面临无法兑付的风险后，集团要求金融产品管理模式向主动管理型基金转型，基金类客户急需专业的数智化管理平台，以辅助其实现业务管理升级。

如图 6-14 所示，从基金经理的工作场景可以看出，基金类与信托类数智化平台的区别。在标的资产投后监管的管理深度上，基金类公司比信托类公司更深，颗粒度更细。从基金经理的现场业务管理、动态收益监控、资产经营预警、现场信息采集、监管报告在线填写五个工作场景上看，其业务角色比较贴近于地产开发企业的项目经理。

对于基金公司，数智化管理平台赋能主要体现在两个方面：一是管理增效，二是智能预警。

最终，该基金公司搭建的平台实现了两个核心价值：一是一体化投后管理平台将原本割裂的投后现场前台、运营中台、管理后台的工作进行了串通，用轻量化的配置实现"较操盘退一步，较投资进一步"的不动产投资投后主动管理。二是通过自然语言处理、图像识别、自动巡检现场影像、行业新闻、协会披露等数据，智能预警投后

风险。

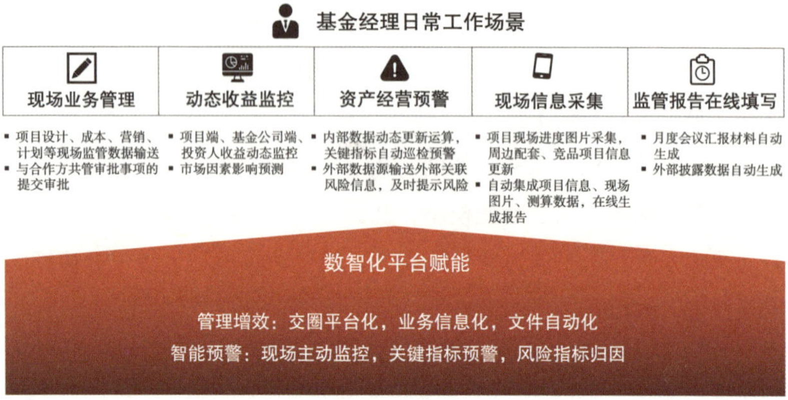

基金经理日常工作场景

现场业务管理	动态收益监控	资产经营预警	现场信息采集	监管报告在线填写
・项目设计、成本、营销、计划等现场监管数据输送 ・与合作方共管审批事项的提交审批	・项目端、基金公司端、投资人收益动态监控 ・市场因素影响预测	・内部数据动态更新运算，关键指标自动巡检预警 ・外部数据源输送外部关联风险信息，及时提示风险	・项目现场进度图片采集，周边配套、竞品项目信息更新 ・自动集成项目信息、现场图片、测算数据，在线生成报告	・月度会议汇报材料自动生成 ・外部披露数据自动生成

数智化平台赋能

管理增效：交圈平台化，业务信息化，文件自动化
智能预警：现场主动监控，关键指标预警，风险指标归因

图 6-14　围绕基金经理日常工作场景展开设计的数智化平台赋能

数智化平台通过赋能经营和管理，帮助业务管理实现现场业务管理、现场数据收集、现场影像收集；帮助运营管理实现项目盈利预控、项目风险预控；帮助决策管理实现投入动态收益预测、回报率预测、市场因素变动调整预测。

第二节
业务难点：不动产投资的痛点及风险管控

管理人获得了投资人的投资本金，将其投向不动产领域。这种投资行为可以分为债权投资和股权投资两种。

债权投资通常是固定收益。投资人的资金进入金融机构后，不同的金融机构会有不同的产品类型。比如，信托资金计划以及私募基金发行的部分产品，都是以资产集合的方式投资项目。债权投资需要到期按一定利率还本付息，即金融机构再将本金和利息返还到投资人手里。

股权投资则是金融机构把资金以收购项目公司股权的方式，完成对不动产项目的投资。因为股权投资的收益是浮动的，所以金融机构既不能保证自己获得固定收益，也不能向投资人承诺固定收益。股权投资的利润多少取决于项目经营的好坏。最终金融机构根据同股同权或同股不同权的方式，将利润分给投资人。而金融机构则收取一定的管理费或超额收益。

一、投前：风险难识别，投资测算不精准

在整个运作模式中，金融机构因缺乏开发经验和数据积累，在投资开发项目时常遇到障碍。

1. 成本黑箱问题

由于缺乏住宅、商业地产以及产业园、工业园、物流仓储等泛不动产开发经验和数据积累，金融机构在面对开发型项目时，会面临开发成本的黑箱问题。比如，难以确认开发商上报的成本标准的合理性。

金融机构会安排相应的成本专员对项目成本进行审核。而项目类型较多，包括住宅、商业、购物中心、工业园、物流仓储，甚至是基础设施，如公路或地铁、光伏电站等。临时招聘的成本专员的专业经验不足以覆盖不同类型的投资标的的成本概算。

由于前台的项目人员专业知识难以有效传递至管理后台，所以成本黑箱问题成了金融机构在接触开发型不动产项目时的一大难点。资管公司发行的产品都是封闭式管理的，如果工程成本超出了前期预算的总金额，那么管理人无法追加投资。由于他们无法追求前期投入的确定性，所以成本不透明的风险会导致金融机构对于开发该类项目望

而却步。

2. 投资红线问题

金融机构虽然在住宅类项目上具有相应的开发经验和数据积累，但对泛不动产，如商业写字楼、基础设施、物流仓储、工业园等项目进行投资时，远不如开发商、建造商、运营商了解开发运营过程中的运营风险、市场风险和财务风险。

因此，他们在前期筛选标的项目时，无法得到完整而准确的红线指标和指标阈值，不能明确可以通过哪些领域的具体指标来判断这个项目是否有风险，是否可投。

3. 测算模型标准化问题

投资标的项目不同，每一种类型的投资标的项目测算也会呈现出不同的效果，金融机构进入的阶段也就不同，有的是在开发阶段（如一级土地整理、拿地、项目开发建设等阶段）进入，有的是在运营阶段进入。

金融机构在投资时，会与当地政府或合作方达成不同的合作条件，或以不同的股权价格作为交易条件。因此，在前期投资测算时，会出现一人一模型或一项目一模型等情形，这对投资测算的准确性、效率、适用性和经验的传递都会产生较大的影响。

二、投后：管理不透明，收益和现金流易失控

股权投资并不能给不动产投资业务的收益和现金流提供保障。这种失控风险对标的资产的投后管理至关重要。

开发型项目一般由基金管理方、金融机构与开发商合作完成，但主要由后者操盘。金融机构派驻场监管人员或委托第三方监管机构

进行监督管理。长期运营资产通常由专门的项目公司或合资公司进行管理。

通常来说，金融机构不会是主要的管理经验输出方，而是借助外部经验，通过第三方进行底层资产管理，这是因为一旦信息不通畅、管理不透明，就容易造成收益和现金流回笼的失控。

1. 市场风险和运营风险

当行业的政策或法规对原有交易结构产生影响，可能会导致标的资产收益与预期收益发生较大偏差。在开发或销售过程中，资产的管理人或操盘方对市场的预判不准确，选择的开发策略或销售策略有误，可能会导致存货积压或回款不力。这使得现金被占用，从而导致资金链断裂，进而影响后续经营，甚至给投资人的还本付息和预分配带来风险。

2. 第三方管理风险

由于采用合作管理模式，且金融机构管理人员的专业能力有限，所以一旦涉及项目管理中与资金支付或合同审查等专业有关的共管问题，这些现场管理人员可能无法立即发现其中的不合理风险。由于缺乏项目管理经验，这使得中后台的项目人员难以从财报中发现项目的经营状况问题或财务状况问题，无法及时提醒项目公司启动能够保证收益的增信措施。

在整个合作过程中，操盘方的话语权较弱。操盘方即使明显地意识到行为是不合理的，也无法制止，这就是第三方管理的风险。

3. 利益转移风险

在共同操盘的项目中，通常合作方也是项目股东。操盘方可能会通过一些关联交易的方式逐步转移项目利润，导致销售收入低于预期或成本大幅超出预算。

项目股东也可能会将资金进行拆借，以用于其他项目。而当资金不能及时返还时，投资标的项目账户余额不足。这就是合作方共同操盘项目时面临的利益转移风险。

三、狭义不动产投资的业务痛点及风险管控策略

广义的不动产业务，既包括住宅和商业，又包括工业园、产业园等新型不动产业务。狭义的不动产业务，即常见的住宅、商业公寓等。

对狭义的不动产投资业务模式进行分类不是必需的。因为债券项目无论属于哪种类型，对后续的运作和经营管理的影响差别不大，所以一旦涉及分类，一般是指股权投资项目。对这类项目而言，进入的阶段不同、项目类型也不同，对后续的运营管理及收益产生的影响也就大不相同。

1. 三大痛点：投资规模大，影响因素多，专业性要求高

这种狭义的不动产投资业务，也有三个痛点。

第一，投资规模比较大。无论是开发类项目，还是成熟运营项目，金融机构都需要收购30%~70%的项目股权。这要求金融机构对单个项目投资要达到几亿甚至几十亿元的规模，对资产包的投资甚至要达到上百亿元。

第二，影响因素比较多。开发类和销售类项目既受市场和政策等因素影响，又受开发过程中管理经验等方面的影响。

第三，对管理方业务的专业性要求比较高。对投资方来说，收益和管理经营水平直接挂钩，而所有环节环环相扣，从拿地、设计、工程施工到后期销售，一个环节出现偏离就会引发连锁风险，这对管理方提出了较高的专业性要求。

2. 三大策略：本金风险管控、道德风险管控、外部风险管控

基于以上管理痛点，金融机构通常会采取以下三大策略。

第一，要做好本金风险的管控。针对标的资产，金融机构在监管过程中发现其经营状况比较差时，要及时采取手段，锁住收益，并保障本金的返还。

第二，做好交易对手道德风险的管控。在监管过程中，金融机构要实施对交易对手的监管，避免其进行利润转移，从而损害己方以及投资者利益。

第三，做好外部风险的管控。金融机构实时监管投资标的的实际控制人及其关联方。如果他们有出险情况，会影响本项目的收益。

资产管理公司的不动产投资业务要通过预测、预控、预警等手段，以及提升管理人的管理水平，来保障投资人利益。

第三节
预测：经营计划、现金流和收益预测

管理方对市场上各类因素对投资收益的影响进行预测，以便于及时进行管理操作。同时管理方通过对投后现金流的预测，预判资金风险，避免投资收益无法按期分配的风险。

一、预测逻辑：支持投资决策和管理决策

如图 6-15 所示，在"选→募→投→管→退"的全生命周期投资流程管理中，最需要数据分析能力的环节是投前筛选和投后管理两个环节。这两个核心环节可通过对多方投资收益的预测，提供投资决策和管理决策支持。

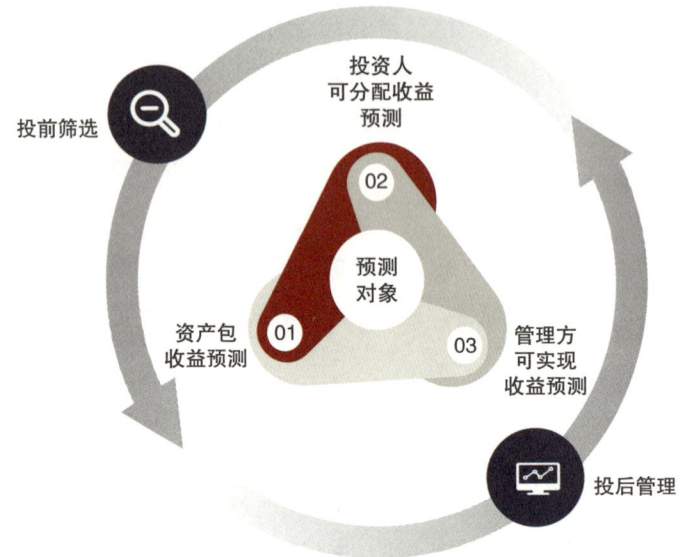

图 6-15　收益预测模型

1. 三方收益预测

无论是投前筛选阶段，还是投后管理阶段，预测的核心内容都是收益。预测的整体逻辑表现在三个方面：

第一，资产包收益预测。资产包是产生收益的底层资产，对它的收益进行预测就是对整体收益进行预测。

第二，投资人可分配收益预测。投资人可以分成不同的等级，比如优先级、中间级和劣后级，不同级别的投资人有不同的利益分配顺序和比例。对于投资同一个信托计划或基金产品的投资人而言，也会有不同的收益分配机制。

第三，管理方可实现收益预测。对信托计划来说，它就是信托公司，对基金产品而言，它就是基金管理方，他们会有固定的管理费收益。如果项目管理方有跟投，也会有部分跟投收益。当运营的底层资产超过预期约定的门槛收益后，管理方也会获得部分超额收益的分配。

如图 6-16 所示，从整体逻辑来看，要完成三方收益预测，就需要在底层资产经营计划预测的基础上完成对经营收益和现金流的预测。

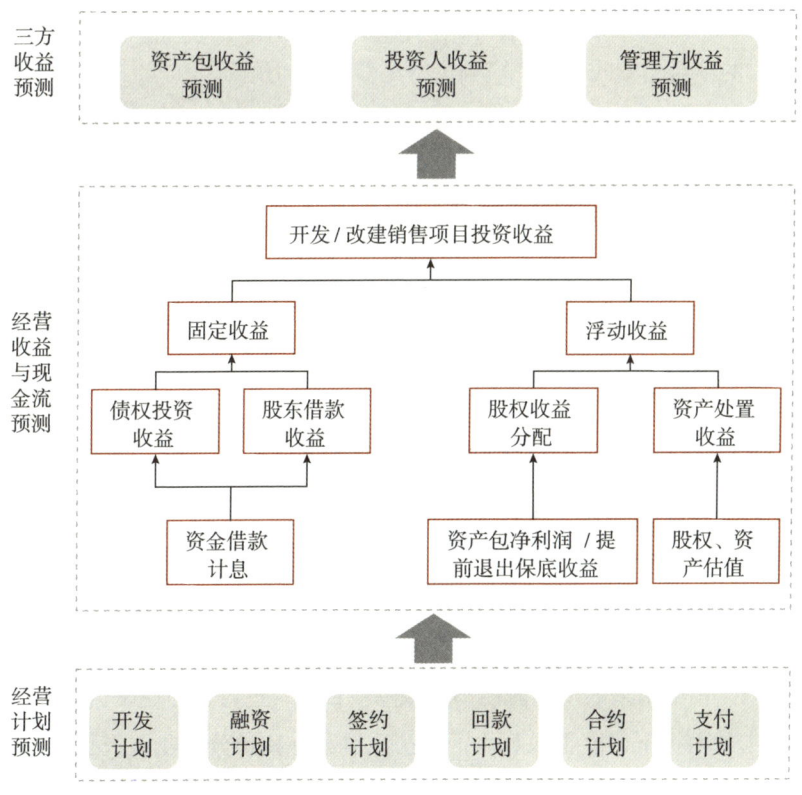

图 6-16　三方收益预测的整体逻辑

三方收益包括资产包收益、投资人收益、管理人收益。其中，单个标的资产的收益是进行三方收益预测的基础。

2. 单个标的资产经营收益预测

三方收益预测的内容主要是完成资产包、投资人和管理方的收益预测。这些收益的来源是单个标的资产，既有固定收益，也有浮动收益。

固定收益是投资人以债权的方式投入，按照合同约定的利息率和借款时间，进行固定的利息计算和本金返还。这部分是固定收益，可以不用预测。

浮动收益与项目的最终经营结果挂钩，因此，要预测投前直至退出时的项目经营收益首先应当进行经营计划的预测。

另外，受环境等因素影响，浮动收益预测应当基于底层资产浮动收益预测后，再向上进行上一层各类资产组合、投资人和管理方的收益预测来进行。为了完成浮动收益预测，投资方还需要对底层资产经营计划进行预测。因为资产收益来源受资产经营过程的影响，所以项目开发的成本及相应的税金支付、收入、销售等因素都会影响底层资产的收益。

3. 单个标的资产经营现金流预测

无论是浮动收益预测，还是固定收益预测，都需要对项目现金流保持预测，以保证未来利息和预分配收益的提取，以及本金的回收和收益按时偿付。

管理方必须关注项目的现金流情况。管理方应当按照现在的经营计划，预测未来的现金流能不能保障项目正常进行，即在覆盖经营性成本的前提下，能否保障投资人都能对利息和预分配收益进行提取，或者本金能否及时收回，收益能否按时偿付。

二、对底层资产经营计划的预测

如图 6-17 所示，底层资产经营计划与收益的预测包括六个方面：

一是，直接影响收入的去化预测。管理方根据当下市场的成交情况，以及周边竞品的去化速度，对标的资产进行去化预测。为了实现这个预测，管理方可以通过去化预测模型来实现。

01
去化预测
影响因素：受当地地产市场成交情况的影响，根据周边竞品的去化速度进行预测

预测实现：去化预测模型

02
售价预测
影响因素：将所在位置、景观资源、项目规模、整体规划、产品品质、外部配套、市内交通等定性影响因素转化为定量系数，进行售价预测

预测实现：售价预测模型

03
回款预测
影响因素：受签约计划、产品业态类型、付款方式、当地银行按揭贷款政策等因素影响

预测实现：回款预测模型

04
成本预测
通常从交易对手处获取目标成本与合约规划；可通过审核新增合同，对动态成本进行校准

预测实现：动态成本模型

05
融资预测
受经营性现金流计划的影响，通过经营性现金流的资金缺口，来推断融资计划

预测实现：现金流模型

06
税金预测
根据前期所有的经营计划的预测结果，辅助增值税、税金及附加、土地增值税、所得税的预缴和清缴规则，进行税金缴纳预测

预测实现：税金预缴清缴模型

图 6-17　底层资产经营计划与收益的预测

二是，影响整体货值的售价预测。影响标的资产售价的因素有很多，比如项目所在位置、景观资源、项目规模、整体规划、产品品质、外部配套，以及市内交通等因素，这些都会影响项目的售价。对于这些定性的影响因素，管理方需将其转化成定量系数，从而通过与周边竞品的比对，完成对本项目售价的预测。

三是，影响现金流的回款预测。销售回款通常受签约计划影响，也受产品业态类型及付款方式、当地银行按揭贷款政策的影响，管理方需考虑到这些因素，然后将其设置成相应的影响参数，完成对回款的预测。

四是，对最后利润有直接影响的成本预测。相对来说，成本的确定性更高。管理方可以通过获取交易对手最初的目标成本，及其针对目标成本做出的合约规划，完成对成本的预测。在投后阶段，管理方

可以通过对新增合同的审批，完成对动态成本的校准，从而完成整体的成本总额预测。

五是，在过程中影响现金流以及财务费用的融资预测。融资计划虽然相对稳定，但也会受经营性现金流计划的影响。在投前阶段，管理方可以通过经营性现金流的缺口，来推断融资计划。在投后阶段，融资相对来说已经受合同限定，不需要对其进行预测。

六是，影响最终收益和现金流情况的税金预测。税金预测需基于前斯所有的计划预测结果来进行。税金需要根据经营回款和一些成本情况，以及地方政府税收预缴和清缴规则，进行计算。在相应的税金预缴和清缴模型中，税金预测通过设置相应的参数，采集之前所有的经营计划预测结果来进行。

三、对底层资产收益的预测

完成经营计划预测后，管理方就可以通过底层资产经营预测模型、投前或投后运营模型，进行模拟清算，以实现对整个项目净利润的预测。对于投资人的利润分配，除了前期的预分配，管理方根据清算后的净利润进行分配，采用多退少补原则。

在项目投前或运营过程中，管理方可以通过模拟清算模型，模拟已发生和未来经营计划的预测组合情况。在整个过程中，项目的最终模拟清算利润会是什么结果？不同市场因素对最终收益产生什么影响？这些都可以通过模拟清算模型实现。

如图 6-18 所示，模拟清算模型的基础逻辑，主要是通过八个部分来完成对项目利润或股东方收益的预测。

一是基础模块。这个模块包括基础信息、项目基础开发面积等信息、策略的一些假设情况。

二是收入模块。这个模块包含开发、销售物业的供销回经营计

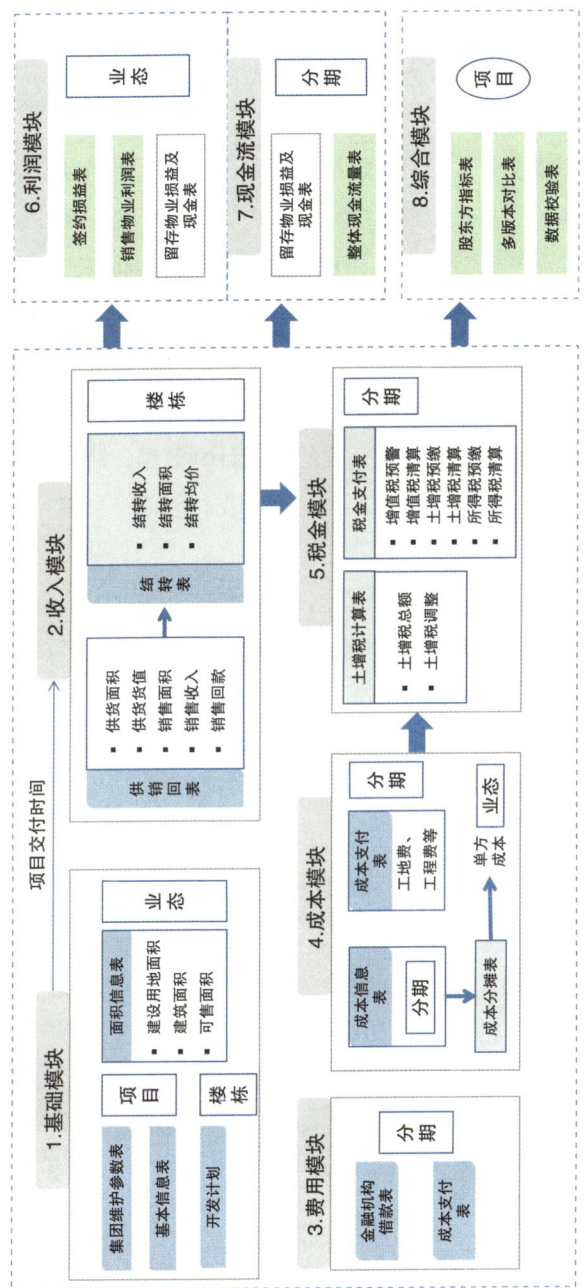

图6-18 项目经营收益的模拟清算模型

第六章 资管企业的AI决策 241

划。这里会用到经营计划预测中的去化预测、售价预测、回款预测的内容。只要将这些结果计入收入模块，就能得到项目全周期的经营计划和现金流的铺排。

三是费用模块。这个模块包括管理费用、销售费用以及融资计划中产生的资本化利息。在模型中，这些内容会基于销售回款、销售收入以及本金和利率的参数设置，直接进行测算，从而得到相应的期间费用和资本化利息。

四是成本模块。模型通常会通过成本预测的目标成本和动态成本情况，以及一些成本支付的策略，得到成本支付的现金流表。

五是税金模块。模型通过前面的经营计划数据，结合当地的税收政策参数进行税金计算，得到相应的税金支付总额、预缴和清缴现金流的情况。

六是利润模块。由结合基础、收入、费用、成本、税金五个模块的相关信息后设计的利润计算模型，管理方得到整体项目在模拟清算时的利润情况，输出签约损益表、销售物业利润表、留存物业损益及现金表。

七是现金流模块。根据基础、收入、费用、成本、税金五个模块的数据归集的现金流模型，管理方得到整体项目在模拟清算时整体现金流情况，输出留存物业损益及现金流表和整体现金流量表。

八是综合模块。根据基础、收入、费用、成本、税金五个模块的经营计划以及利润计算模型、现金流模型，管理方得到项目目前的综合情况以及股东方的现金流情况，输出股东方指标表、多版本对比表和数据校验表，完成对于底层资产的收益预测。

四、对底层资产现金流的预测

如图 6-19 所示，管理方通过对下月、全年、全周期的资金流预测，把控整体存续期标的项目的资金风险。

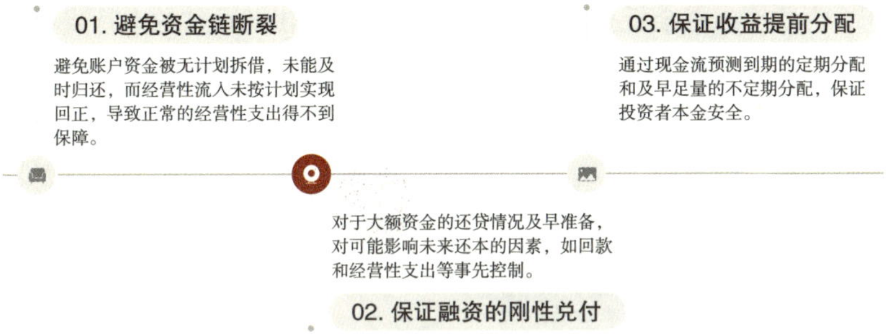

01. 避免资金链断裂
避免账户资金被无计划拆借，未能及时归还，而经营性现金流未按计划实现回正，导致正常的经营性支出得不到保障。

03. 保证收益提前分配
通过现金流预测到期的定期分配和及早足量的不定期分配，保证投资者本金安全。

02. 保证融资的刚性兑付
对于大额资金的还贷情况及早准备，对可能影响未来还本的因素，如回款和经营性支出等事先控制。

图 6-19　对底层资产现金流预测的三重目的

其一，避免资金链断裂。在项目资金被无计划拆借后，未能及时归还的情况下，经营性现金流如果没有按计划实现回正，就会导致正常的经营性支出得不到保障，从而导致资金链断裂。

其二，保证融资的刚性兑付。如果项目在实施过程中涉及融资，那么管理方就需要对大额资金的还贷情况提前做好准备。这也需要预测未来的经营计划支出外的现金余额情况，以确保未来的经营性收入覆盖支出，从而保证融资的刚性兑付。

其三，保证收益提前分配。通过对整体现金流的预测，管理方可以确定未来哪些阶段可以定期向投资人实施收益分配；哪些阶段资金充足，可以对投资人进行不定期的分配。较好的现金流控制和管理能保证及早进行收益分配，从而提升投资人的内部收益率。

1. 本月计划预测

如图 6-20 所示，是本月计划预测。本月现金流包括收入和支出两部分。收入分成营销回款及商业运营收入。根据房源总数、目前推盘数量、已售数量、未售数量、累计签约金额和累计实收放款等数据，管理方预测本月营销回款计划的签约金额及回款金额是否合理。这会使本月或者下月的商业运营收入预测更加稳定。根据可租售面积、出租率、租金折扣进行一些预判，管理方由此预估的本月或者下月的商业运营收入的现金流是否相对比较稳定。

01　营销回款计划
根据房源总数、目前推盘数量、已售数量、未售数量、累计签约金额与累计实收放款，预测本月的计划签约金额及回款金额是否合理

02　商业运营收入计划
根据可租售面积、出租率、租金折扣，预估本月或下月商业运营收入的现金流是否相对比较稳定

03　开发成本支付计划
根据已完成产值、应付金额、实际已支付金额、应付未付金额、本月新增产值金额、本月新增应付款，判断本月资金计划应支付的金额

04　费用支付计划
管理费、营销费：按细项科目划借管理费用（工资、办公费、维修费）、营销费（广告宣传费、佣金、顾问费），进行预测和调整

图 6-20　底层资产现金流的预测——本月计划预测

支出现金流包含开发成本支付和费用支付。开发成本支付是指根据目前已完成产值、应付金额、实际已支付金额、应付未付金额、本月新增产值金额，以及本月新增应付金额，管理方判断本月资金计划应支付的金额。费用支付包括管理费和营销费，管理方要求把这些费用拆借成更细的颗粒度，从而更好地完成预测。比如，把管理费用拆到工资、办公费、维修费等明细科目，把营销费用拆借到广告宣传费、佣金和顾问费。

2. 本年或全周期的资金动态预测

投前会上有一个对全周期现金流完整的计划铺排。当实际支付产生或实际回款产生后，管理方就会发现其与原有计划产生差异。对管

理方来说，如果没有及时对未发生的经营计划进行调整，那么未来可能会有更大差异的产生。管理方对全周期或者本年现金流进行预测，也需基于经营计划来预测现金流。

资金动态预测分成对收入的现金流预测和支出的现金流预测。如图 6-21 所示，以回款现金流的动态预测为例，对于回款的现金流预测，管理方需要按照业务产生的逻辑，从底层的签约开始，对全周期的动态进行预测。

在投前阶段，管理方已经对整体的签约计划，包括销售面积、销售金额做了计划铺排。当实际销售发生后，如果发现实际销售面积大于或小于原来铺排的计划，那么这将影响到未来销售面积。此时，动态预测逻辑会基于实际业务的情况进行本年度内或本季度内的轧差。从业务上看，管理方通过对比未来的计划，调整未达成的计划情况，从而完成对动态计划的滚动铺排。

管理方完成对未来销售面积的预测后，再考虑对销售均价的预测。投资前的计划铺排可能受操盘方提供的新数据影响，因此，管理方对计划均价进行调整需要对均价进行一个校核控制，从而保证销售均价处于一个合理范围内。销售均价既不能低于基准均价，也不能高于前三个月的销售均价，以避免产生销售计划的虚拟繁荣。

管理方完成了对销售面积和销售均价的校正后，才可以对未来销售金额计划进行调整。项目的销售金额调整后，管理方根据回款策略的参数与销售金额进行整体的回款动态预测。

五、对投资人收益的预测

在协议中，投资人在存续期间获取的收益可能会进行按期、按量预分配，也可能随项目的经营情况和账户余额进行不定期的预分配。对于不定期的预分配，管理方通过全周期的滚动资金预测，可以设置

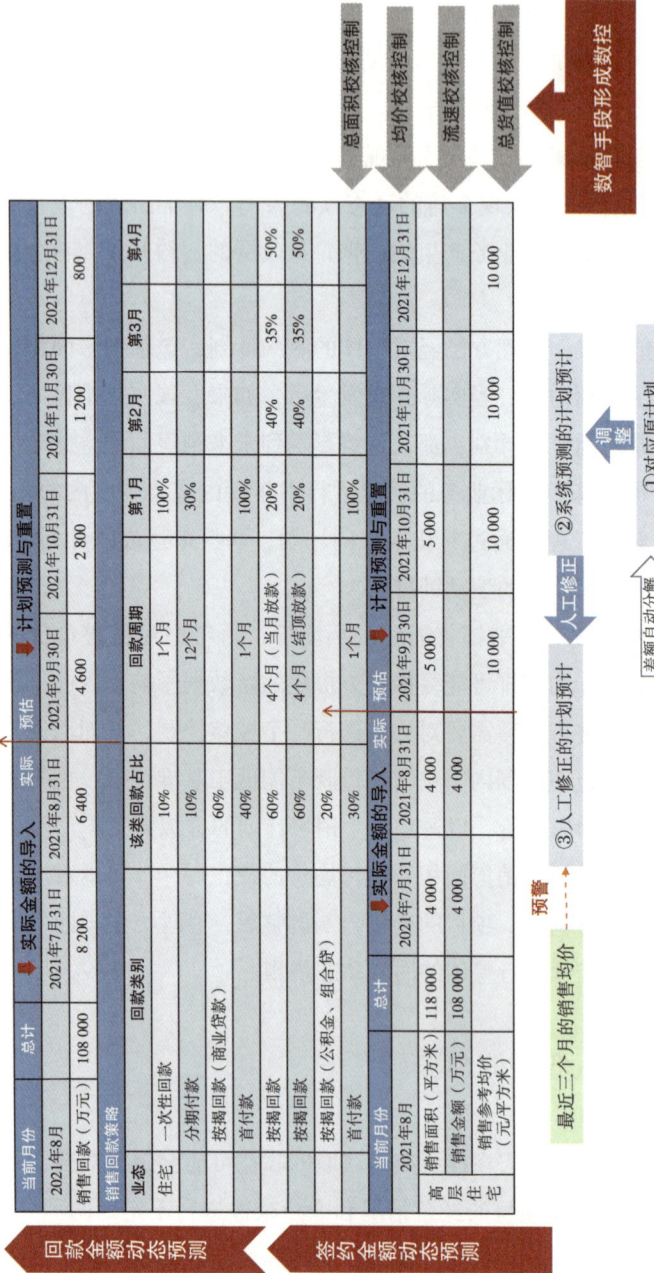

图6-21 回款现金流的动态预测（模拟数据）

多条策略，来预测投资人收益分配的时机和金额。

这些策略影响因素，既包括项目的去化率、贷款到账，又包括为这个项目的账户余额设置的资金红线。比如，对完成 85% 以上的项目可以启动分配，但要考虑开发贷到账的时间点，或整个项目的现金流入和流出情况下的净现金流余额（见图 6-22）。

图 6-22 对投资人收益的预测

管理方从这些方面设置多种策略，再基于底层资产的现金流量表，对投资人不定期的分配情况进行预测。这就是投资人收益预测的底层逻辑。

六、对管理方收益的预测

管理方既可以是单纯的管理人、自有资金的投入者，又可以是第三方的合作者。其收益预测如图 6-23 所示，收益来源通常有管理报酬、利润分配、财务顾问费和品牌管理费。

第一，管理报酬。无论是信托公司，还是基金公司，都向投资人收取固定的管理报酬。有的是按固定报酬率计算，有的是按分级、分年的管理费率计算。管理方根据投资人每笔资金的缴纳时间，以及管理费分级费率规则进行预测、推演。

第二，利润分配。这是对管理方的一部分底层资产的收益进行分配结果。对于合伙型基金产品，在投资的主体是合伙企业、基金公司的情况下，管理方通常作为普通合伙人完成本金及收益的收回。如果还有超额收益部分，那么这部分的 20% 可以由管理方进行分配。类似于投资人分配的预测方式，管理方通过对底层现金流以及资金余额的预测，再叠加对投资人分配策略的预测，完成对资管方利润分配的总量和时机的预测。

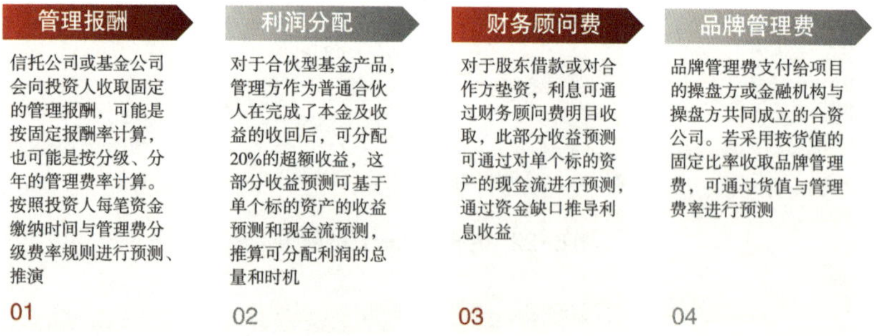

管理报酬	利润分配	财务顾问费	品牌管理费
信托公司或基金公司会向投资人收取固定的管理报酬，可能是按固定报酬率计算，也可能是按分级、分年的管理费率计算。按照投资人每笔资金缴纳时间与管理费分级费率规则进行预测、推演	对于合伙型基金产品，管理方作为普通合伙人在完成了本金及收益的收回后，可分配 20% 的超额收益，这部分收益预测可基于单个标的资产的收益预测和现金流预测，推算可分配利润的总量和时机	对于股东借款或对合作方垫资，利息可通过财务顾问费明目收取，此部分收益预测可通过对单个标的资产的现金流进行预测，通过资金缺口推导利息收益	品牌管理费支付给项目的操盘方或金融机构与操盘方共同成立的合资公司。若采用按货值的固定比率收取品牌管理费，可通过货值与管理费率进行预测
01	02	03	04

图 6-23　对管理方的收益预测

第三，财务顾问费。如果项目中有股权投资，即股东通过借款的方式对底层项目进行借款或对合作方进行垫资，那么利息可以通过财务顾问费的名目收取。这部分收益预测可以根据单个标的资产的现金流进行预测。这与融资计划预测相似，即通过资金缺口推断项目需要进行股东借款的现金缺口及相应利率，然后对财务顾问费进行预测。

第四，品牌管理费。品牌管理费不是支付给作为金融机构的管理方，而是由金融机构支付给项目的操盘方或金融机构与操盘方共同成立的合资公司。品牌管理费对管理方来说是一个成本项，可以根据货值的固定比率进行收取。管理方通过对前期经营计划里货值的预测，再将其乘以相应的管理费率，从而对管理方的支出进行预测。最终，收益减去支出部分就是管理方的总收益。无论是投前阶段，还是投后过程，管理方都可获得在整个基金产品投资上的收益。

七、系统实现：源数据采集、模型运算、数据展现

预测的系统实现分为三部分：源数据采集、模型运算、数据展现。

首先是源数据采集。为了完成对资产收益的预测，以及对投资人、管理方收益的预测，管理方要完成对经营计划的预测。其预测依据既有自身数据的积累，也有对外部市场竞品数据的参考。外部数据库主要包括万得的宏观数据、克而瑞的地产数据以及交易方的财报数据。如图6-24所示，这些市场数据以及从操盘方处获取的项目预测数据，会一起进入数据中台的各个模型里。

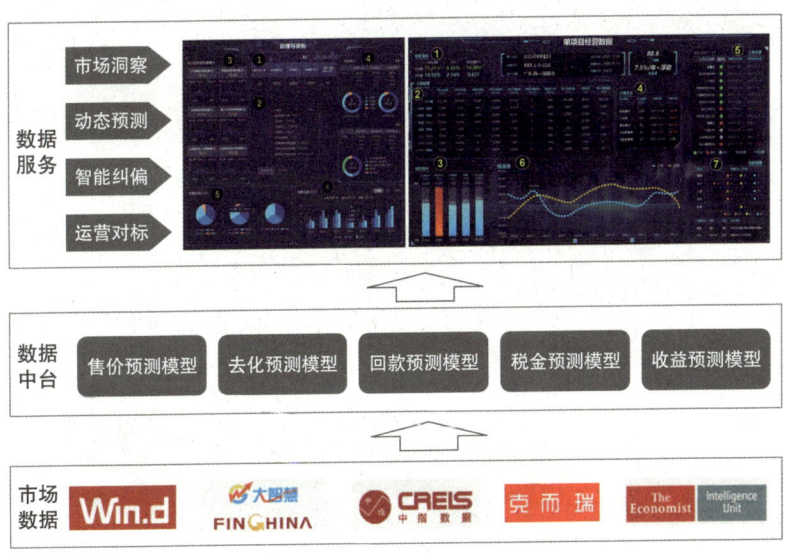

图6-24 预测的系统实现

其次是模型运算。预测模型包括经营计划中的售价预测模型、去化预测模型、回款预测模型、税金预测模型、收益预测模型等。数据中台把相应基础数据转化成最终需要预测的收益数据，输送到管理方的各类型看板上，从而完成对市场的洞察和动态预测，对合作方提供数据的智能纠偏，以及对前期投资目标的运营监控。

最后是数据展现。如图 6-25 所示，主要展现的是从公司层面汇总的数据预测情况。这包含了六部分内容：第一，公司概览数据；第二，投资分布数据；第三，全口径资金存续数据；第四，业绩数据；第五，货值结构数据；第六，销售回款数据。

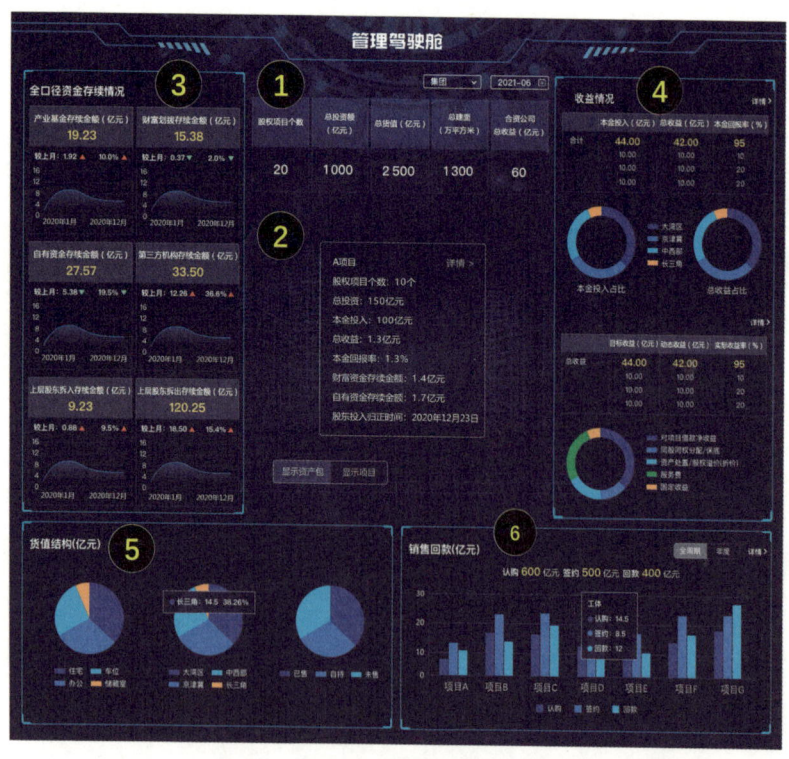

图 6-25　预测系统支撑的管理驾驶舱中的数据预测情况（模拟数据）

250　　　　　　　　　　　　　　　　　　　　　　　　　　　　　不动产 AI 决策

这六类数据中有很多来自预测。比如，业绩数据中的总收益、本金回报率都是整合整个存续期间所有数据（已发生及未发生）后，管理方根据整体项目对投资人产生的总体收益进行预估的结果。资产收益情况里就有目标收益、动态收益和实际收益率。

目标收益是在投前阶段，管理方通过预测模型设置的投资目标。这也是投前阶段对整个项目数据进行预测的结果。动态收益是在整个投资过程中，管理方预计产生的固定和浮动收益。通过对动态收益预测和投前目标收益预测的对比，管理方可以看出目前的底层资产经营情况。实际收益就是已经收到的固定收益和浮动收益，即利息收入和已退出项目的收益分配情况。

如图 6-26 所示，在底层资产层面，系统可以专业地展现目前项目的各项数据，包括财务数据、推售数据、成本数据、支出数据、工程数据、现金流数据和预警数据，这七大数据有很多是来自预测的。财务数据中的净利润率、内部收益率和净利润额，都是综合已发生和未发生情况后输出的整体净利润率、内部收益率和净利润额。房企只有通过这种方式，才能完成对预测目标的对比。

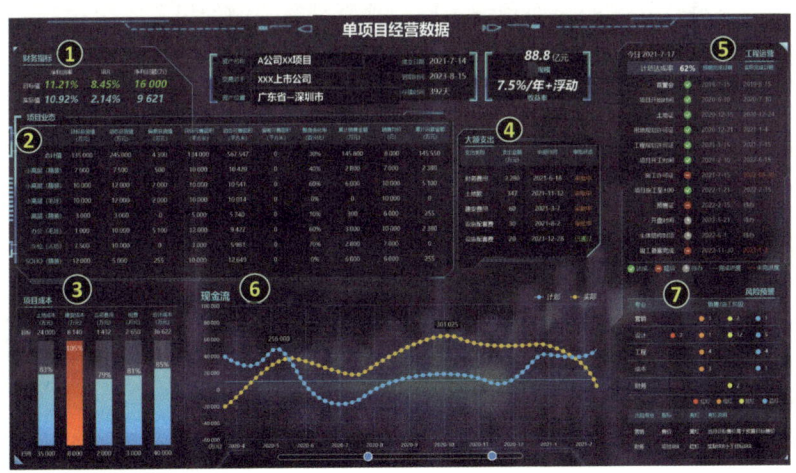

图 6-26　单项目经营数据监控（模拟数据）

推售数据中的动态总货值也是基于整体能够达到的营收收入进行预测的。在成本数据中，我们可以看到除了目标成本外，还有动态成本，它们是对整体成本总额进行预测的结果。现金流数据在当前月之前是实际发生额，在当前月之后就是对未来现金流进行预测的结果。在营销、成本、财务方面会有许多根据预测的数据和投前指标相比较而产生的预警数据。

以项目视角来看，这多项数据不仅会应用到对实际情况的展现中，还有预测情况的展现，以此更有效地和原始投资目标进行对比。

不管是投前阶段，还是投后阶段，通过预测，管理方不仅可以判断是否有导致项目无法运营的风险，还可以判断项目对投资者的利润是否能按时分配。

第四节
预警：三类重大风险防范

与经营状况的全面预测不同，预警是在关键的风险点上进行提示，以提高管理者的分析效率，从而定位管理决策点。预警的范围包括标的资产运营风险、基金层/信托计划层的重大事项提示、交易对手企业的出险通知等。

预警的内容包括三个方面。

第一，资产运营风险预警。在项目进入投后运营后，实际的设计、开发进度、销售去化等情况会与投前的计划产生较大的差异，各环节的差异将综合影响最终收益。因此，在投后管理过程中，及时提示关键点风险是必需的。

第二，企业出险预警。当标的资产所属实质控制人及旗下企业发生还款逾期以及诉讼的情况时，这可能会对公司整体经营产生不可预料的风险，因此，有必要对交易对手的经营风险实施监控。

第三，重大事项提示。基金经理管理多个项目，对于基金协会、银监会、证监会要求管理人及时披露的或需要管理人本人及时给出反应的重大事项，需要提前准备以及及时交圈。

一、底层资产运营的风险预警

底层资产运营的风险预警可以通过各业务的专业指标以及最终盈利指标量化，显示标的项目运营商的风险。通过及时增加补充协议，可以保障企业本金安全和预期收益。

1. 预警指标范围及阈值

如图 6-27 所示，底层资产运营预警指标主要包括设计、营销、工程、成本、费用、税金、盈利能力、偿债能力八大专业预警指标。

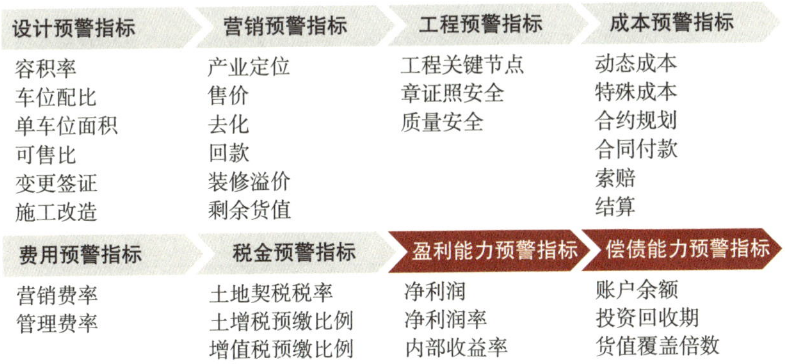

设计预警指标	营销预警指标	工程预警指标	成本预警指标
容积率 车位配比 单车位面积 可售比 变更签证 施工改造	产业定位 售价 去化 回款 装修溢价 剩余货值	工程关键节点 章证照安全 质量安全	动态成本 特殊成本 合约规划 合同付款 索赔 结算

费用预警指标	税金预警指标	盈利能力预警指标	偿债能力预警指标
营销费率 管理费率	土地契税税率 土增税预缴比例 增值税预缴比例	净利润 净利润率 内部收益率	账户余额 投资回收期 货值覆盖倍数

图 6-27　底层资产运营预警指标

如表 6-4 所示，我们看到的是运营过程中专业预警指标的阈值。管理者通过数智化平台展示的对应看板，可以看到预测内容以及预警提示，以便及时作出风险分析，进而处理风险。

表 6-4　专业预警指标阈值

运营过程中的专业预警指标	
设计	容积率（容积率的达成率小于 95%）、车位配比（实际车位配比/规定车位配比大于 1.1）、单车位面积（单车位面积大于 40 平方米）、可售比（可售比小于 70%）、变更签证（累计签证比例大于 3%）、施工整改/改造（存在施工改造行为）
营销	产业定位（核心区定位刚需、非核心区定位高端）、售价（当月目标售价小于或等于测算目标售价）、去化（当月实际去化/目标去化的完成率小于 90%）、回款（回款率小于 80%，当月回款/目标回款的完成率小于 90%）、装修溢价（装修产品溢价/装修成本小于 1.5）、总货值（实际货值小于目标货值的 99%）、剩余货值（出现捂盘不销售的情况，清算时与退出方案不符）
工程	工程关键节点（土地获取、项目开工时间、项目施工至 ±0、主体达预售条件、主体结构封顶、外立面落position、竣工备案完成）、证照安全（土地证、用地规划许可证、施工许可证、预售证、交付许可证、项目大产权证）、质量安全（是否存在行政处罚事件、质量安全事故）
成本	动态成本（动态成本超过目标成本值、动态成本超过方案最大值）、特殊成本（是否有装修、装配建筑、绿建三星、代建等特殊要求未考虑成本）、合约规划（是否有单合约、超合约规划）、合同约定节点付款（是否有超合约节点付款情况）、索赔情况（索赔金额 > 500 万元）、结算（出现结算不合理现象，或项目交付后一年内无法完成结算金额的 80%）
费用	营销费率与管理费率之和小于 3.5% 或大于 5%
税金	土地契税税率为 3%～5%，土增税预缴比例为 1%～5%，增值税预缴比例为常规的 3%

2. 通过项目看板进行风险巡检示例

如图 6-28 所示，在项目层面的运营看板上，财务指标里的目标值和实际值差距比较明显。

预警原因：当模拟清算自动预测后，受制于市场因素，可售部分整体均价明显降低，由此预计项目清算利润为负。

图 6-28　通过项目层面的运营看板监控收益风险（模拟数据）

风险分析：根据合作协议，在清算时对于预分红应多退少补。若项目无利润，可能导致退还已收的预分红，甚至按照法律要求补足，这对金融机构投资收益率产生较大影响。

风险处理：将增信共管项目纳入监管，并与合作方达成补充协议，商议收益补足方式。

如图 6-29 所示，在项目层面的运营看板上，财务人员可以设置相应的现金流风险提示，对该项目的资金余额风险进行风险预警。

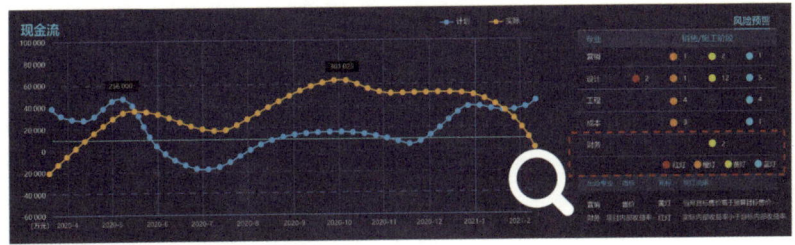

图 6-29　通过项目层面的运营看板监控资金余额风险（模拟数据）

预警原因：根据资金拆借协议，合作方需保证项目公司在 6 个月内归还拆借款 7.4 亿元，并要求相关部门在到期前三个月进行资金归集，还对前三个月月底的账户余额有明确规定。而截止 2020 年 4 月底，账户余额未达到管理目标要求。

风险分析：资金归集及归还拆借还款作为项目首笔本息还款的重要保证。一旦企业违约，将对本息安全产生较大影响，但目前可售货

第六章　资管企业的 AI 决策

值对本息的覆盖倍数处于安全范围内。即使拆借资金没有及时归集，可售货值的回款也可以覆盖本金分配。

风险处理：共管项目的二级网银 U 盾及银行预留印鉴，能够避免资金归集后再次被拆借，并加快推进项目的销售进程，从而确保 2020 年 5 月底账户余额能够达到管理要求。

在预警环节，项目看板也可以依据对赌协议中约定的指标进行对赌协议巡查。在对赌协议中约定的指标，达到触发、退出条件的紧急情况时项目看板也可以进行预警，可以及时在经营关键点上进行控制。

3. 对赌协议触发

对赌协议范围内的预警指标会由后续的管理动作跟进，项目看板可以通过对指标的预警及时在项目经营关键点上进行控制。预警包括以下八个方面：

一是资金。累计现金流达不到预期，由交易对手补齐。当项目现金链断裂时，项目看板预警累计现金流及账户余额情况。

二是成本控制。一级成本总额超支，由交易对手补齐，项目看板预警一级成本科目。

三是工程节点。当节点达成超过预期，可实施罚款，项目看板预警工程节点进度。

四是销售均价。每期均价不得低于约定值，否则管理方可以提前退出，项目看板预警项目各业态均价或各楼栋均价。

五是管理费。未按时支出相关费用，管理方可提前退出，项目看板预警现金流模型中的管理费。

六是章证照管理。未经批准擅自使用章证照，管理方会提前退出，项目看板及时巡查预警。

七和八是针对交易对手的还款逾期及诉讼。交易对手旗下任意公司还款逾期，管理方可提前退出；交易对手旗下任意公司诉讼金额达5 000万，管理方可提前退出。通过对外部数据的接入和巡检后，项目看板及时发出预警提示。

二、企业出险预警

若企业逾期偿还贷款或陷入诉讼，这将会直接影响企业征信，对未来的贷款产生影响，并可能会使企业面临财产冻结、查封、变卖的情况，对关联公司的财产和资金也会带来潜在风险。因此，为了保证投资标的的本金安全，企业需要关注实质交易对手本身及旗下公司的舆情，再进行预警监控。

如图6-30所示，企业风险可以分为自身风险、关联风险、历史风险、提示信息和敏感舆情。

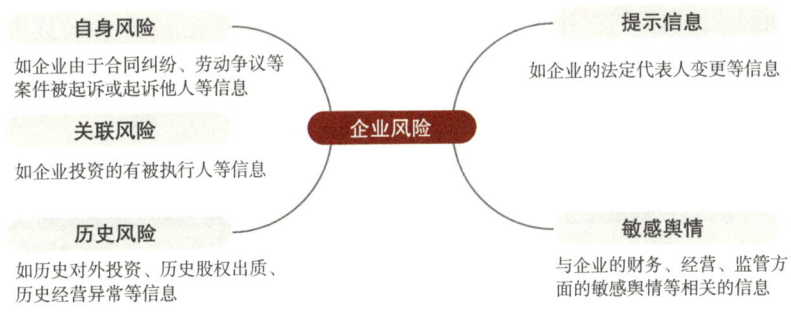

图6-30　企业风险的分类

三、重大事项预警

重大事项是指信托或者基金产品的管理方为了符合合规风控，需要向银监会等监管部门披露的重大事项。对于部分重大事项管理方需要提前采取措施，在项目到期之前，通知相关部门、并制定应对措施清单。

以私募基金为例，私募基金的合规风控点包括七项：登记备案及信息报送合规性、内部管理及运营规范性、募集行为合规性、适当管理有效性、投资运作合规性、信息披露完整性、风控有效性。

预警可以辅助投资经理完成信息披露完整性。当发生重大事项时，业务人员与投后管理人员应及时预警，并协同风控部迅速应对，实现合规管理。

如表6-5所示，在私募基金管理的重大事项清单中，有一些常见的重大事项和发生频率比较高的事项，比如清算。清算完成意味着基金的存续期要么变更，要么展期。同时，基金投资者、股权、投资范围、投资策略、管理费、托管费计提方式、收益分配事项、申购赎回条款等都将发生变更。面对这些变化，系统要有相应的应对措施。例如，在清算开始、清算完成或需要展期的事件到期之前，系统能够自动提示协同部门，并给出待办任务清单。这些事项完成后，系统或管理方要及时向基金业协会报送信息。

表6-5 重大事项清单及应对措施

	重大事项清单	发生概率	应对措施
1	清算开始	高	在到期之前若干天，系统自动提醒协同部门，向协同部门推送待办任务清单，向基金业协会报送信息
2	清算完成	高	在到期之前若干天，系统自动提醒协同部门，向协同部门推送待办任务清单，向基金业协会报送信息
3	基金存续期变更或展期	中	对基金到期年限进行分类标注，向协同部门推送待办任务清单，向基金业协会报送信息

（续表）

	重大事项清单	发生概率	应对措施
4	基金投资者发生变化	中	业务人员进行信息更新，向协同部门推送待办任务清单，向基金业协会报送信息
5	投资范围、投资策略发生变更	中	业务人员进行信息更新，向协同部门推送待办任务清单，向基金业协会报送信息
6	管理费率和托管费率计提方式发生变更	中	业务人员进行信息更新，向协同部门推送待办任务清单，向基金业协会报送信息
7	收益分配事项、申购赎回条款发生变更	中	业务人员进行信息更新，向协同部门推送待办任务清单，向基金业协会报送信息
8	私募基金管理人、基金名称、注册地址、组织形式发生变更	低	系统向基金业协会报送信息

资金存续期变更或展期时，投资经理应该对基金到期的年限进行分类标注。对基金到期日 3 个月内、6 个月内的基金分别进行警示。在即将到期或者展期前的 15 天或一定期限内向相关部门推送待办任务清单，同时向基金业协会报送信息。

总之，在重大事项发生之前，系统或管理方需要及早发出通知，包括通知协同部门，同时提示相应待办清单。事情发生后，系统或管理方向基金业协会进行信息报送。

四、系统实现：指标预警、内部与外部巡查、交圈提示

如图 6-31 所示，预警系统的实现分为四个部分。

第一，经营指标预警。对单个标的资产的专业提示，包括实际情况与投前预期的偏差是否合理等。从经营结果上预警计划外的偏差，包括对经营结果带来的有利和不利的影响。

图6-31 预警系统的实现

第二，对赌协议巡查。根据提前约定，在对赌协议条件达成的情况下，第三方触发一些惩罚动作或者提前退出动作。预警系统在系统中设置对赌协议的指标，比如阈值。在对赌协议常用项目中选择本项目的预警事项，预警系统自定义本项目预警的阈值，将待处理事项推送给对应的预警处理部门，及时进行风险销项。

第三，外部险情巡查。预警系统接入企查查、天眼查中的风险数据，巡查交易对手的司法风险、经营风险、新闻舆论等影响合作项目的险情信息。

第四，重大事项交圈提示。预警系统对来自不同项目的重大事项信息，通过统一界面进行公示；对涉及协同部门合作处理的事项，定向推送信息以及相关的待办处理清单，对已完成的重大事项要及时通知，并对后续应对措施进行通知。

通过底层资产项目运营、资管产品重大事项与交易对手三个维度的风险预警，金融机构可以定位风险项目，并进行跟踪管理。

第五节
预控：投前投后一体化管理

预控可以分成投前和投后两个阶段。金融机构通过投前的预控标准筛选合格的投资标的，通过投后的预控管理使因市场变化导致的收益偏差，可以被交易对手或其他方式消化，从而锁定投资收益。

一、投前：预控三大标准

投前预控标准包括城市准入控制、交易对手白名单、项目指标卡位。金融机构通过谨慎设置准入标准，选择投资项目，控制投资标的的收益风险。

1. 城市准入控制

如图 6-32 所示，金融机构通过对项目所在地的城市准入评价，实现投前风险的预控，即通过房地产市场面和经济基本面两个维度，评价所在城市的投资潜力和投资风险。

在案例企业中，房地产市场面和经济基本面的背后共有七个维度。房地产市场面包含房地产发展的现状、增长性、发展潜力。经济基本面包含城市的财富、人口、就业和基础设施建设。

这七个维度有对应的评价指标及数据。这些数据来自外部数据库，包括宏观数据库、国家统计局等机构的数据。作为管理方的金融机构通过对这些指标数据的收集和归一、权重打分等模型处理，可以把每个城市落位于横轴为经济基本面、纵轴为房地产市场面的评价坐标之中。

整个坐标又可以分成四个区域，把所有的目标城市都纳入四个区域中，再设置相应的准入原则。第一区域是经济基本面和房地产市场面评分都较低的城市，房企不能进入；对于第二区域的城市，企业要考虑进入的具体板块；第三区域以及第四区域的城市，相对来说投资潜力比较大，是企业应该重点关注的城市。

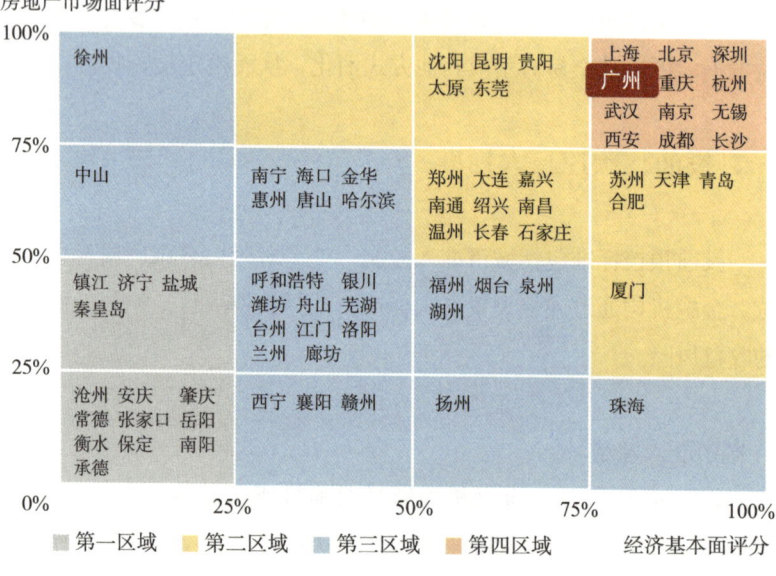

图 6-32　城市准入评价的两个维度

不同的金融机构也可以通过选择不同的评价因子，以及不同的权重设置来体现其对准入城市评价的侧重点和管理的底层逻辑。

2. 交易对手白名单

通过对交易对手的投前筛选实现风险的预控，一方面，这是因为交易对手会直接影响项目的操盘能力；另一方面，当项目最终收益不能得到保障以及现金流断裂时，交易对手能提供一定的支持，因此交易对手的筛选会直接影响项目的收益和风险情况。

金融机构选择项目时，会优先考虑项目的大股东、实际控制人的水平。如图 6-33 所示，金融机构通过七个维度评价交易对手对项目本金的保障能力，包括规模、投资能力、融资能力、流动性、杠杆水平、债务结构、盈利能力与效率。

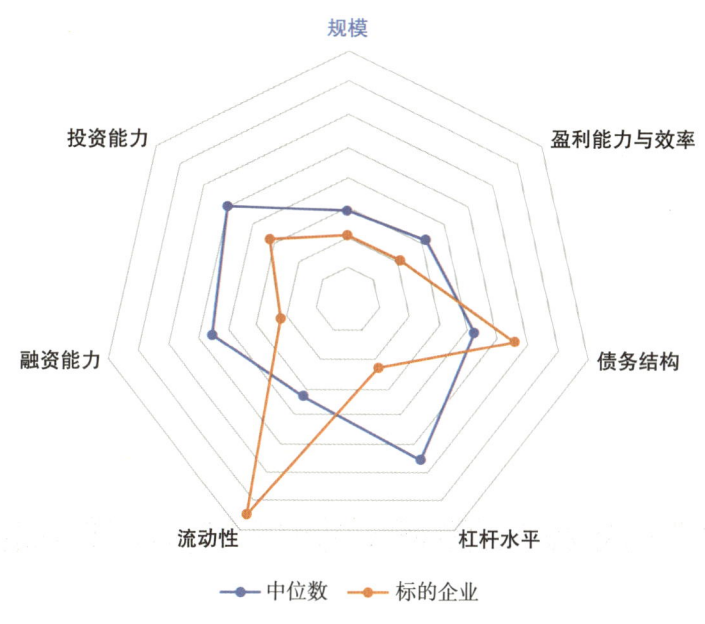

图 6-33 评价交易对手的七个维度

每一个维度都有对应的被归纳在这个评价因素范围内的一些支持指标。这些指标都有近年来的财报数据、最新经审计的财务数据支持。

采集这些财报上的数据后，企业可以进行归一化的模型处理。通过权重打分，企业从这七个维度给每个交易对手进行评级和评分。通过与后台白名单里的中位数进行对比，企业可以完成对本项目交易对手的评价。

首先，公司将参考标准定为国内前 80 强的房企，参照房企财报数据进行评价。其次，与参照房企中位数对比，获知交易对手在房企中各个维度上的相对水平。最后，从不同影响因子、权重和指标的选择上体现不同公司的管理底层逻辑。

比如，交易对手的规模在中位数以下，体现了其流动性较高，杠杆水平较高，偿债能力比较弱，盈利能力和效率也比较高。从这几个维度看，企业就可以评价交易对手的资金获取能力和对未来本金的保障能力。

3. 项目指标卡位

投前预控标准是项目指标卡位。对金融机构来说，在地产项目开发和运营的经验有限的情况下，从不同的指标卡位，如工程、税金、利率、经济技术指标、成本、经营计划、净利润、现金流、内部收益率、覆盖倍数中挑选预控指标。投前预控的核心因素是标的资产本身的盈利能力和经营风险，通过对标的资产全专业的指标预控规避项目风险（见图6-34）。

工程	税金	利率	经济技术指标	成本
开盘时点是否合理	税率是否合理	利率是否合理	可售比例是否合理	成本是否合理
常规：从拿地到开盘，时间间隔4~9个月；特殊：若预售条件为结构封顶或更严格的条件，则周期可按照标准工期适当增加	土地契税税率3%~5%；土增税预缴比例1%~5%；增值税预缴常规比例3%；所得税预缴常规比例2.5%~3.5%；3.5%≤营销费率与管理费率之和≤5%	常规开发贷利率5%~8%	容积率是否用足；可售比（地上可售面积/总建筑面积）>70%；单车位面积≤40平方米	按照成本数据库判断；装修单价与装修标准是否匹配，建面单方、可售是否合理；进项税率是否合理：前期费用进项税率≤6%；建安工程进项税率、基础设施费进项税率、共配套设施费进项税率≤9%

经营计划	净利润	现金流	内部收益率	覆盖倍数
经营计划是否合理	净利率是否合理	支付节奏是否合理	内部收益率是否合理	偿债能力是否合理
售价在根据售价推演模型估算的售价范围内；去化速度在根据去化推演模型估算的去化速度范围内；除车位，计划综合回款率不超过80%	一线城市净利率≥6%；白名单内其他城市净利率≥8%；如准白名单外城市，则净利率≥10%	施工至±0时，所支付建安费用占建安费用总和≤20%；封顶前所支付建安费用占建安费用总和的比例≤50%；开盘前所支付建安费用占建安费用总和的比例≤80%	项目（不含融资）内部收益率≥12%	预设期内的累积量经营性活动净现金流>本金投入与预期收益之和

图6-34　某企标的资产全专业的预控指标体系

二、投后：分级管控制度与预控四项措施

企业在投后阶段依据具体的预控措施、预控手段，对项目的经营收益进行管理。

投后预控措施包括增信条款、包干约定、资金控制和对赌协议。当实际情况偏离预测时，企业通过事先预控协议条款，规避经营风险。

1. 分级管控制度

企业每季度通过定量和定性两类指标对项目进行评级，对项目投资后的偿付本息能力进行风险评估。企业根据评估结果对项目投后管理进行动态调整，从而匹配对应的管控制度。

企业引入分级管控体系，通过对不同项目的基础情况进行评价，来区分项目的不同等级，对不同等级的项目采用不同的管理手段。

如图 6-35 所示，通过对投资项目经营管理和风险状况的全面评估，可对投后管理实行分级管控，合理配置监管资源，有效实施分类监管控制。

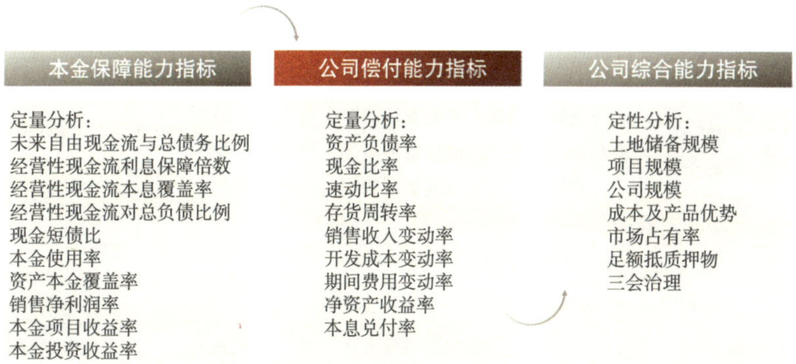

本金保障能力指标	公司偿付能力指标	公司综合能力指标
定量分析： 未来自由现金流与总债务比例 经营性现金流利息保障倍数 经营性现金流本息覆盖率 经营性现金流对总负债比例 现金短债比 本金使用率 资产本金覆盖率 销售净利润率 本金项目收益率 本金投资收益率	定量分析： 资产负债率 现金比率 速动比率 存货周转率 销售收入变动率 开发成本变动率 期间费用变动率 净资产收益率 本息兑付率	定性分析： 土地储备规模 项目规模 公司规模 成本及产品优势 市场占有率 足额抵质押物 三会治理

图 6-35　三大能力指标体系

企业通过本金保障能力指标、公司偿付能力指标、公司综合能力

指标三大评估标准，对项目进行打分和分析。

评级标准满分是 100 分。对于各评级的具体指标，企业设定标准分值和评估要点。比如，对定量指标，可以根据财务指标的数据进行核算和取值。对定性指标，根据材料进行分析和打分，做一个权重处理，得到项目最终得分。根据这个加权的分值可以评定项目的等级，按照等级配置资源，匹配相应的监管政策和增信措施。

如表 6-6、表 6-7 所示，某家公司通过对各类指标的打分，可以将不同的项目分成 A 级、B 级、C 级，在此之下又细分成三个等级。

表 6-6 分级管控制度

级别	标准分值（n）	评级意见	资源配置	监管措施
A 级	85″ ≤ n ≤ 100″			
3A	n ≥ 95″	信誉极好，偿债能力极强，本金基本无风险	专职财务人员 1 名，兼职或专职成本人员 1 名，我方董事及监事可兼职	(1)(2)(3)
2A	90″ ≤ n < 95″	信誉优良，偿债能力很强，本金基本无风险	专职财务人员 1 名，兼职或专职成本人员 1 名，我方董事及监事可兼职	(1)(2)(3)(4)(5)(6)
A	85″ ≤ n < 90″	信誉较好，偿债能力强，本金风险较小	专职财务人员 1 名，专职成本（兼运营）人员 1 名，视情况增加市场人员 1 名，我方董事可兼职，我方监事需专职	(1)(2)(3)(4)(5)(6)(7)(8)
B 级	70″ ≤ n < 85″			
3B	80″ ≤ n < 85″	信誉一般，基本具备偿债能力，本金稍有风险	专职财务人员 1 名，专职成本（兼运营）人员 1 名，视情况增加市场人员 1 名，我方董事可兼职，我方监事需专职	(1)(2)(3)(4)(5)(6)(7)(8)(9)(10)(11)(12)(13)(14)(15)

（续表）

级别	标准分值（n）	评级意见	资源配置	监管措施
2B	75″≤n<80″	信誉欠佳，偿债能力不稳定，本金有一定的风险	专职财务人员1名，专职成本（兼运营）人员1名，视情况增加市场人员1名，我方董事可兼职，我方监事需专职	（1）（2）（3）（4）（5）（6）（7）（8）（9）（10）（11）（12）（13）（14）（15）（16）
B	70″≤n<75″	信誉较差，短期偿债能力不稳定，本金有很大风险	专职财务人员1名，专职成本（兼运营）人员1名，视情况增加市场人员1名，我方董事可兼职，我方监事需专职	（1）（2）（3）（4）（5）（6）（7）（8）（9）（10）（11）（12）（13）（14）（15）（16）（17）
C级	n<70″			
3C	65″≤n<70″	信誉很差，偿债能力不可靠，对于本金偿还可能违约	专职财务人员1名，专职成本人员1名，专职市场人员1名，视情况增加专职运营人员1名，我方董事需专职，我方监事需专职	（1）（2）（3）（4）（5）（6）（7）（8）（9）（10）（11）（12）（13）（14）（15）（16）（17）（18）（19）（20）（21）（22）
2C	60″≤n<65″	信誉太差，偿债能力基本丧失，本金安全无保障	专职财务人员1名，专职成本人员1名，专职市场人员1名，视情况增加专职运营人员1名，我方董事需专职，我方监事需专职	（1）（2）（3）（4）（5）（6）（7）（8）（9）（10）（11）（12）（13）（14）（15）（16）（17）（18）（19）（20）（21）（22）（23）（24）
C	n<60″	信誉极差，偿债能力完全丧失，本金无法收回	高管团队驻场，强制清算	（1）（2）（3）（4）（5）（6）（7）（8）（9）（10）（11）（12）（13）（14）（15）（16）（17）（18）（19）（20）（21）（22）（23）（24）（25）（26）（27）（28）

表 6-7　分级管控制度监管措施表

编号	监管措施	编号	监管措施
（1）	基础管理：证照、银行账户共管	（15）	提供足额抵质押担保
（2）	风险提示	（16）	限制资金拆借
（3）	督促开展自查	（17）	强制分配销售收入
（4）	限期整改存在的问题	（18）	计入不良信用名单
（5）	进行专项现场检查	（19）	高管团队驻场
（6）	高层约谈	（20）	撤换项目高管层
（7）	开展专项审计	（21）	提前偿还本金
（8）	提前进行本金归集	（22）	发催收律师函
（9）	限制部分业务（用印章、资金支付）	（23）	召集临时股东会及债权人专会
（10）	限定富裕资金拆借使用时间	（24）	申请财产保全
（11）	暂停部分业务（用印、资金支付）	（25）	接管项目
（12）	暂定招投标及合同签约	（26）	处置资产
（13）	提供其他增信项目共管	（27）	强制清算
（14）	提供权益保底承诺或协议	（28）	强制执行

　　最高级 3A 级对应的项目就是信誉极好、偿债能力极强、本金基本无风险的项目。企业对该级别项目的资源配置为只配 1 名专职财务人员、1 名兼职或专职的成本人员，董事会或者监事会人员也可以兼职。企业只需要采取比较少的监管措施，包括证照、银行账户共管，风险提示以及督促开展自查。

　　对于风险等级比较高的项目，比如 3C 级项目，即信誉很差、偿债能力不可靠、对于本金偿还可能违约的项目，企业对它进行资源配置为 1 名专职财务人员、1 名专职成本人员、1 名专职市场人员，视情况增加 1 名专职运营人员，也需要有专职的董事和监事进行管控。

　　对这类项目进行监管，除了基础的共管，企业还需要限期整改存在的问题，对项目现场进行专项检查，高层约谈以及开展专项审计；对部分资金采取提前管控的措施，比如提前进行本金归集，以及在部分情况下限制用印章和资金支付；对其他项目的拆借也要进行一些限制。此外，企业还需要其他的增信项目共管、增加权益保底承诺和协议，以及税前销售回款的强制分配、本金的提前偿还等。企业通过多类管控措施保障级别较高项目的风险预控。

2. 预控四项措施

在多项管控措施中，有的措施通过与操盘团队的合作管理，间接影响收益结果，而有的措施能直接影响投资人收益。当收益不及预期时，企业通过如图 6-36 所示的预控手段可以达到锁定投资收益的目的。

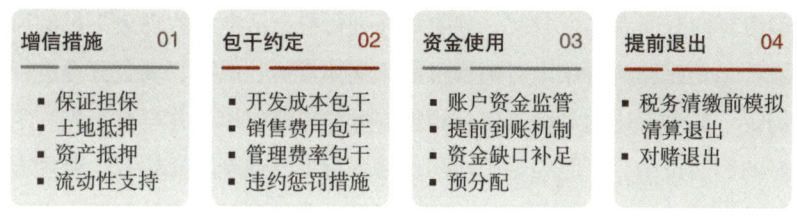

图 6-36　锁定投资收益的四种预控手段

第一，增信措施。它可以保证担保来自实际控制人的母公司或者共同同意的第三方。抵押则是由合作方提供的其他土地和资产抵押。流动性支持是约定在产生流动性风险时由合作方完成补足。

第二，包干约定。在操盘过程中，依据投前协议的约定，企业对成本、费用和其他直接影响利润的成本科目进行确定。无论开发成本发生多大的变动，超出部分都由合作方、操盘方承担，仅以约定包干的开发成本进行利润计算。各方也可以对销售费用和管理费用进行约定，进而锁定成本的上限。违约惩罚机制是对项目进度而言的，通过违约惩罚措施来约定对项目的取证和重大工程节点的进度的控制。一旦进度晚于计划时间达到一定范围时，会对项目方、操盘方产生违约惩罚机制。

第三，资金使用。一是对账户资金监管。监管规定资金仅可用于本项目，不可流出到其他项目，从而造成资金被挪用而无法返还。二是提前到账机制。债权投资或股权借款资金，需要在借款到期日之前的几个月内按照约定比例完成资金的归集。三是资金缺口补足。当产生经营性支出缺口时，需要由操盘方或合作方对该资金进行补足。四是预分配。在实际分配之前，能够定期或者不定期视项目账户资金余额充沛程度，对投资人进行提早分配。

第四，提前退出。这一举措有两个目的：一是为了保障管理方和投资人的利益，选择在项目实际税务清缴之前模拟清算退出，依据模拟清算的时间点进行分配，预防最终进行税金清缴导致现金不足的风险。二是在对赌协议里对销售价格、整体货值、成本、现金流等进行约定。如果未达到对赌条件，管理方可以提前退出，并享有事先约定好的回购价格。按照约定的回购价格进行退出或享有托售权，管理方能够提早将项目公司的股份，连同操盘方所持项目公司的股份，以第三方企业的价格出售。这样做可以提前完成退出，以保障本金安全。

三、系统实现：管理端五大功能，业务端六大措施

如图 6-37 所示，管理端主要在投前阶段，后台管理人员通过系统后台预设逻辑，来过滤投资项目，并通过投后运作预控手段锁定收益。

管理端
- 线上五维智能评测模型
- 线上自动尽调报告
- 线上评审和决策视图
- 投后视图
- 抵押物智能评估

业务端
- 合同签约审批
- 合同台账管理
- 资金计划审批
- 付款审批功能
- 收支台账管理
- 账户资金台账管理

图 6-37　预控的系统实现

管理端的五大功能如下所示。

一是，线上五维智能评测模型。该模型包含交易对手的白名单评测模型、城市准入模型以及竞品市场等。

二是，线上自动尽调报告。该报告可直接生成投前多维分析后的汇报材料，从而提升整体投资的决策效率。

三是，线上评审和决策视图。该视图展现预控的指标数据，为投资评审会、风险投资委员会以及风控管理会进行项目筛选，完成投前预控提供数据支持。

四是，投后视图。该视图体现在投后的成本、销售、进度等方面，如果其数据违背了投后预控协议中的条款，那么企业可以提前通过协议手段进行应对。

五是，抵押物智能评估。涉及预控体系中的增信措施，其中用于抵押的资产、土地等都可以通过抵押物智能评估模型进行一个实时市价评估，判断其价值是否能覆盖本金或债权的投入。

业务端主要是对中后台的指导意见进行落地和反馈，重点是把控前端资金的流出，将整个项目的现金流锁定在本项目范围内。系统实现主要通过六大措施：

一是，合同签约审批。考虑到对成本的预控，系统把新增的合同与合约规划进行对照，从而控制已设定的目标成本。

二是，合同台账管理。系统监管每个合同的明细、签约情况、已付资金情况。

三是，资金计划审批。系统对下一个月资金的支出进行控制，从而控制本年计划中的预算，或者全周期计划中对整体现金流支出的预算。

四是，付款审批功能。系统控制超额的资金支出。

五和六分别是，收支台账管理和账户资金台账管理。系统从收支和余额方面监控资金的明细情况，明晰资金的使用和收回情况，从而整体控制资金。

通过投前预控的三大标准、投后分级管控制度与预控四项措施，系统实现的管理端五大功能、业务端六大措施，确保投前投后一体化管理，从而实现高收益项目选得好、经营收益控得住。

第六节
经典案例：标杆信托管理机构的数智化实践

不动产项目往往投资规模巨大，单个项目动辄几十亿元，资产包高达上百亿元。投资过程中存在着诸多直接或间接影响投资收益的因素，收益不确定性大。不动产开发过程环环相扣，专业性要求高，稍有疏漏便会引发连锁效应。因此，资管机构亟须从外部引入不动产运营经验和数智化管理工具。

国内前 10 强信托 AB 公司的资产管理规模逾 5 000 亿元，其不动产事业部原有的信托计划以债权投资为主。受一系列金融监管政策的影响，该公司需要完成从债权投资向股权投资的转变。同时，为保证发行产品的收益率，维持行业口碑，该公司需要从粗放式的弱管理转为精细化的强管理。因此，AB 公司对整个业务管理的数智化水平提出了更高的要求。

爱德数智为 AB 公司搭建了一个"投前—投中—投后"全过程、一体化的投资管理平台，助力其实现了项目流程优化、投前决策自动化和投后管理智能化。

一、管理手段变化：由粗放式弱管理转为精细化强管理

AB 公司在完成其自身业务转型后，管理手段也发生了相应变化，由粗放式的弱管理变为精细化的强管理。

1. 数据来源：接入专业机构数据库

过去用于投资决策的数据，主要来自项目周边的一线踩盘数据和合作对象提供的项目经营预测数据。转型后，在原本数据基础上，企业还要从中指、克而瑞等十个数据库购买数据，接入更多的宏观、中观经济数据，还要通过项目经营的结果数据对合作对象提供的预测数据进行校正。

2. 指标数量：五个维度、200 多个指标

过去 AB 公司仅从项目自身的维度评价盈利能力和项目风险，指标数量不超过 50 个。目前在精细化强管理模式下，AB 公司会从城市、合作对象、交易结构、经营手段、竞争环境、投资收益五个维度，共计 200 多个指标进行预控，在投后也会进行预警，指标数量大幅增多。

3. 指标颗粒度：销售和回款按月监控，成本按合同和支付管控

企业过去的经营管控主要聚焦在季度计划下的销售和回款，对成本的管控则只能聚焦到一级成本科目。如今在精细化强管下，企业对销售和回款要按月度来进行监控，对成本则要按合同和支付进行管控。

4. 统计频率和统计周期：重点数据按日，资金数据按周，统计周期变短

在粗放式弱管理模式下，数据通常按季度进行统计，企业需要采集的数据量不大。采集数据的主要方式是被动收集和统计数据，耗时不会太长，从项目一线人员开始统计至高层拿到数据大概需要一周时间。

在进行精细化强管理后，现场的营销数据、合同执行情况和重要节点数据按日统计，资金账户余额等数据按周统计，在形成最终的成果后将其向后台汇报。

二、两大难题：数据分析质量低，工作效率低

在业务转型时，AB 公司产生了两大难题，第一个是在数据分析层面，第二个是在工作效率层面。

1. 数据分析：维度更全、指标更多、颗粒度更细

在寻找和筛选项目、详细评估与决策，以及投后监管等业务流程中，企业对数据分析的需求有所增强（见图 6-38）。

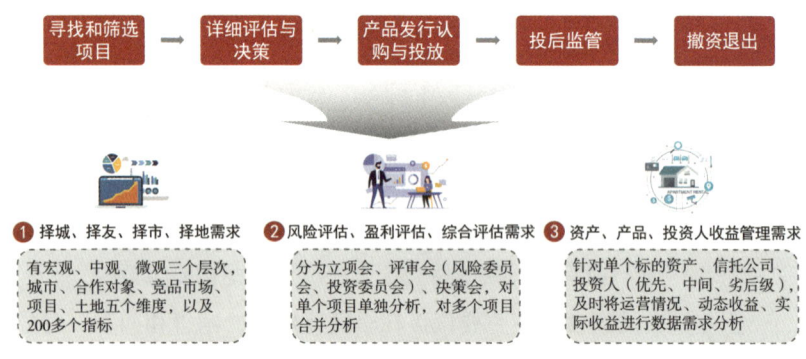

图 6-38　企业业务流程与数据分析需求（以信托公司为例）

在寻求和筛选项目的过程中，企业需要择城、择友、择市、择地，即从宏观层面筛选城市，从中观层面筛选合作对象以及竞品市场，从微观层面选择项目、土地。在这个需求之下，产生了三个层次、五个维度、200 多个指标的数据分析需求。

对项目进行详细评估和决策的过程涉及立项会、评审会、决策会等多个会议，企业需要对单个项目单独分析，或者对多个项目进行合并分析，从而产生对数据统计分析的高质量诉求。

在投后监管的过程中，出于资产、产品、投资人收益管理的需求，企业需要针对每项标的资产，及时将运营情况、动态收益和实际

收益的数据向信托公司或者不同分配顺序的投资人进行分析和报告。

2. 工作效率：单人工作量增多、工作周期增加

精细化强管理和工作效益之间产生的矛盾，主要体现在寻找和筛选项目、详细评估与决策、产品发行认购与投放，以及投后监管这四个过程中（见图6-39）。

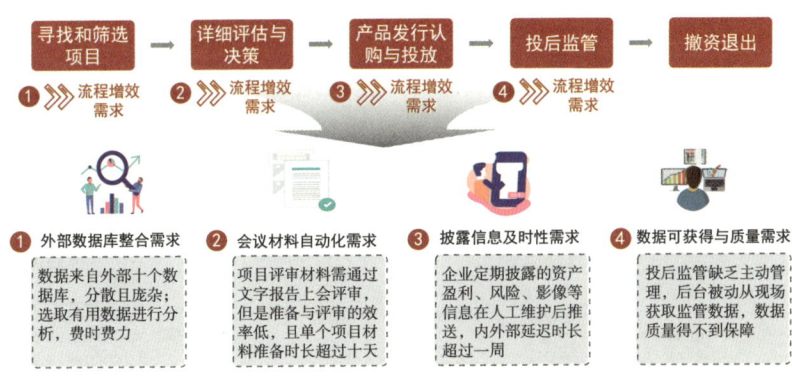

图6-39 企业业务流程与工作效率（以信托公司为例）

在寻找和筛选项目的过程中，企业面临着对外部数据库整合的需求。外部的十个数据库中的数据分散且庞杂，企业需要切换不同的平台进行分析，费时费力。

在详细评估与决策的过程中，会议材料的准备涉及大量重复工作，文字报告的准备过程效率低，且重点不能聚焦展现。单个项目的材料准备时长可能超过十天。在进行大量项目筛选的场景下，材料准备就占用了大量有效的工作时间。

在产品发行认购与投放的过程中，企业需要向投资者和行业协会定期披露资产盈利、风险等投资人关心的核心指标和行业协会要求的合规性指标。当前，由于统计的指标变多，流程和校核的需求增多，

所以内外部信息披露的延迟会达到一周以上。

在投后监管过程中，决策者对数据获取与数据质量有一定的需求。投后监管缺乏主动管理抓手，后台只能被动从现场获得监管数据。此外，现场数据统计的质量也难以得到保证。因此，从整体来看，后台数据不能主动获知，质量也得不到保障。

三、数智化方案：不动产全流程、全场景解决方案

针对以上数据分析层面和工作提效层面的诉求，爱德数智为 AB 公司打造了一个"投前—投中—投后"全流程、全场景的数智化解决方案（见图 6-40）。

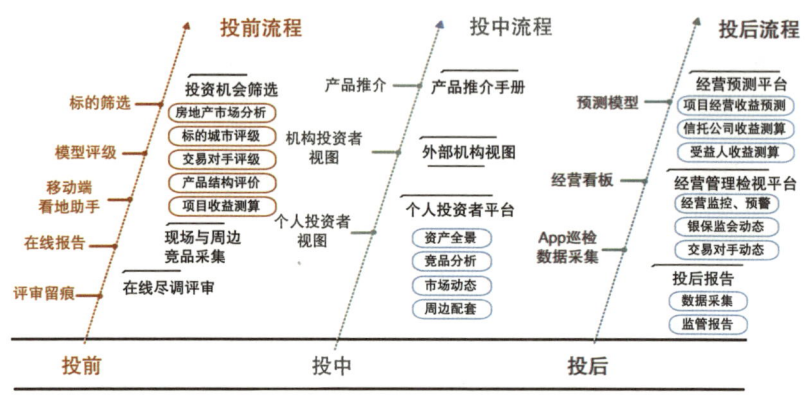

图 6-40　AB 公司全流程、全场景数智化解决方案

在投前阶段，该模型通过标的筛选、模型评级、移动端看地助手、在线报告和评审留痕，帮助企业完成投资机会的筛选、现场和周边竞品的采集以及在线尽调评审。

在投中阶段，该模型通过产品推介、机构投资者视图和个人投资者视图，在线生成产品推介手册、外部机构视图，以及个人投资者平

台，从而完成有效的产品发行推介。

在投后阶段，该模型通过梳理预测模型来搭建经营预测平台，通过个性定制经营看板来完善经营管理检视平台，通过移动端的 APP（应用软件）巡检和数据采集来自动生成投后报告。

1. 投前决策：智能数据赋能五大场景

投前决策的工作场景主要集中在以下五个方面：投资机会管理、现场信息采集、标的资产筛选、在线尽调报告和评审决策会议。系统通过连接市场大数据，使投前决策得到数智化手段的支持（见表 6-8）。

表 6-8　投前决策的工作场景的优化

项目	投资机会管理	现场信息采集	标的资产筛选	在线尽调报告	评审决策会议
过去	■ 信托经理各自维护拟投资项目，机会项目的跟进信息无法及时共享	■ 现场图片以电子文档为载体保存，靠电子邮件共享 ■ 难以输送至后台与投资人端	■ 以开发商的投测模型为准，不同开发商的假设逻辑不一致 ■ 数据合理性难以矫正，数据逻辑验证工作耗时耗力	■ 同一素材在不同场景下多次使用，准备上会报告耗时耗力	■ 以文字报告上会，无法结构化、可视化地展现核心信息 ■ 管理意见与修改记录容易丢失，无法溯源
现在	■ 为投资机会建立共享储备库，进行投资机会管理 ■ 在线关联金融产品与标的资产	■ 采集现场与周边土地影像，手机现场采集竞品项目 ■ 项目现场打卡，手机端录入尽调信息	■ 通过五维评测模型进行资产评价，通过项目收益模型进行标准化统一，拉通不同项目，实现可比性 ■ 自动生成投资评价看板，辅助投资决策	■ 业务中心统一标准，将报告模板结构化 ■ 自动采集项目信息、现场图片、测算数据，在线生成报告	■ 通过评审决策视图来展示可视化的重点信息 ■ 风控、合规、高管意见留痕，多版本报告保存

在投资机会管理方面，过去系统建立共享储备库，来管理金融产品与资产，维护拟投资的项目，对机会项目的跟进和信息的变更无法及时共享。当前系统会为投资机会建立共享储备库，并及时将拟筛选的项目和拟备案产品进行关联。

在现场信息采集方面，AB公司通过移动端方便、快捷地进行现场信息采集。AB公司需要实地完成现场尽调，并对所在地竞品市场和标的项目的信息进行采集。过去，现场图片通常以电子文档为载体进行保存，通过电子邮件进行共享，难以被输送到管理后台以及投资人端。现在通过系统，企业可以通过移动端对现场和周边土地进行影像的采集，向后台进行数据传输，并且可以在现场完成手机打卡、录入尽调信息，从而完成合规性要求。

在标的资产筛选方面，要想实现模型和标准相互对比，企业需要获得开发商的投测模型。但是，不同开发商的假设条件不一样，模型不一样，逻辑也不一样，所以数据的合理性很难得到校正，数据的逻辑验证工作耗时耗力。现在，系统可以通过五维评测模型进行系统地评价，并通过项目收益模型进行标准化统一，从而实现了可比性。

在在线尽调报告方面，同样的素材通常会在不同场景下多次使用，而且上会报告准备耗时耗力。现在通过系统，业务中心可以统一标准，为尽调报告制定结构化的报告模板，此后企业就可以自动采集项目现场信息并测算数据，从而自动生成在线报告。

在评审决策会议方面，过去通过文字报告上会，会议材料缺乏结构化和可视化的核心信息。风险委员会、投资委员会和高管的线下修改意见容易丢失，而且无法溯源各个修改版本。现在系统可以展示可视化的重点信息，并且风控、高管的意见会在系统中实现留痕，多版本的报告也会得到保存。

2. 投中协同：多角色、多场景经营预测

企业内部的各协同部门，包括风控部门、财务部门等，可以及时对沉淀在数据库中的数据进行更新，及时预警风险，从而使各协同部门完成选、募、投、管、退上的协同监管。

如图6-41所示，通过部门协同视图，企业可以监控投前、投后、投中的风险控制要素，在平台上进行交圈、协同管理。

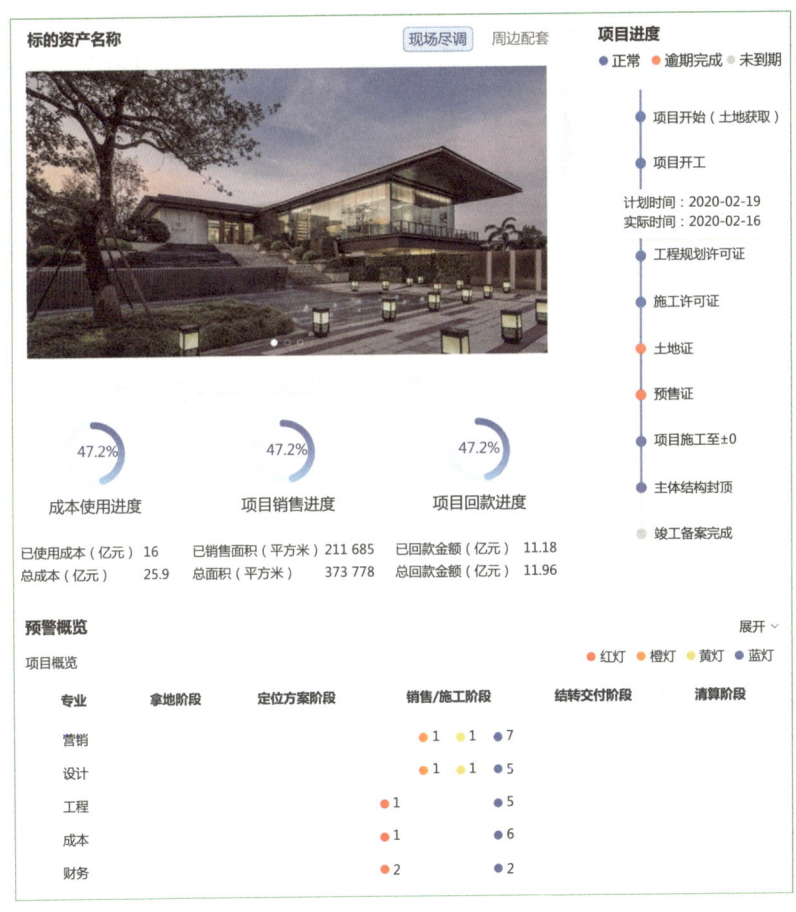

图6-41 部门协同视图（模拟图）

如图 6-42 所示，通过高管视图，企业可以监控到项目层级、公司层级的经营收益和风险。

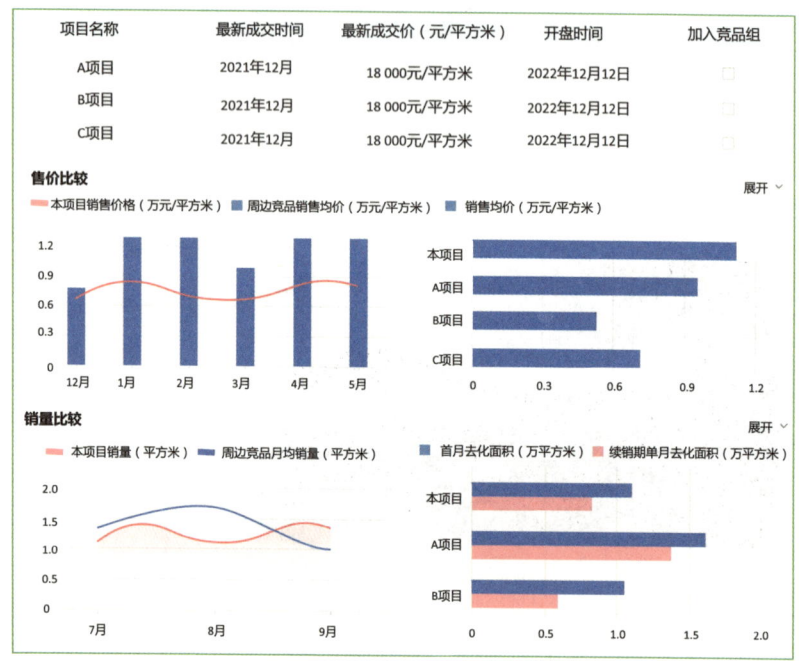

图 6-42　高管视图（模拟图）

如图 6-43 所示，通过合作机构视图，企业可以在产品的推介期和存续期展现项目的基础信息、竞品信息、成本、销售情况与计划的偏离情况，以及现场影像情况。

如图 6-44 所示，通过个人投资者视图，企业也可以在存续期、推介期接收与资产动态以及预估收益相关的信息，从而完成数据的单次录入、多次使用，以及多角色的数据服务应用。对外部投资者来说，他们可以通过系统了解底层资产。通过图片和视频，投资人能够切实感受到资产管理。

信托产品概况

图 6-43 合作机构视图（模拟图）

图 6-44 个人投资者视图（模拟图）

第六章 资管企业的 AI 决策

3. 投后监管：智能预警赋能风险管理

在投后场景上，系统通过智能预警赋能投后的风险管理。投后的风险管理场景依次包括：前台人员对项目现场的业务管理；中后台人员对动态收益、动态现金流的监控，对资产经营的预警以及对向外披露的监管报告的输出（见表6-9）。

表6-9　投后管理的工作场景的优化

项目	现场业务管理	动态收益监控	动态现金流监控	资产经营预警	在线监管报告输出
过去	■ 现场人员主要负责发起章证照的使用审批，管理流于形式	■ 依赖于合作方提供的结果测算数据，无法判断其准确性	■ 通过总预算、月度预算与决算比较资金预算的执行情况	■ 无法获知当经营计划偏离预期时，会对整体收益产生什么程度的影响 ■ 需要手动查阅不同网站以获知合作企业的经营风险、财务风险和舆情新闻等	■ 现场人员按照后台要求，定期编制项目周报与月报。后台人员在评审后向外披露，而信息披露不足影响投资人信心
现在	■ 项目设计、成本、营销、计划等现场监管数据按专业要求及时按需录入，系统自动统计和整理 ■ 与合作方共管审批事项，快速提交审批	■ 通过自定义模型来动态监测项目端、基金公司端、投资人端的清算预期总收益 ■ 可调整市场影响因素，做出不同情景下的收益预测	■ 通过经营计划预测、现金流计划，提前预警经营性现金流缺口和资金可分配情况 ■ 实现可分配资金的自动分配测算	■ 内部动态数据自动更新运算，关键指标自动巡检、预警 ■ 外部数据源自动输送外部关联风险信息，及时提示风险	■ 月度会议汇报材料自动生成 ■ 外部披露数据自动生成 ■ 完整数据信息及时传递给高管和外部投资者

在现场业务管理中，系统实现了自动统计现场监管数据，对共管事项可以快速提交审批。而过去，现场人员主要负责发起章证照的使用审批，管理流于形式。现在系统将对项目的设计、成本、营销、计划等现场监管数据按专业要求及时按需录入，并自动进行统计和整理。

在动态收益监控中，系统实现了动态监测预期收益、多场景收益模拟推演，可以通过自定义模型来动态监测项目端、基金公司端和投资人端的清算预期总收益，还可以调整市场影响因素。

在动态现金流监控中，系统实现了缺口预警和资源自动测算。过去通过总预算、月度预算和决算来比较资金预算的执行情况，只能做到预实的对比。系统上线后，通过经营计划预测、现金流计划，企业可以提前预警经营性现金流缺口和资金可分配的情况，并且可以通过分配参数的初始化设定，完成对可分配资金的自动分配测算。

在资产经营预警中，系统实现了自动巡检与提示。在系统上线之前，企业通常无法获知经营计划偏离预期会对整体收益产生什么程度的影响，企业还需要手动查阅不同的网站以获知合作企业的经营风险、财务风险和舆情新闻等。系统上线后，内部动态数据会自动更新运算，关键指标会自动巡检和预警。外部企业的舆情风险也会通过外部数据源自动输送到系统之中，然后进行风险的自动巡检与提示。

在在线监管报告的输出上，系统确保了信息披露的完整性，增强了投资人的信心。过去，通常是现场人员按照后台的要求定期编制项目的周报和月报，后台人员在评审后选取数据向外披露，而信息披露不足会影响投资人的信心。系统上线后，月度会议汇报的材料和向外披露的材料可以自动生成，完整的数据可以及时地传递给高管和外部投资者，从而增强高管对后台的管理以及外部投资者的投资信心。

总而言之，在投后阶段，数智化平台主要实现三个功能：一是前、中、后台以及不同部门交圈的平台化；二是完成业务的信息化；三是完成文件输出的自动化。同时，平台在整个经营监控上完成智能预警，实现现场主动监管、后台所关注的关键指标预警，以及风险的指标归因，从而赋能投后的风险管理。

通过数智化投资管理系统的搭建，目前 AB 公司的不动产投资业务管理已覆盖十大标准化数据源，可以向数据中台输入海量数据，输出数据服务，从而辅助企业实现数智化投资管理。通过多视角视图、差异化展示，系统让投资人直观地感知所投项目的价值，向外部投资者展现了公司优异的房地产类信托资产管理能力。

第七章　物管企业的 AI 决策

物管企业的上一个风口是上市，而时至今日，很多已上市的物管企业却深感上市之痛。因为上市后，对企业规模与利润的双重要求成为现实的困局。

借助 AI 数智化工具，标杆物管企业已经成功运用数智化运营管理思路，围绕"利润"和"规模"两个目标，通过"预测"、"预演"建目标，通过"预警"、"预控"落目标，从而确保其所有的业务动作和管理决策都能聚焦核心目标。

AI 决策能帮助物管企业大幅释放手工劳动，快速提升人工效能和企业综合竞争力。

第一节
物业管理的行业背景和四化趋势

2014 年以来，物业服务的价值被行业及资本市场认可，物管行业逐步进入"模式升级"的黄金阶段。通过规模化、集成化、资本化和科技化，物管企业内部管理不断升级。在这一过程中，数智化是重要支撑。

如图 7-1 所示，物管行业呈现"一低四大"的特征，即行业虽然集中度低，但具有大空间、大价值、大转变和大想象。

行业集中度低指的是市场份额占比低。如图 7-2 所示，从 2015 年到 2020 年，国内前 10 强和前 100 强物管企业的市场份额占比逐年提升。不过，市场份额的提升也意味着前 100 强物管企业的竞争更加激烈。

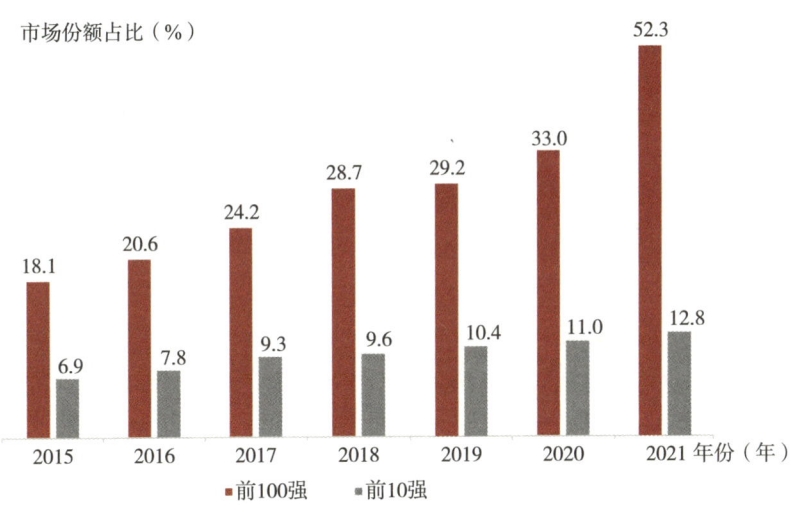

图 7-1 物管行业的四化趋势

图 7-2 头部企业市场份额占比

  过去几年，地产增量的扩大为物管行业提供了大空间，业主需求升级则带来大价值。面对业主无止境的住所需求，作为一个服务行业，物管企业提出业主全生命周期概念。从人的出生到死亡，物管服务都可以介入其需求中。在这个过程中，物管行业发展空间带来的价值是无限的。

  在激烈的竞争背景下，物管企业纷纷登陆资本市场，寻求更大的发展。如图 7-3 所示，近年来，有 40 多家物管企业登陆资本市场。上市后，物管企业的估值也发生了深刻的变化。科技的进步，无疑拓宽了物管行业的发展空间。

图 7-3　上市物管公司总数及总市值

现在，很多小区都引入了人脸识别门禁，或者社区一体化系统。数智化走进社区，带来的不仅有管理上的便利，还有其他便利。比如，通过人脸识别接口，物管企业可以对车位需求、常住业主、自住业主等信息进行更加快速地分析。通过业主客户端，物管企业还可以开展零售、家政等经营服务工作。

物管行业的发展呈现四化趋势，即规模化、集成化、资本化和科技化。

规模化是指通过扩张来抢占市场份额。在竞争比较激烈的情况下，物管企业可以通过规模化来抢占更多的市场份额。

靠传统方式进行规模扩张，力度有限。如果能够充分调动且满足业主需求的多样性，那么通过多种经营集成化的方式进行大物业管理运营，能够使物管企业的发展有无限的可能性。

为了扩张，也为了多种经营，物管企业需要提供足够的资金，这些资金源于资本市场。

科技化一方面是指物管企业用更科学的手段进行小区管理；另一方面是指随着规模和管理半径的扩大，管理精细化难度提升，业务管理线上化的需求变得更加迫切。

一、物管企业数智化建设需求分析

在规模不断扩张时期，纯粹依靠线下管理，做到全面布局、经营管控、风险管控，这对于物管企业来说有一定难度。

基于企业发展及经营需求，物管企业需要构建以项目经营为基线的企业数智化经营监控平台。

如图 7-4 所示，爱德数智化经营监控平台以"一切业务数据化、一切数据业务化"的概念，以业务数据化、数据标准化、数据共享服务和经营平台支撑为能力基础，满足集团规模扩张需要，协助集团全面布局和运营统筹，实现经营监控和风险管控。

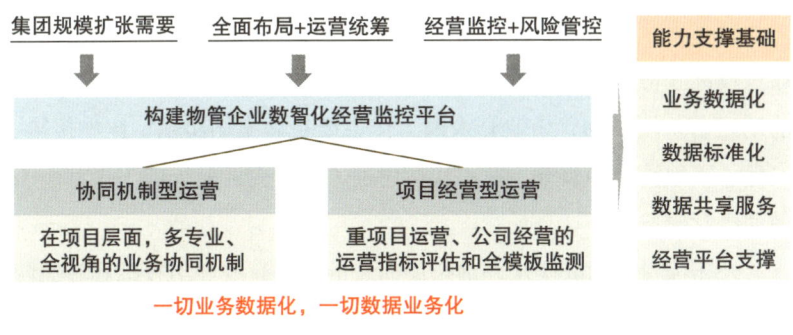

图 7-4 物管企业数智化经营监控平台需求逻辑与能力基础

在物管企业，业务管理部门分散，盈利模式差异较大，数据应用壁垒森严，全周期经营分析平台对测算模型的适配性要求较高。

物管企业从项目签约到退场，整个过程的管理架构应该是什么样的？其各项服务涉及哪些盈利模式？如何打通数据应用壁垒？相关人员需要对物管企业项目全周期运营管理架构有充分的掌握。

如图 7-5 所示，从项目投标到结束，项目一般会分为两种：自有项目和外拓项目。

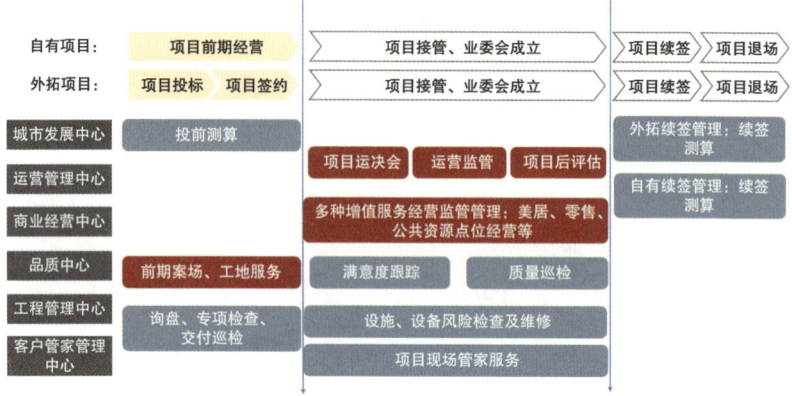

图 7-5 物管企业的全周期运营管理架构

自有项目是指集团公司旗下的地产公司所有的项目，一般不需要通过投标获得。这种项目一般在正式接管、业主入住前，有一个项目前期经营阶段。物管企业介入的工作主要是做案场协销，比如接待、安保、工地清洁等服务。在正式交付前，物管企业介入的工作都属于前期经营服务。

外拓项目是指完全从外部拓展而来的项目，要经历投标和签约两个过程，这两个过程由城市发展中心负责。前期经营服务一般由品质中心做管理。在正式交付前，工程管理中心负责询盘、专项检查及交付巡检等。

业主入住、物管企业及业委会正式接管之后，运营期开始。这一阶段主要由运营管理中心和商业经营中心介入。

运营管理中心对整个项目做物管服务的管理，更多的是对管家负责，对整个项目的盈利负责。因此，项目运决会、运营监管和项目后评估等工作都由运营管理中心来负责。

商业经营中心更多的是扩张多种增值服务经营管理，比如美居、零售、公共资源点位经营等，既可以做美居方面的推广，也可以做零售推广和招商等。商业经营中心的定位是一个经营部门。

品质中心、工程管理中心、客户管家管理中心等部门，更多的是以项目管理为主。

项目续签又分为外拓项目续签和自有项目续签。外拓项目涉及外拓人员的业绩，续签一般由城市发展中心管理，退场部分一般是由运营管理中心来决策和管理。自有项目续签一般由运营管理中心决策。

全周期经营分析平台要求各部门对业务管理和项目盈利模式，进行全面覆盖和充分分析。

二、物管企业项目运营中面临的问题

如图 7-6 所示，从签约到退场，每一个项目或大部分物管企业都面临三个问题。

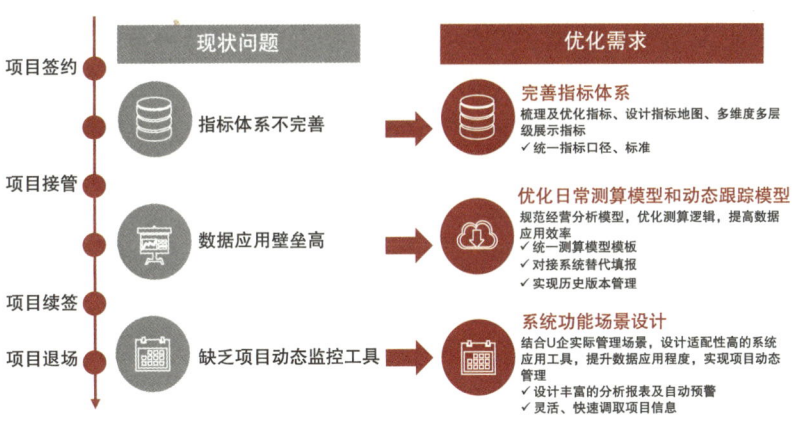

图 7-6　物管企业面临的问题和优化需求

第一，指标体系不完善。这主要体现在两个方面：其一，缺乏完整反映项目经营健康程度的体系化指标，以支撑全周期经营分析；其二，项目数据口径、来源不统一，导致各大系统均形成数据孤岛，无法实现数据共享。

第二，数据应用壁垒高。目前U企主要以线下纸质工具呈现项目数据，项目数据散落在各个业务部门，未实现数据互通。我们前期接洽的大多数100强企业，均同时管理很多项目。在这种情况下，企业依靠线下做动态监控比较难。即使每个项目都有一张月报表，但在管理过程中物管企业发现，业务部门报送上来的数据可信度并不高，或者说准确度不高，这给企业日常管控带来难度。

第三，缺乏项目动态监控工具。企业难以快速、全面、准确地获取经营数据，供管理层使用，从而影响管理效率。

爱德数智平台从这三大问题出发，提出三大优化需求：完善指标体系、优化日常测算模型和动态跟踪模型以及系统功能场景设计。爱德数智平台让所有指标都有统一的标准、来源、维度，可以对接各种线上系统，由系统填报代替人工填报，提高日常数据的准确性。这不仅可以保存历史版本以做数据对比，还可以满足日常数据监控需求，以评价项目是否按设想方式和角度发展。

提出优化需求之后，爱德数智平台的主要工作是全盘理解企业的战略经营导向。随后，我们可以有针对性地梳理日常关注的指标，在这个基础上，进行模型构建，最后达成场景规划和系统上线。

如图7-7所示，这一套完整的过程，就是预见性经营决策4P体系，包含业务预测、场景预演、风控预警以及决策预控。

预见性经营决策4P体系是在经营全周期、全层级、全专业、全项目、全业态的视角下，以数据化、智能化平台为依托，以预测、预演、预警、预控为手段，以数字平台内嵌的数据模型和逻辑运算为驱动，实现利润管理的战略、经营、业务一体化体系。

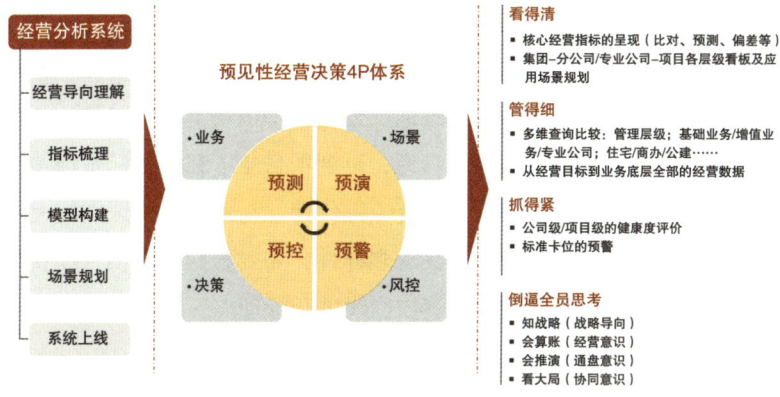

图 7-7 预见性经营决策 4P 体系

预见性经营决策 4P 体系是以业务为出发点，结合实际运营管理中的应用场景，主动识别并预判管理过程中的风险，并对其进行预警。最后，通过数据分析，帮助企业做决策预控辅助。

整个经营分析体系，以经营为导向，从实际业务出发，以业务的需求为基底进行关键指标的梳理。关键指标输出也会作为经营分析体系模型构建的目的。因此，构建的模型一定能贴合实际业务，不仅能落地使用，也能通过数据集成等手段降低数据分析的工作量，并保证数据分析的准确性。

整个分析系统能够体现最基础、最底层的数据逻辑，通过系统内各种场景规划的辅助功能助力管理者进行决策。这些场景规划就是系统根据管理者的需求，通过模型的自动计算完成指标输出，呈现可视化的结果。比如 BI 看板、查询等，这些功能场景设计能够帮助管理者"看得清、管得细、抓得紧"，同时倒逼全员思考。

BI 看板通过同比、环比、趋势、目标偏差等大量的数据分析，代替日常看到的很多表格。管理者通过这些可视化看板里的高亮数据，迅速抓取重要而关键的信息。

三、物管公司的管理逻辑

如图 7-8 所示，物管公司跟地产公司管理逻辑类似，都是从公司战略管理到公司年度利润目标管理，再到项目年度利润目标管理，同时，把时间维度拆分成季度、年度、三年等。与地产公司区别较大的是，物管公司的投后经营方式具有多样性，需要根据不同项目的获取方式，采取不同的管控力度和管控红线进行管理。

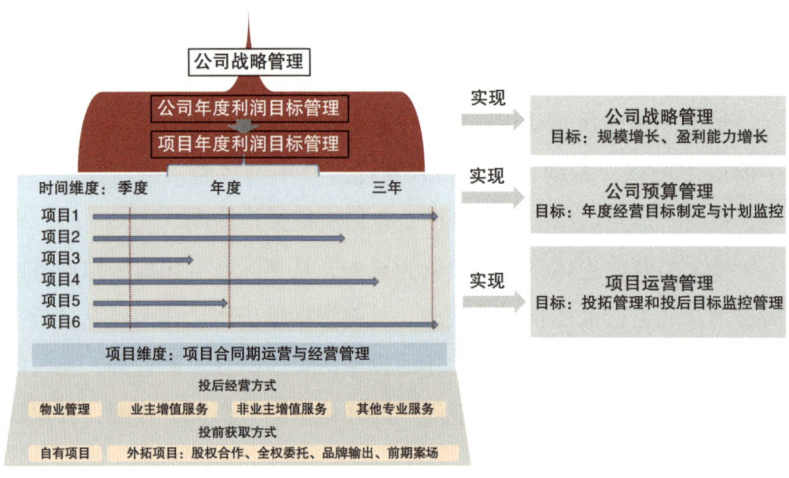

图 7-8　物管公司的管理逻辑

从投后经营方式来看，有物业管理、业主增值服务、非业主增值服务及其他专业服务等多种形式。从投前获取方式来看，既有自有项目也有外拓项目。外拓项目包括股权合作、全权委托、品牌输出及前期案场等，其利润红线跟自有项目不同。也就是说，在项目类型多样化的情况下，物管公司对项目管理的差异其实比较大。

匹配物管公司的管理逻辑后，我们得出物业运营管理的总体框架。经营分析体系可以分为经营评价体系和服务评价体系。经营评价体系会有比较多的盈利指标。相对来说，服务评价体系更多地从项目的角度评价，评价指标主要涉及客户满意度、关单率等品质类指标。

在分析的同时，我们也从公司目标和项目目标出发，分层级管理。

如图 7-9 所示，从上往下看，公司制定 3~5 年战略规划后，将战略目标按年度进行分解，再将年度经营目标按照层级分解为外拓项目目标和项目经营目标。项目经营目标指的是在管项目经营目标。通过系统的集成分析，系统会输出经营绩效考核的数据。这一数据跟项目投前所设定的目标进行匹配，便会得出项目后评估或定期的项目经营监控结果。

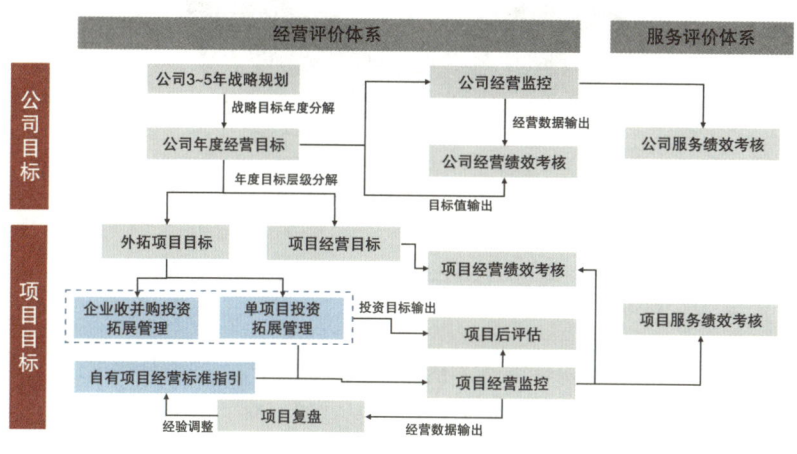

图 7-9　物业运营管理的总体框架

每一个外拓项目，无论是企业收并购投资还是单项目投资，最终的落点都是项目管理。投前阶段依然以项目为最基础的单位进行测算。只有这样，公司层面才会有对应的目标值和经营数据的输出，最终实现数据沉淀，助力项目复盘。

四、预见性经营决策 4P 体系在业务场景中的应用

如图 7-10 所示，预见性经营决策 4P 体系在业务场景中的应用，与地产公司相匹配，包含预测、预演、预警、预控四个大的流程。

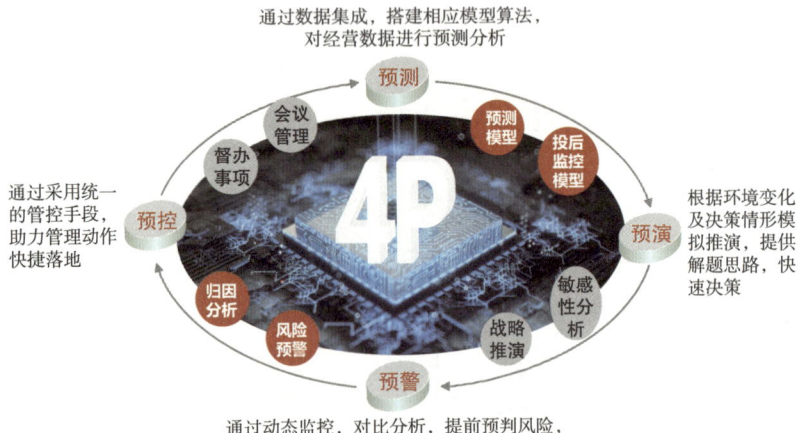

图 7-10　预见性经营决策 4P 体系在业务场景中的应用

预测就是通过数据集成，搭建相应模型算法，对经营数据进行预测。预演则是根据环境变化及决策情形模拟推演，提供解题思路，快速决策。预警则是动态监控，对比分析，提前预判风险，进行风险寻源，以便及早应对。预控则是通过采取统一的管控手段，助力管理动作快速落地。

五、项目全周期经营分析四大应用规划

如图 7-11 所示，项目全周期经营分析四大应用规划包含集团经营看板、区域经营看板、项目经营看板和多层级分析应用。以上规划

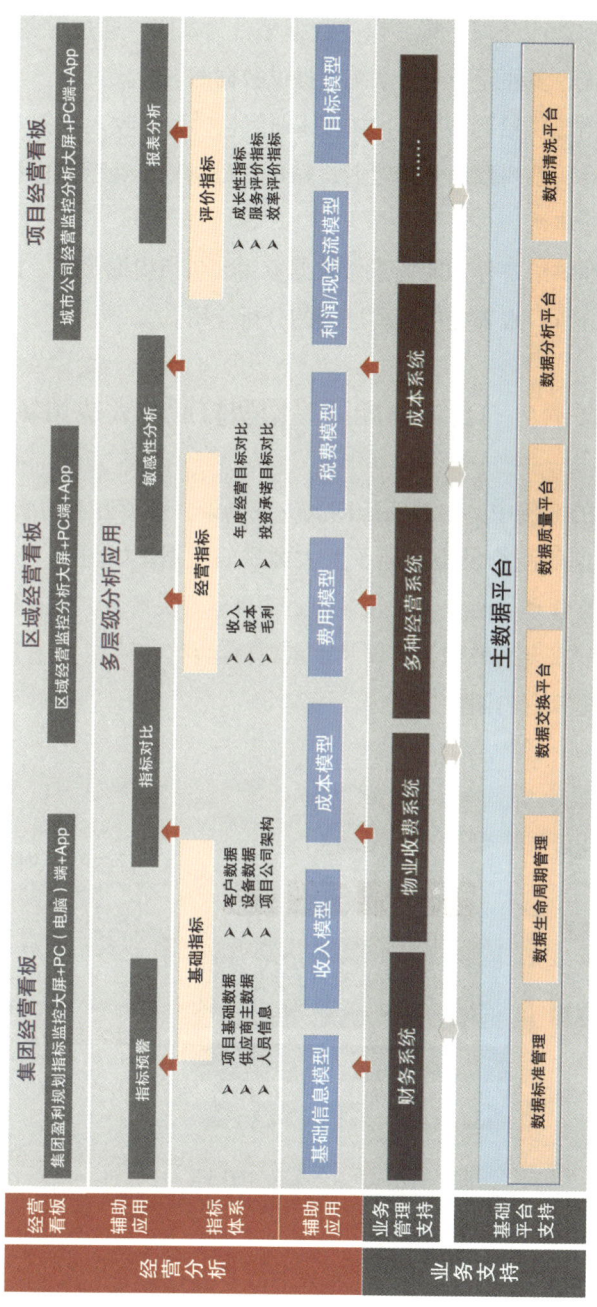

图 7-11 项目全周期经营分析四大应用规划

第七章 物管企业的 AI 决策

的大致逻辑和地产公司一样，以主数据平台为基底，通过财务系统、物业收费系统等多种经营业务系统，提供数据源支持。

这些数据源供给到图 7-11 中的基础信息模型、收入模型等七大模型，在进行一系列数据分析之后，输出基础指标、经营指标和评价指标三大指标体系。

这些指标供给各种功能场景做数据应用，包括指标预警、指标对比、敏感性分析、报表分析等多层级的分析应用。

六、U 企案例：一套全周期测算模型打通四大决策场景

在 U 企的案例中，总共匹配四大决策场景，做了五类功能建设，以一套全周期的测算模型拉通了五大类型的数据。如图 7-12 所示，全周期的经营管理可能涉及比较多的是项目运营决策会，还有每个月的动态跟踪、重点区域运营会议及重点项目运营会议等，所有运营会议用到的指标都有趋同性。

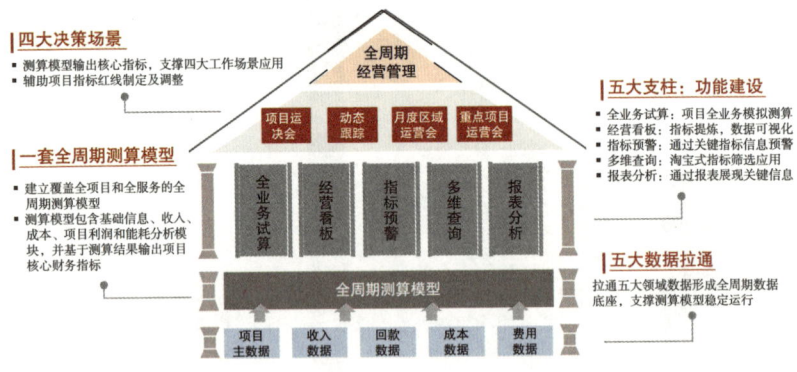

图 7-12　U 企全周期测算模型

针对线下痛点，该模型对关键指标做了一轮梳理，包括五大类型的数据：项目主数据、收入数据、回款数据、成本数据和费用数据。除了项目主数据，其他数据都跟财务有关。全周期测算模型正是以这些数据的拉通作为目标。通过这一模型，建立全业务的测算、运维模型。

如图7-13所示，U企数智化经营管理平台分为三大层级：项目、区域公司和集团，用运维模型做支撑，为项目全生命周期提供很多差异化的管理手段，为部分指标的预警辅助功能提供数据支撑。

这些数据支撑使得运营标准优化，包括利润红线、成本占比红线等。这些都可以在模型基础上形成健康的评价标准。

项目运营监控包含合同监控、财务监控、进度监控、品质监控及能耗监控等指标监控。在这一过程中，会用到趋势分析、结构分析、关联分析和预实分析等众多分析工具，为集团经营看板提供更丰富的分析工具。

如图7-14、图7-15所示，通过可视化分析报表，直观而全面地呈现了"集团—区域公司—项目"的日常经营和业务情况；通过全层级覆盖，满足各层级数据查看的需要；通过全指标拉通，实现各部门数据共享需求，打破数据壁垒；通过全周期监控，帮助管理者适时了解业务情况。

目前，U企已经实现了如图7-16所示的多维查询，这种查询简单且易操作。按照业务逻辑，快速、准确地生成业务所需报表，满足决策者的各项动态需求。

系统通过多维查询、匹配日常接待或项目询盘等业务场景，快速显示全公司当前的管理规模或经营实况。比如，想要查询现在住宅的收费面积，可以通过勾选相关项目条件和指标，一键得出结果。这样的数据不仅可以保证时效性，还可以保证消息的及时性。这一功能的设计，统一了指标口径、数据标准，可以把很多人工统计的工作量释放，减少人工提取数据、核对数据、汇总数据工作，提升工作效率。

第七章 物管企业的AI决策

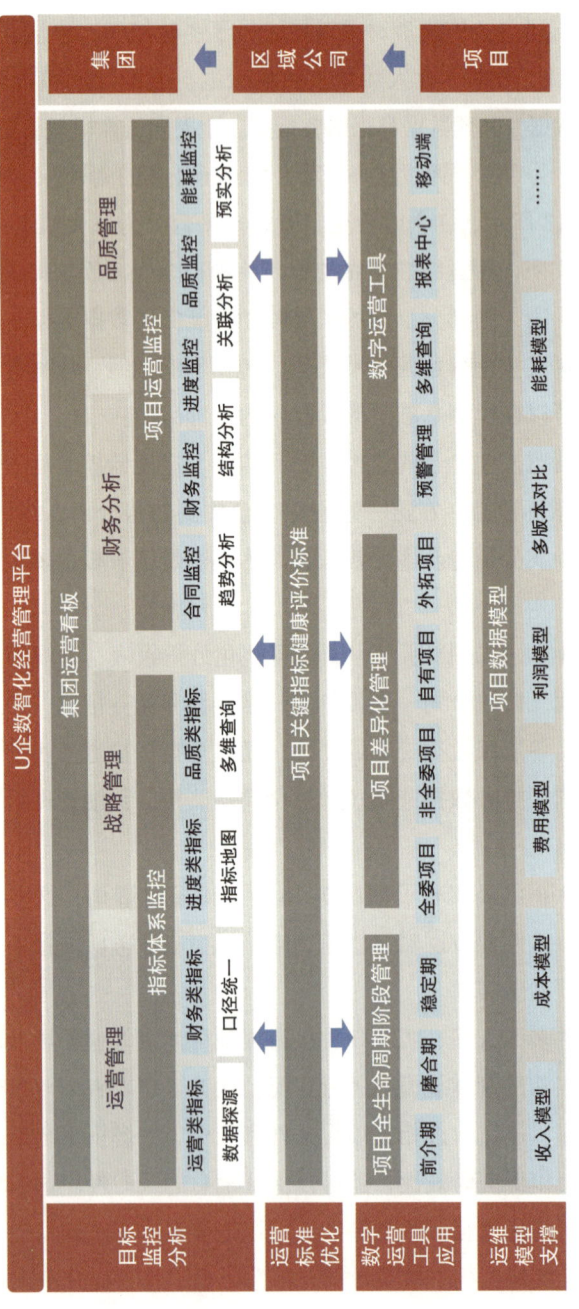

图 7-13 U 企数智化经营总体规划蓝图

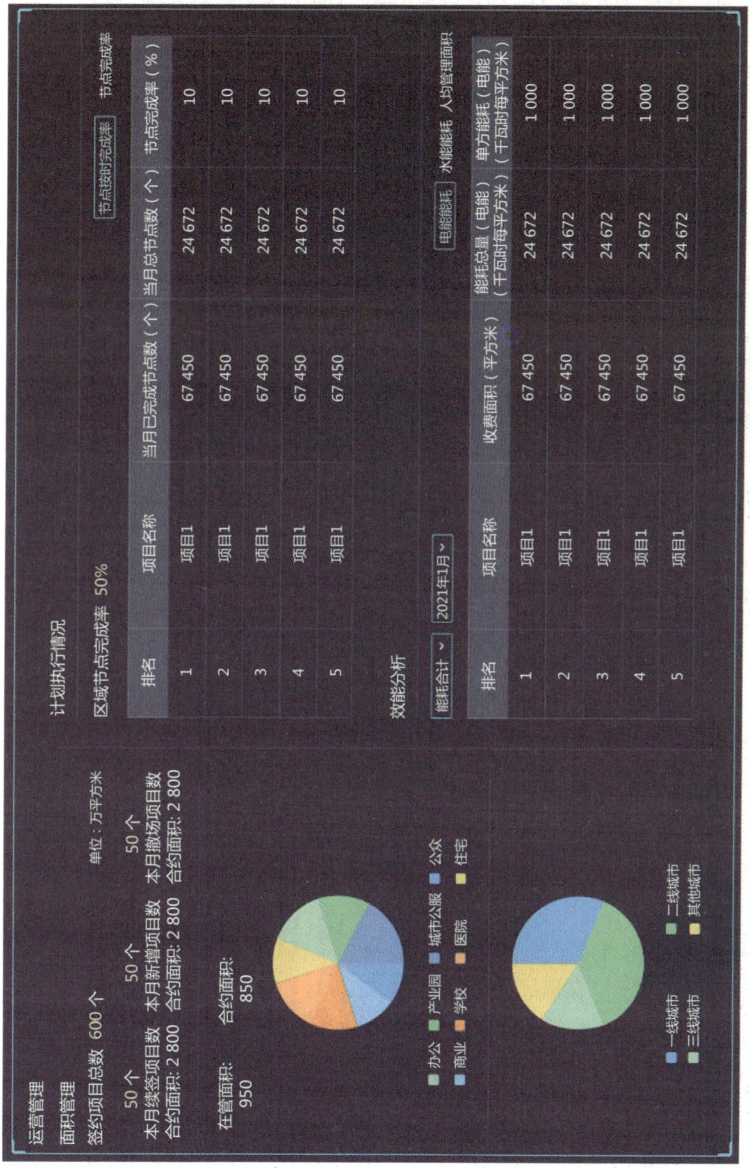

图7-14 集团经营看板（模拟数据）

第七章 物管企业的AI决策 301

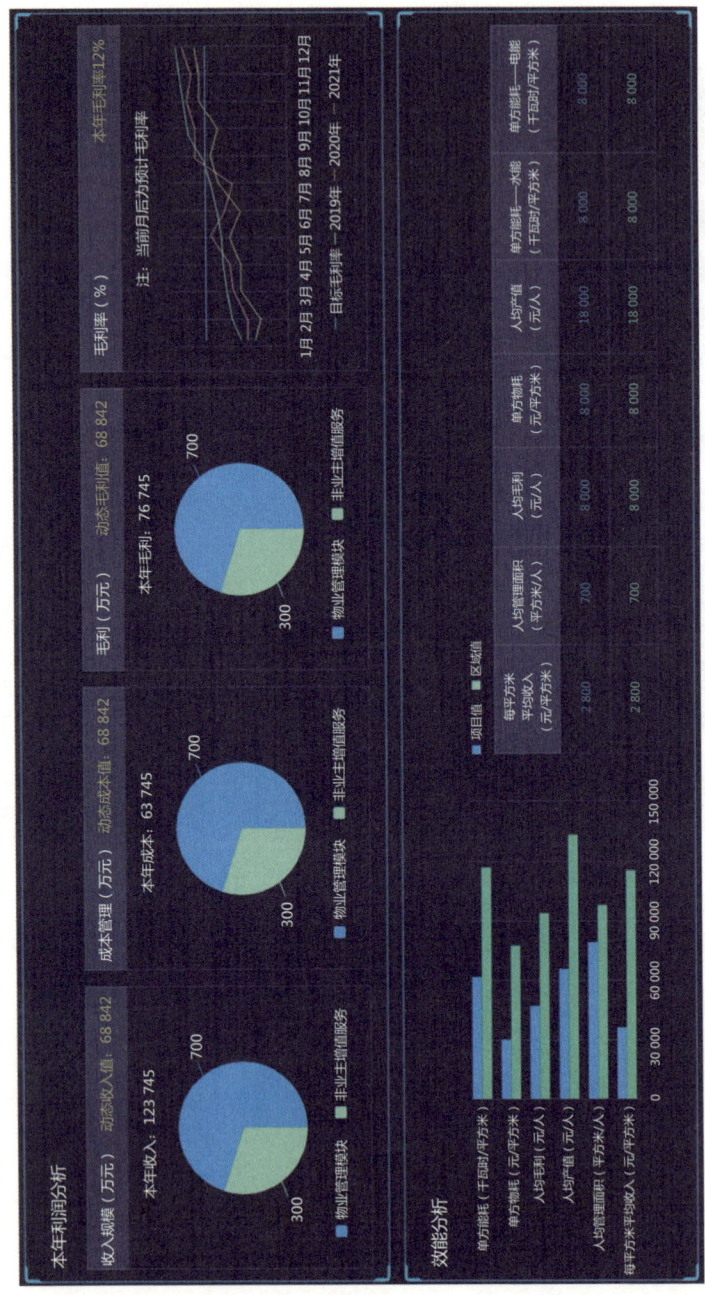

图 7-15 项目(区域)经营看板(模拟数据)

图 7-16 移动端多维查询

目前，多维查询已经做到了 T+1（第二天）定时更新，这样就确保了数据的相对准确和及时。在预警管理模块，U 企的特点是在物业管理项目类型多样性的基础上，做了很多预警阈值的灵活适配。

为了灵活适配各种类型项目，可以对同一预警指标按照"项目类型、管理类型、项目阶段、一级业态"设定阈值。根据阈值设置，自动判断预警项目及预警层级。通过对项目核心经营数据动态监测，自动识别经营风险，快速定位风险分布，实现风险提前预警。

本节使读者对物业管理服务的数智化运营有了总体的认知，也展现了数智化给物业管理带来的诸多便利。

第二节
预测：收入和成本预测是核心

物业管理的预测，应立足当前，以实际数据为依据进行项目全周期测算。如图 7-17 所示，分为收入预测和成本预测。

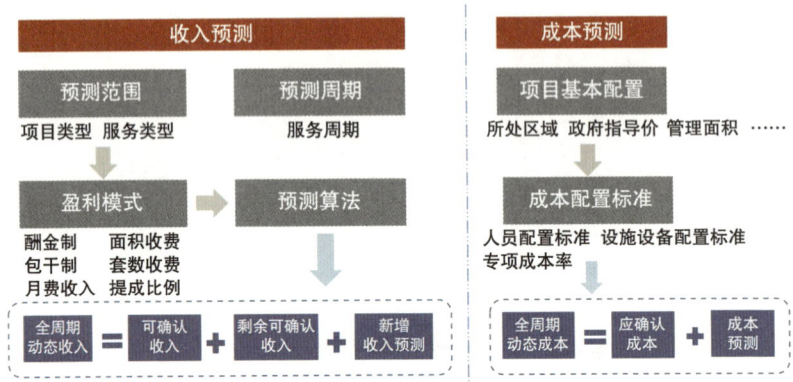

图 7-17　预测的要素

物管项目的特点是收入渠道多且稳定，人力成本是主要成本。

第一，收入渠道多。服务类型多样，每个项目可同时开展多项业务，包含三大类型、九大类子项服务。

第二，收入稳定。每月收入趋势平稳。

第三，人力资源费用、清洁绿化费用、设施设备维护维修费用、公共水电费等为项目主要成本，其余大多为专项成本，与收入直接相关联。

一、收入预测

1. 项目制物业管理

物业管理服务及楼盘点位运营均受限于项目资源数量，以项目制管理形式开展，通过策略假设、因子录入等方式，快速完成项目数据预测。

如图 7-18 所示，根据是否具有经营权，项目可以分为全委托项目和非全委托项目两类。非全委托项目可定义为对项目资源不具备经营权，仅提供单项专项服务；全委托项目则可定义为对项目资源具备经营权，可开展各项业主增值服务。

全委托项目的收费又分为两种方式：包干制和酬金制。包干制是指物管公司依据收费价格标准确定服务内容及服务质量标准，服务质量标准根据业主缴纳的费用确定，不能随意调整；酬金制是指物管公司根据服务质量标准获取固定的酬金收取标准及金额，服务质量由业主确定，可以随时调整。

目前，U 企 99% 的项目都是包干制。包干制的新增收入预测，需依据楼栋的交付计划和交付面积，结合每种业态的收费标准完成。

在酬金制中，有两种计算方式，第一种是按提成比例计算，第二种是按固定月费计算。

酬金制是在包干制的基础之上，纳入预算的可确认收入有提成比例。同时，剩余可确认收入里也有合同约定的提成比例。因为合同提成比例可能涉及一些减免等实际情况，所以要考虑这些假设的情况。

固定月费这种收费模式可按照合同约定标准即期限直接完成预测。

非全委托项目按照月费和人头包干制两种方式计算。无论是哪种方式，都按照合同约定的金额计算。

在业主增值服务项里，楼盘点位运营的收入预测也受限于项目点位资源的多少。其中，可确认收入和剩余可确认收入，都是针对已签订租赁合同的部分，直接按照合同约定金额即可。该项新增收入预测，分为两种情况：平均租售价格和月度剩余资源点位。值得注意的是，在总量不变的情况下，每个月剩余点位会动态变化。剩余点位用的是实际数据，预计的租赁价格用的是预测假设标准。

这是对受限于项目资源的项目制形式开展的两种服务。由此可见，这两种服务的收入预测都是基于项目资源来做的假设。

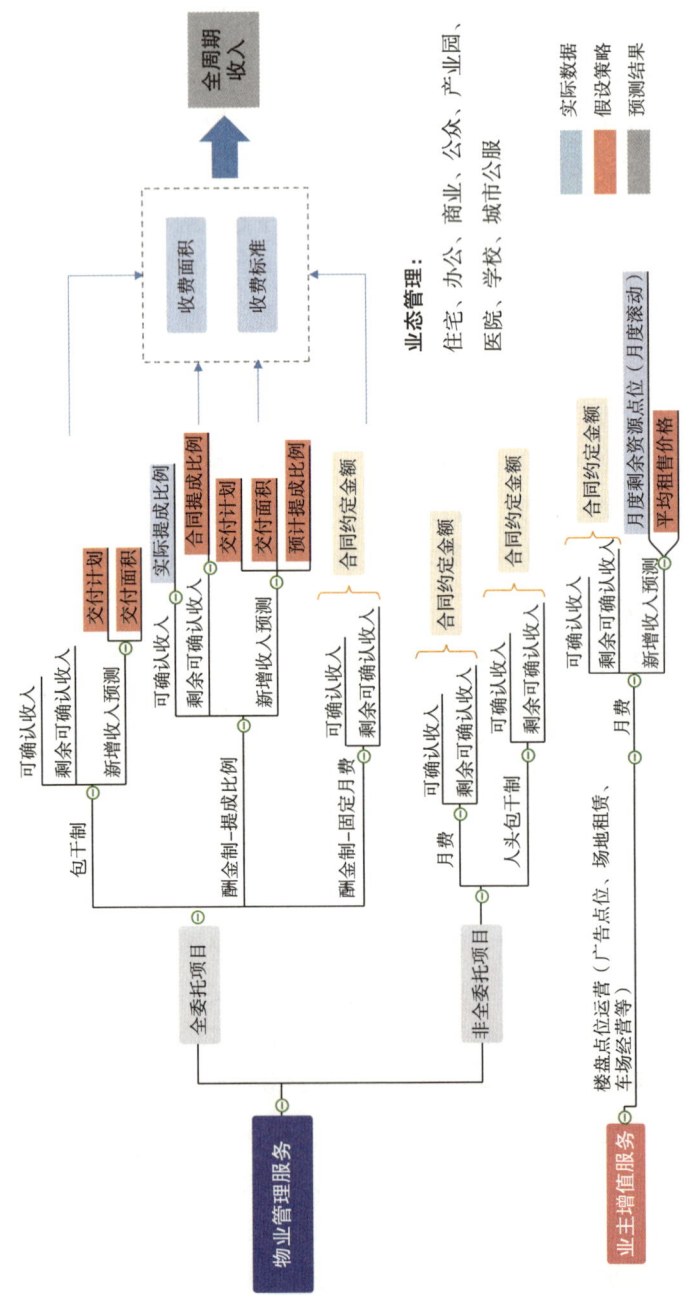

图 7-18 项目制物业管理服务的收入预测

306　　不动产 AI 决策

2. 合同制物业管理

独立的物管项目运营，不受区域限制，建议物管企业以合同管理形式来开展。如图 7-19 所示，合同制物业管理项目分为业主增值服务和非业主增值服务。

采用合同管理模式有一个好处，就是可以清晰地知道每一份合同带来的收入和对应的专项成本是多少。在一份合同的存续期内，毛利率比较容易计算，通过它企业能够清晰地知道哪些区域、哪些合同、哪个点位的盈利性最高。

美居服务分为可确认收入、剩余可确认收入和新增收入预测。可确认收入和剩余可确认收入都是针对已经签订的美居合同。这里可能涉及不同工期的可结算比例和金额。以合同约定方式来管理能够使管理更加精细化。

由于合同管理制的服务很难用定量的规则来量化增长，因此，对于美居服务的新增收入预测，可采用年度增长率的形式。而年度增长率的制定需考虑业主转化率、市场渗透率等实际情况，生活服务和其他非业主增值服务也是同样的道理。

3. 业绩结算

除此之外，如图 7-20 所示，社区零售、房屋经纪等也不受项目资源限制，需要按照业绩来结算。房屋经纪也按照一定的提成比例结算。其中的可确认收入和剩余可确认收入，可以按照已成交的房源总价中介费佣金标准来结算。对于新增收入预测，可以通过可成交租售房源总价预测及中介费佣金标准两个因子来做假设。

这两个因子会受周边市场环境影响，也会受公司市场占比或品牌效应的影响。在假设过程中，一定要考虑实际的历史成交量及历史市场占比等综合因素。

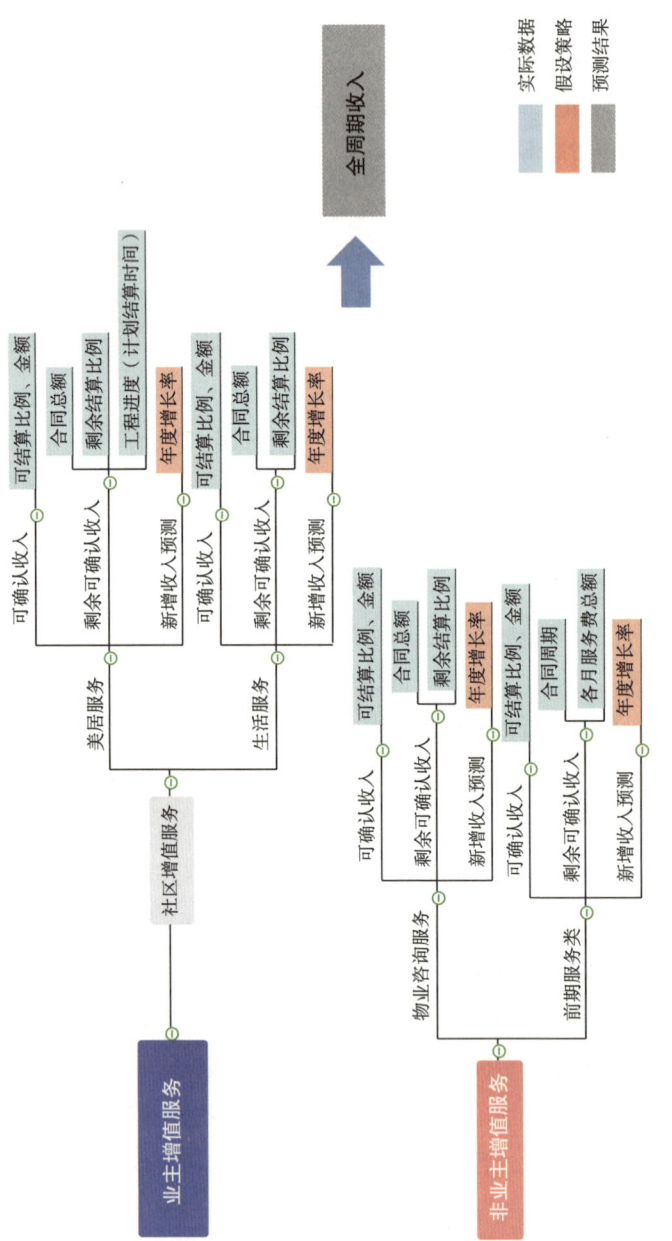

图7-19 合同制物业管理项目的收入预测

308　不动产 AI 决策

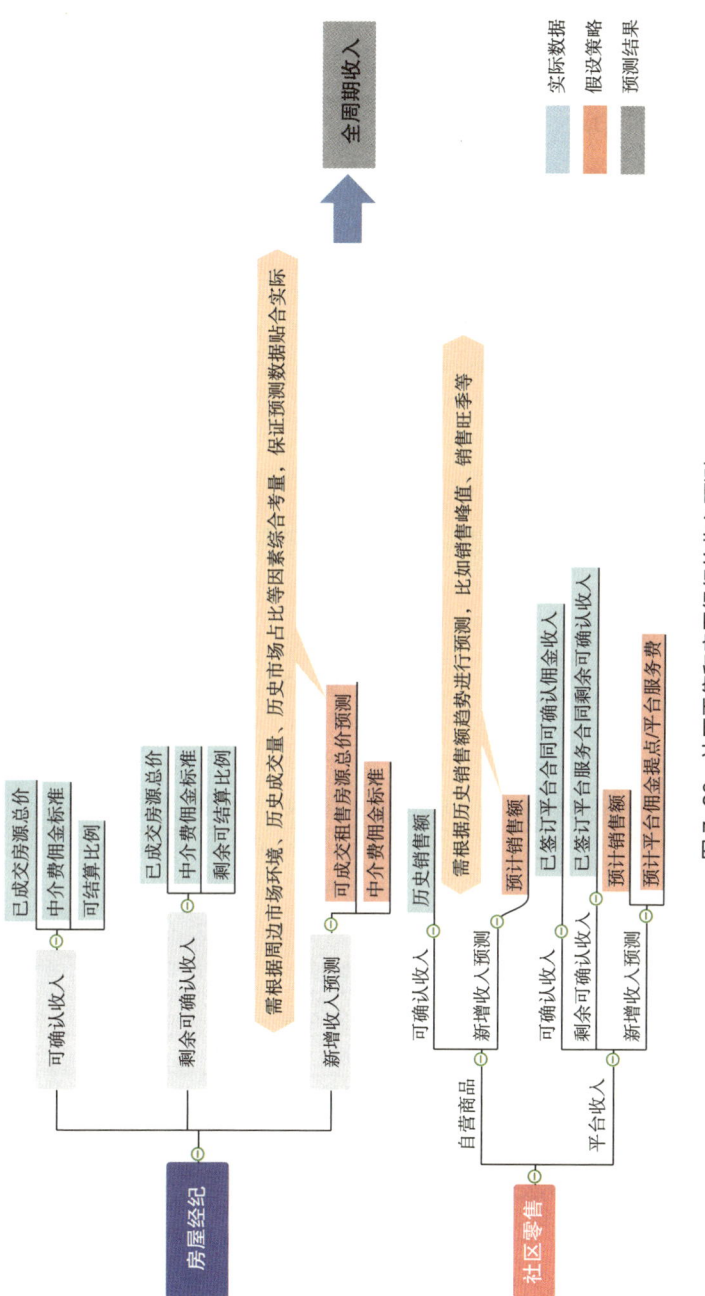

图 7-20 社区零售和房屋经纪的收入预测

第七章 物管企业的 AI 决策

309

社区零售的新增收入预测，必须考虑历史销售额趋势有没有峰值、销售旺季等因素，按月推断销售额。社区零售还分为自营商品和平台收入。如果是自营商品，那么直接考虑新增的销售额就是收入；如果是平台收入，那么还要考虑平台的佣金提成标准，才可以贴合实际，预测未来收入。

表7-1是U企的收入算法示例，就收入而言科目分为三类。一是受限于项目资源。这种有收入上限，一般不会逐年增长。二是纯服务费收入。这种无特殊算法，且不受限于项目资源，也没有收入上限。三是有收入算法。且不受限于项目资源，无收入上限。

表7-1 收入算法示例

	科目	项目模型预测
收入	一、受限于项目资源。有收入上限，一般不会逐年增长	
	物业管理服务	收费标准 × 计划新增收费面积
	业主增值服务——公共资源	计划新增租赁数量 × 计划单价（手填）+ 已租赁资源收入
	非业主增值服务——前期服务类	计划新增收入（手填）+ 已签约收入
	二、纯服务费收入。无特殊算法，且不受限于项目资源，无收入上限	
	业主增值服务——传统增值服务	上年累计实现收入 × 年度增长率（可手动调整），年度增长率均默认为100%
	业主增值服务——创新类（美居/生活服务/零售）	上年累计实现收入 × 年度增长率（可手动调整），年度增长率均默认为100%
	三、有收入算法。不受限于项目资源，无收入上限	
	非业主增值服务——房屋经纪	计划成交价 × 计划佣金比例（手填）+ 已签约收入

U企现在的做法跟当初的设想一致。而在纯业务收入这一部分，虽然算法一样，但其管理颗粒度跟最初设想有差异。在设想中U企提出的颗粒度是做到合同，而实际上的颗粒度是做到项目。

二、成本预测

1. 量价分离

成本预测可分为物业管理服务成本和专项服务成本两大类。物业管理服务的成本包括人力资源费用、清洁绿化费用、设施设备维修维护费用以及楼盘运营、公共水电费、折旧摊销等费用。物业管理服务成本一般会以量价分离的模式进行测算。

成本预测（量价分离）：人员配置、设备配置等各类大额成本支出需根据楼盘基本情况、收费标准选择配置策略，进行成本测算。

接管新楼盘包含一次性设备购置成本、人员配置及薪资标准等。接管旧楼盘包含设备更新成本（根据设备损坏情况分批更新）、人员更替成本等。

这些项目人员配置的每月成本是以人为单位，还是以平方米为单位，需要先预测出计量的数据，再预测出单价标准，最后以匹配的形式预测每一个月支出的数据。

在折旧摊销的测算上，按类型、明细去分，以每个明细的单价标准、预计的数量和摊销的月份进行测算，准确地算出每个项目、每个月涉及的成本大概有多少。在人员配置方面，以要投入多少人，每个人的工资标准是多少的形式来预测所有的成本。

2. 分级标准

项目分级标准可使标准制定得更切合实际，保证标准可落地，并提升项目多样性下的适配度。在进行标准设定时，可参考经验成本，同时可设定项目分级标准。

对于单价标准和数量，每个项目到底配多少才合理，需要一定的经验数据做沉淀。如表 7-2 所示，这可以参考目前的项目分级标准，比如，该类型项目可以用多少人、多少设备、多高的人均标准等项目分级来设定。

目前市场上并没有完整的项目案例可以准确说明该类型项目的成本标准。U企虽然没有这样的标准沉淀，但有项目分级标准。U企做项目分级的主要原因是，用不同的管理红线评定不同的项目。

如表7-2所示，按照收费单价、楼盘区域、利润率和管理面积做权重比例，按照4：3：2：1的权重进行划分。其中，利润率和管理面积都是以上一年度利润或管理面积做考量。它的评级标准针对这个楼盘所在区域的指导单价，指导价高的话，单价可以稍微高一点。指导单价越高，对今年的利润率影响越大。

表7-2　同行业分级标准应用示例

住宅类项目分级标准

一、适用范围：××企业管理的所有住宅类项目，含自有项目和外拓项目。

二、评级标准：

评级等级共分为三个等级，分别是A、B、C等级。以A为最高级，以此类推。

评级指标总体分为四大维度，包括收费单价（40分）、楼盘区域（30分）、利润率（20分）、管理面积（10分），共100分。

按整体排名：对所有评级对象进行评分，A级项目＞90分，70分≤B级项目≤90分，C级项目＜70分。

指标内容	评级标准	单项权重
1. 收费单价	以各楼盘所在地政府物业管理费指导单价为标准： ≥120%：100分 [100%，120%）：80分 [80%，100%）：60分 ＜80%：50分	40%
2. 楼盘区域	楼盘所在地： 一线城市：100分 二线城市：80分 三线城市及以下：60分	30%

（续表）

指标内容	评级标准		单项权重
3. 利润率	评比年度的上一年度利润率，新项目按测算利润：		20%
	≥10%：100分 [5%，10%)：80分 (0，5%)：50分 ≤0%：0分	外拓项目： ≥6%：100分 [3%，6%)：80分 <3%：0分	
4. 管理面积	评比年度的上一年度管理面积，楼盘管理面积： ≥45万平方米：100分 [5万平方米，45万平方米)：80分 <5万平方米：50分		10%

对楼盘所在区域而言，一线城市的利润率红线较高。如果上一年的盈利情况比较好，今年的利润红线相对也会调得比较高。同样，管理面积越大，对应的盈利标准或利润标准也会相应地提高。

3. 专项成本率预测

如表7-3、表7-4所示，其他专项成本一般与服务类型相对应，可以包含业主增值服务成本和非业主增值服务成本。目前，成本预测以专项成本率预测的方式来进行。比如，临保入住服务类和房屋经纪类、业主增值类的专项成本，跟物业管理成本不同，是一种浮动成本。在相应的收入增加情况下，对应的成本也会增加。这些专项成本，直接用专项收入乘以预计成本率进行预测。

表 7-3 非业主增值服务总成本预测

非业主增值服务总成本							
成本类型	预计成本率	所有年月	2020年	2021年1月	2021年2月	2021年3月	2021年4月
非业主增值服务总成本							
成本——前期服务类							
成本——前期服务（案场）							
成本——前期服务（工地）							
成本——前期经营							
成本——房屋经纪							
一手楼销售佣金							
一手车位销售佣金							
二手销售佣金							
二手租赁佣金							
专项佣金							

专项成本（预测）= 专项收入 × 预计成本率

表 7-4 业主增值服务总成本预测

业主增值服务总成本					
成本类型	预计成本率	所有年月	2020年	2021年1月	2021年2月
业主增值服务总成本					
成本——公共资源					
成本——社区零售类					
成本——生活服务					
成本——美居服务					
成本——广告营销类					
成本——其他创新类服务					

三、项目全周期数据

如图 7-21 所示，在项目全周期数据图中，所有的预测都可以由一个统一的集成平台提供，并可以做模型优化，做全周期的项目收入和成本的预测，进而推算、预演未来的利润走势。

项目全周期数据可以分为六大板块：项目基本信息模块、收入模块、成本模块、利润表模块、多版本对比模块以及能耗分析模块。其中，数据既有实际值也有预测值。实际值是通过数据系统集成抽取而来，预测值是由很多预测假设的策略匹配出的结果。收入会按照物管、业主和非业主等专业条线的模型进行预测。每个模型下面都会匹配对应的收费模式。

值得注意的是，案例中的业主增值，只是到了服务类型的颗粒度，并没有细算到合同的颗粒度。

那么，这个系统集成平台的支持功能有何优势？

1. 在线测算，权限管控

其一，如表 7-5 所示，通过在线多人协同测算，加强部门协同；其二，优化测算逻辑，提高数据应用效率；其三，如图 7-22 所示，通过数据集成替代人工填报，提升测算效率，保证数据来源统一及数据准确；其四，如图 7-23 所示，通过数据权限管控，灵活管控数据范围，提升敏感数据的保密性。

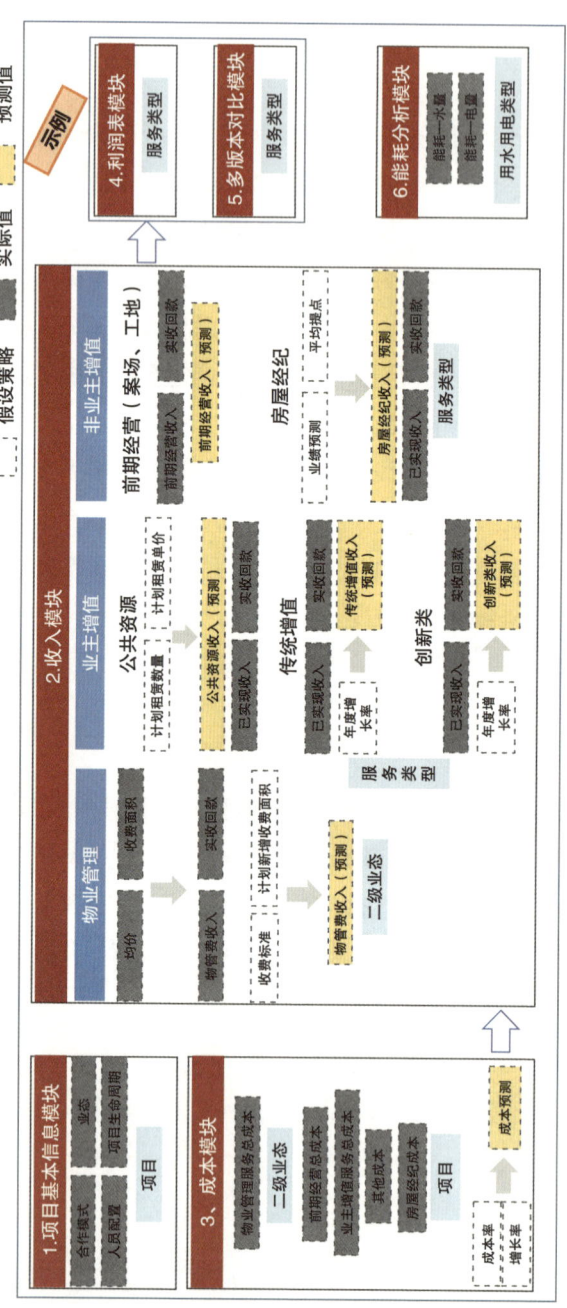

图7-21 项目全周期数据图

316　不动产AI决策

表 7-5 在线多人协同测算

模块	授权人员	状态	计划开始时间	计划完成时间	实际开始时间	实际完成时间
项目基本信息	张三、李四	已提交	2022-03-05	2022-03-07	2022-03-05	2022-03-06
物业管理服务收入	张三、李四	已提交	2022-03-07	2022-03-09	2022-03-07	2022-03-08
业主增值服务收入	张三、李四	已提交	2022-03-07	2022-03-09	2022-03-07	2022-03-08
非业主增值服务收入	张三、李四	已提交	2022-03-07	2022-03-09	2022-03-07	2022-03-08
项目人数	张三、李四	已提交	2022-03-10	2022-03-12	2022-03-10	2022-03-09
预算绩效达成	张三	未提交				
物业管理服务成本	张三、李四	已提交	2022-03-07	2022-03-09	2022-03-07	2022-03-08
业主增值服务成本	李四	未提交				
非业主增值服务成本	李四	未提交				
其他成本	张三、李四	已提交	2022-03-12	2022-03-14	2022-03-12	2022-03-13
利润表	李四	未提交				
多版本对比	李四	未提交				
能耗统计	李四	未提交				

图 7-22 非业主增值服务收入数据集成页面

图 7-23 数据权限管控

2. 版本管理

如图 7-24 所示，第一，实现历史版本数据留存；第二，匹配应用场景，规划静态版本、动态版本，以满足数据动态监控；第三，静态版本一般可包含年度目标版、投前测算版等；第四，动态版本一般为月度动态版。做静态和动态的数据对比，有助于进行动态监控。

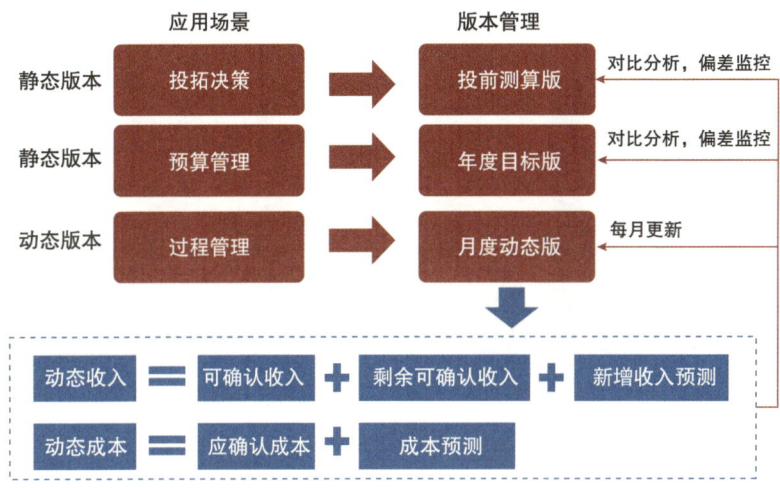

图 7-24　不同应用场景下的静态版本和动态版本管理

3. 自动对比

如表 7-6、图 7-25 所示，系统可以自动生成多版本对比数据，有助于测算人员快速识别、测算、调整数据。通过不同版本之间的数据差异，还可以实现全周期、本年度以及每月等不同维度的数据对比。

无论是收入预测还是成本预测，都需要立足当下，以实际数据为依据进行项目全周期测算。

表 7-6 多版本对比数据表

多版本对比数据表

科目	运决预算版		月度运维版		当前版		差异（当前版－运决预算版）		差异（当前版－月度运维版）	
	全局期动态值	实际值	全局期动态值	实际值	全局期动态值	实际值	全局期动态值	实际值	全局期动态值	实际值
总收入										
物业管理服务总收入										
非业主增值服务总收入										
业主增值服务总收入										
营业外收入										
总成本										
物业管理服务总成本										
非业主增值服务总成本										
业主增值服务总成本										
其他成本										
毛利										
物业管理服务毛利										
业主增值服务毛利										

对比范围	本年 ▼			
科目 ▼	运决会 ▼	动态值 ▼	偏差 ▼	已实现 ▼
收入（万元）	13 000	11 300	−1 700	8 000
物业管理费	5 000	4 200	−800	3 000
业主增值服务	8 000	7 100	−900	5 000
支出（万元）	5 700	5 820	120	2 619
物业管理费	3 800	4 000	200	1 800
业主增值服务	1 900	1 820	−80	81
毛利（万元）	7 300	5 480	−1 820	2 466
物业管理费	1 200	200	−1 000	90
业主增值服务	6 100	5 280	−820	2 376
收缴率（%）	95	88	—	80
大额成本（万元）	1 468	1 788	320	804.6
人工成本	1 234	1 334	100	600
设备更新	234	454	220	204

图 7-25　运营目标跟踪（模拟数据）

第三节
预演：通过多场景、多方案模拟，确定应对策略和最优方案

预演主要是解决目标差距，以及还要拓展多少业务的问题。所有预演都是以项目测算模型为基础进行推算。

一、项目预演的整体逻辑

项目预演的目的是预判市场趋势和业务趋势，基于经营目标调整业务策略。如图 7-26 所示，每个在管项目都会有年度目标。年度目标分为实际数据和未来数据预测，未来数据预测包含很多资源盘点项

目，红色部分就是整个项目盘家底的过程。

根据在管项目的实际情况进行铺排，即在管项目能够做到的那一部分收入。这需要通过季度转化或者月度转化成待填补的缺口，这个缺口需要新增项目才能弥补。在确定拟拓项目的目标后，企业就能把投前测算进一步完成。

拟拓项目完成后，进入业务系统，成为在管项目，每个月进行循环。

所有数据都是基于项目模型完成的。通过在管项目盘家底和数据预测，形成投后模型。项目模型分为投前模型和投后模型，所有数据通过测算模型做数据沉淀后，形成经验数据。

这个经验数据有两种用途：一种是通过模型现有的数据资源沉淀，完善各类成本标准制定。比如分级项目标准，A类项目适用的成本标准，可以通过项目复盘等方式，沉淀各类型的成本标准。

还有一种用途是通过模型现有数据的沉淀，辅助定位公司可以重点拓展的区域或服务类型。根据数据沉淀，分析哪类服务的盈利比较高，或者在哪个区域开展哪种服务更合适。

这些模型数据的沉淀可以帮助业务部门有针对性地采取宣传推广手段，把重点资源投放到重点区域，以实现资源最大化效果，填补收入、利润的缺口，这是项目预演的整体逻辑。

二、多应用场景下多方案模拟

模拟推演环境变化及决策情形，提供解题思路，快速决策。

1. 假设场景

在经营过程中，当项目出现亏损时，可以通过模型数据沉淀、可视化看板数据分析等工具发现项目成本过高这一问题。

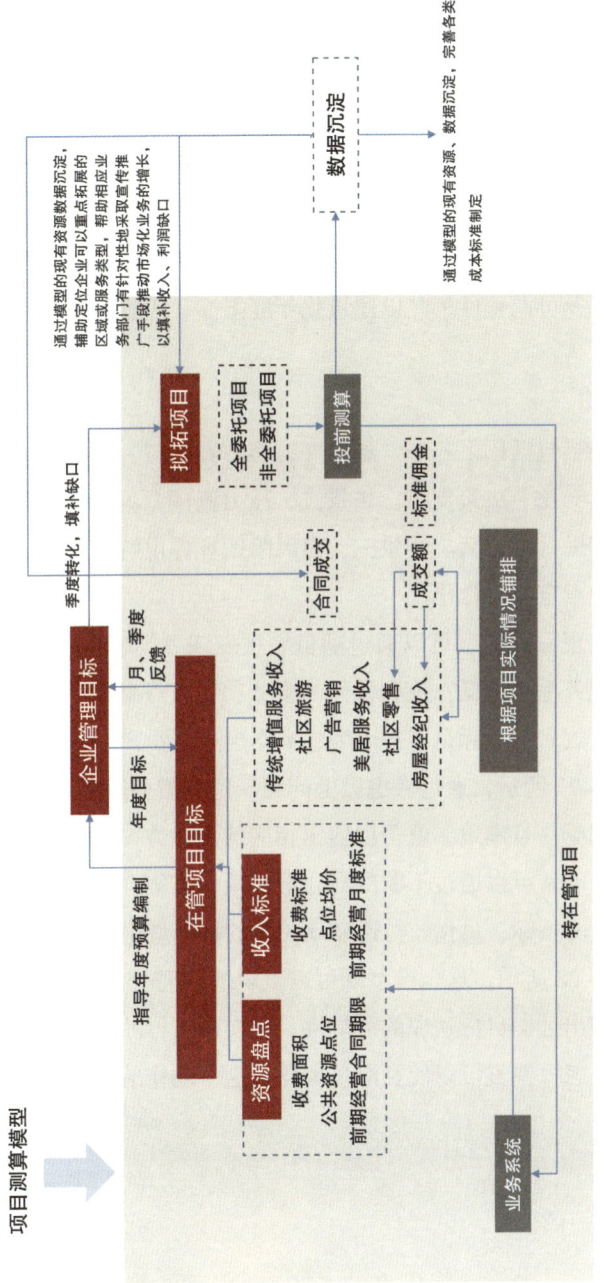

图 7-26 项目测算模型

第七章 物管企业的 AI 决策 323

如何调整才能使项目扭亏为盈，并保证调整方案的可落地性？这需要进行经营分析或通过整个大运营平台提供思路。

2. 价值提升

通过建立并融合核心指标量化变动关系，搭建出一体化的战略目标量化测算模型，直观呈现管控关注点。推演远期目标达成的可能性、均衡性及可调整性，并以此量化年度指标、各业务条线指标。

3. 应用场景

应用场景包括以下三个。场景一，多方案模拟。模拟沙盘、快速测算、方案对比、决策支撑。场景二，压力测试。盈亏平衡分析、极限测试、辅助日常运营。场景三，对风险闭环提供解决方案。建议输出，对风险点定位及量化。

项目出现亏损时，可以通过项目看板发现哪类项目收入比较低，哪类项目服务毛利偏低？毛利偏低的服务项目重点出现在哪个成本偏差中，或者收入不达标是不是因为成本支出过高？

如图7-27所示，通过考虑以上问题，定位需要调整的敏感因子。这个敏感因子一旦确定，就可以输出相应的调整方案。这个调整方案可以是多样的，可以通过不断的对比形成最优方案。这需要一个能够融合所有核心指标，量化、拉通变动关系的目标量化测算模型。

如图7-28所示，这个模型既可以直观地呈现所有管控的关注点，也可以推演出远期目标达成的可能性。在实现目标的过程中，是否需要做调整、怎样调整可以使利润最大化，这个动作的支撑就是敏感性分析。

敏感因子

调整颗粒度	◉ 按项目调整	○ 按项目调整				
案例项目2						
均价调整						
业态	未售均价（元/平方米）			调整前		
				已售均价 （平方米）	货值 （万元）	本年签约金额 （万元）
小高层	−	56 000.42 调整前：52 000.42 调整值：+4 000.00	+	30 900.59	261 466.00	131 844.00
高层	−	45 200.82 调整前：45 200.82 调整值：0	+	33 600.31	72 499.11	63 457.22
街区商业	−	20 000.00 调整前：20 000.00 调整值：0	+	48 000.00	35 000.00	40 000.00
地下商业	−	4 000.00 调整前：4 000.00 调整值：0	+	4 000.00	800.00	600.00
储藏间	−	1 250.00 调整前：1 250.00 调整值：0	+	865.12	100.00	74.00
类配套	−	1 600.00 调整前：1 600.00 调整值：0	+	577.00	254.00	178.00

图 7-27　系统支持敏感性分析（模拟数据）

物管项目的收入比较恒定，项目难以开源，只能节流。节流的方向一定是先从占比最大的成本入手。由于收费标准既有政府指导价，又有业主因素，其调整空间不大，所以节流时需要关注的就是人力成本、设施设备成本及清洁绿化成本。

如图 7-29 所示，既可以通过增加、减少或保持不变等策略，根据项目测算模型进行这三个因子的调整，最终输出利润结果，也可以通过多方案的模拟和压力测试，展示最终的建议方案。在方案可行的情况下，推进相应的管理策略，这就是系统对于项目推演的敏感性分析功能的支持。

第七章　物管企业的 AI 决策　　325

测算结果　　　　　　　　　　　　　　　　　　　　　查看模型

案例项目2				
指标	调整前	调整后	变动额	变动率
货值	475 052.17万元	487 344.84万元	22 292.68万元	3.28%
项目开发成本投入	113 806.15万元	114 026.15万元	110.00万元	0.10%
项目税金投入	2 223.11万元	2 352.17万元	129.06万元	10.55%
项目三费投入	2 221.61万元	2 226.27万元	4.66万元	0.14%
股东毛利率	0	0	0	0
股东净利润额	23 000.00万元	23 000.00万元	0	0
股东内部收益率	30%	30%	0	0
项目内部收益率	4%	5%	1%	25%
经营性现金流首次回正时间	2022-03	2022-03	0	0
经营性现金流首次回正周期	21个月	21个月	0	0

图 7-28　测算结果（模拟数据）

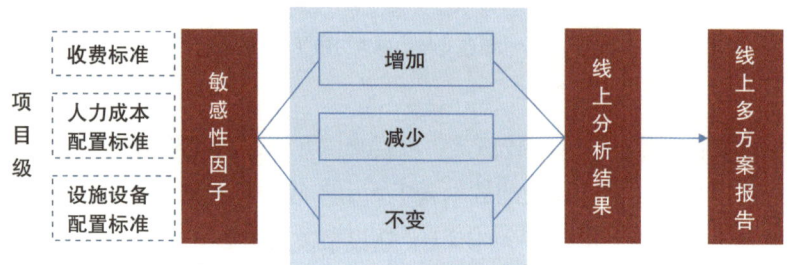

图 7-29　多方案模拟项目测算模型

　　预演是根据环境变化及决策情形，进行模拟推演，提供最优解题思路的一个过程。这需要融合核心指标，量化变动关系，从而搭建出一体化的战略目标量化测算模型，呈现管控关注点。

第四节
预警：跟踪目标走势，进行分级预警

数据模型既是完成预测、预演的系统实现工具，也是系统主动预警的基础。基于企业实际管理诉求，数据模型的功能重点体现在目标跟踪监控、预警管理两个核心管理功能上，这两个功能也是行业标杆企业进行经营指标管理时重点关注的功能。

一、两大核心管理功能

1. 目标跟踪监控

目标跟踪监控是指跟踪经营指标的达成情况，并显示偏离程度，从而提示经营管理者，目前经营现状已与预期目标发生偏离，是否需进行业务策略调整或管理动作介入。

跟踪监控就是通过可视化看板，最直观地呈现出企业月度动态。通过每个月更新项目数据，最大程度地集成所有已知数据，结合假设的策略，动态地跟踪项目全周期。

如图 7-30 所示，通过数据对比、指标体系数据归口统一，形成动态跟踪数据。如图 7-31 所示，系统每个月都会更新看板，即跟踪监控经营数据情况的可视化看板。

指标体系数据归口一致性，对指标的体系、名称、定义、口径、来源、参照进行全面梳理，建立起全集团统一的指标管理规范。

数据对比分析，通过模型构建实现多版本数据留存，并自动对比分析，实现数据动态监控及预实分析。

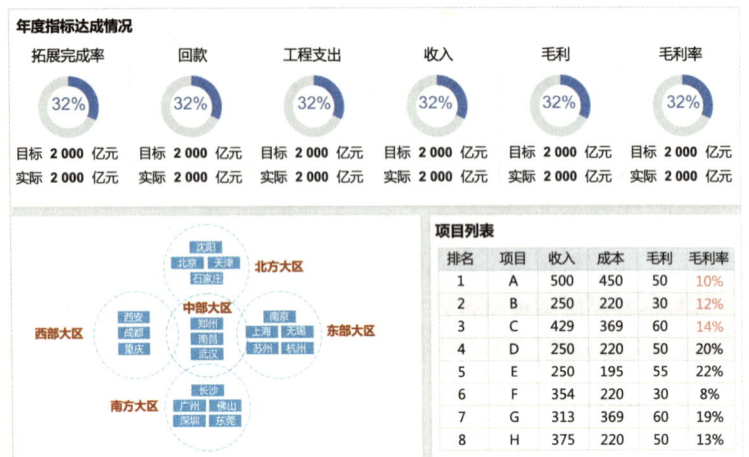

图 7-30　跟踪监控年度指标达成情况

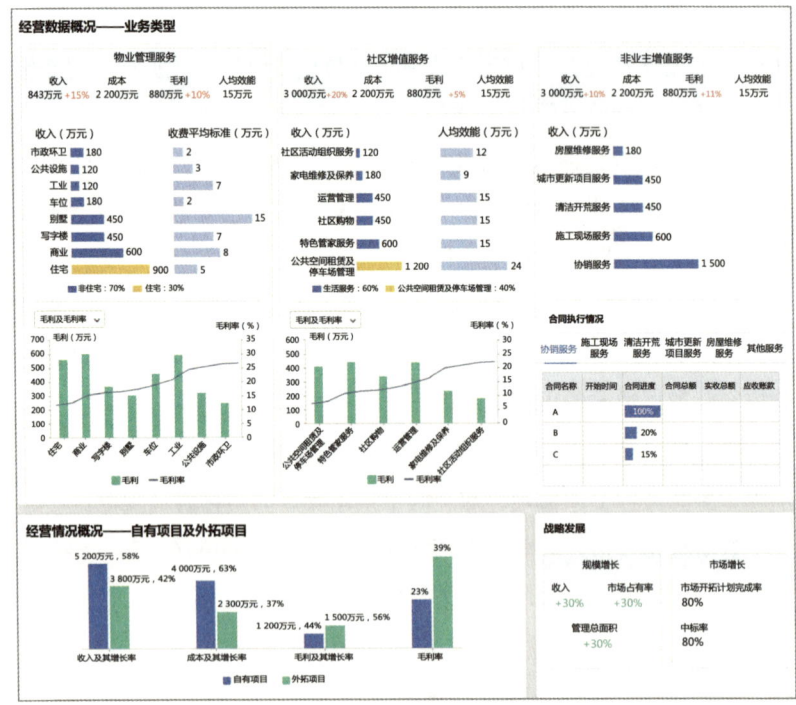

图 7-31　跟踪监控经营数据情况

不动产 AI 决策

2. 预警管理

预警管理主要针对管理者关心的核心关键指标，设置预警规则，以及依据预警等级设置系统触发流程。关键经营指标的偏离，一是要重点提示，二是要有管理动作介入，并追踪结果。

如图 7-32 所示，预警管理针对的是管理者关心的核心关键指标。跟踪监控日常的利润率、收入达成率和收缴率等。预警管理在目标跟踪监控的基础上，提炼关键指标，进行阈值设置，并进行主动预警。

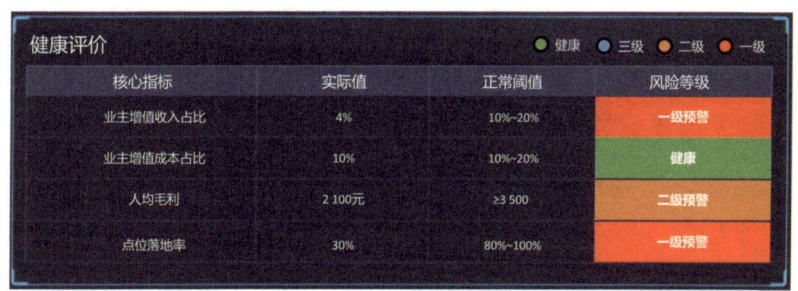

图 7-32　健康评价的预警等级（模拟数据）

预警管理有两个目的：一是重点提示，必须是高亮的提示，或是有重点的推送对象；二是管理动作的介入，并且跟踪结果。

二、指标预警的设置和提示

指标预警的设置和提示是指围绕经营管理目标，通过模型自动计算输出核心关注指标，发现经营过程中存在的风险点。

指标预警有两个关键性的目的，一个是去高亮，一个是去闭环。怎样设置指标预警？物管项目类型非常多，怎样有针对性地管理？在预警设置里，根据不同的指标、不同的阈值，去匹配阈值的设定，同时灵活选择一级预警对象，二级预警对象。

1. 预警设置：灵活配置

如图 7-33 所示，配置预警指标及阈值。根据指标的偏离程度，确定不同的管控类别。若指标偏离幅度提升，则管控升级。

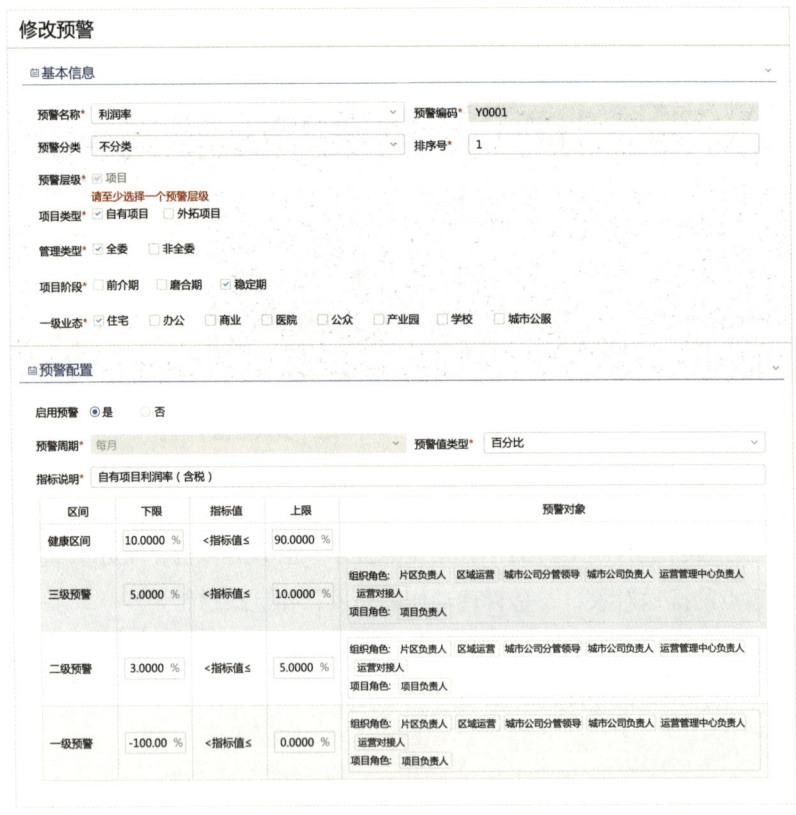

图 7-33　预警配置与修改

预警设置适用于差异化管理，因为物管行业的项目存在两大特点：一是项目管理周期长，可按项目生命周期阶段进行预警管控；二是项目类型多样且管理要求不一，可按项目类型管控，包括项目来源、项目主要业态、项目管理类型等。

如图 7-34 所示，在项目类型多样且要求精细化管理的情况下，"一刀切"的指标预警管理不能满足企业的复杂需求。这时，灵活选择指标阈值的适用范围就可以大大增强预警的可信度及适配性，满足项目多样化的复杂需求。

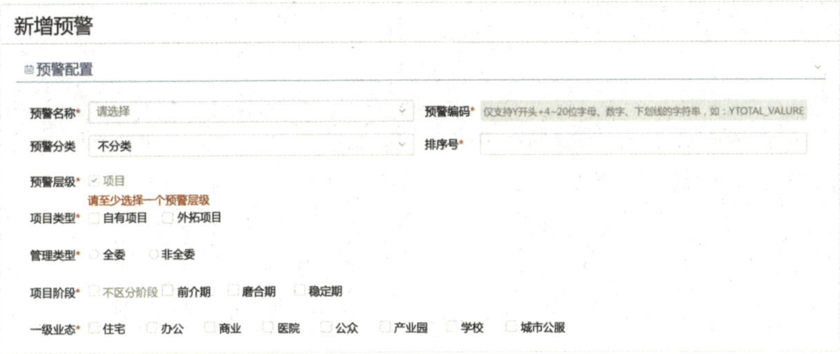

图 7-34　预警设置的差异化管理

2. 预警提示：全方位预警和分级预警

预警提示可以做到全方位预警。如图 7-35 所示，根据指标的偏离程度，可视化展示项目维度、指标维度数据偏差，以待办信息等形式提示预警对象。

分级预警在阈值配置部分分为两类指标：偏差监控指标和红线管控指标。

偏差监控指标包括收入预算达成偏离、成本控制偏离、利润偏离。其指标时间维度可分为月、季、年、全周期等，一般以动态值为预警数据：动态值＝实际值＋预计值。指标取数逻辑为动态值取最新动态版经营测算模型，目标值取最新静态版经营测算模型。

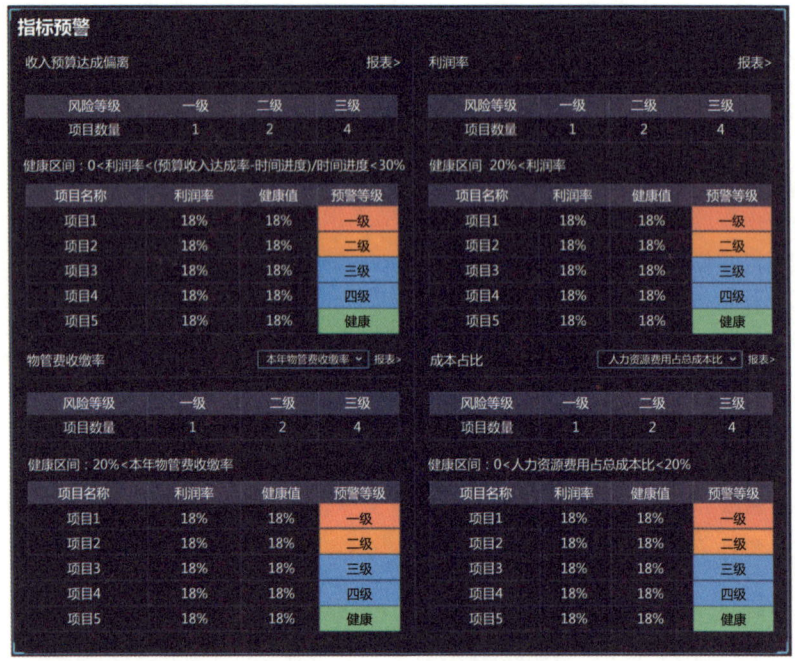

图 7-35 指标预警设置

偏差监控指标的偏离度计算分为两种形式：第一种是数值类，如收入、成本、净利润额等指标的偏离度＝动态值－目标值；第二种是比率类，如利润率等指标的偏离度＝（动态值－目标值）/目标值。

红线管控指标包括点位资源使用率、成本占比等。指标时间维度可分为月、季、年、全周期等，一般以实际值为预警数据。

红线管控指标的健康度计算分为两种形式：正向指标（如点位资源使用率等）显示"实际值＞红线值"，则项目健康；反向指标（如成本占比等）显示"实际值＜红线值"，则项目健康。

如图 7-36 所示，在预警设置模块预设"阈值、预警对象"指标，包括上下限健康区间、预警对象的选择和消息通知的模板等。

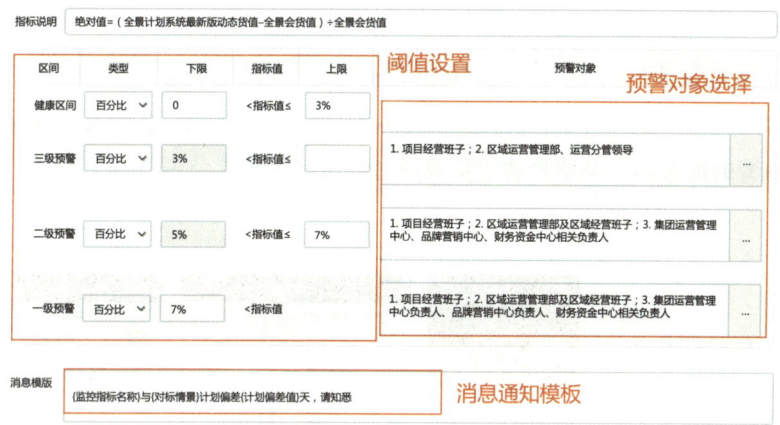

图 7-36 分级预警指标设置

一旦在系统上完成灵活配置,形成如图 7-37 所示的可视化看板,那么指标名称的显示等就可以跳转到对应的列表。每一个区域会产生不同等级预警项目的个数,不同预警等级用不同颜色提示。

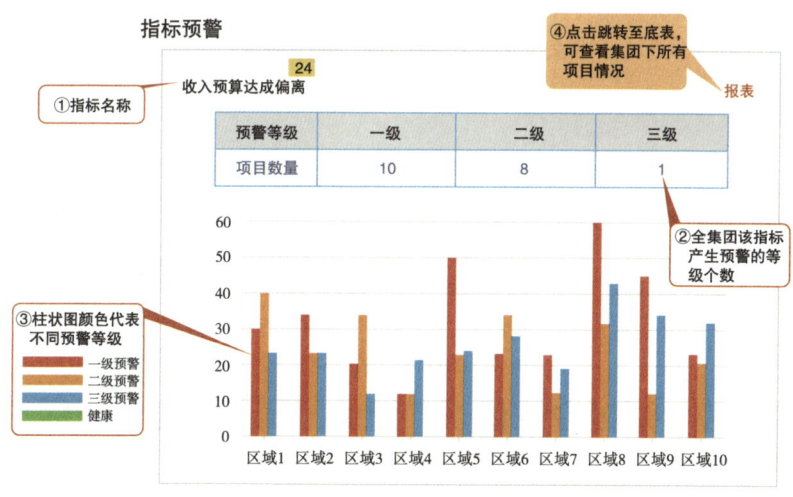

图 7-37 系统应用的可视化看板

系统还可以通过消息推送进行主动预警。如图7-38所示，等项目模型数据更新以后，消息推送流程可以触发指标预警配置。指标预警配置可以根据每个指标推送的时间点，做不同适配。在触发了指标预警的配置后，系统自动把预警消息推送到手机端个人中心。

图7-38 预警消息自动推送的逻辑

预警管理的目的：一是高亮提示，快速推送消息给管理对象；二是动作介入，及时跟踪结果。

第五节
预控：通过会议体系，提前控制关键经营指标

项目预控是基于指标预警进行的预控措施。

一、关键经营指标偏离

当关键经营指标偏离时，企业除了需要进行重点提示，更要介入管理动作，并追踪结果。

不同的关键经营指标偏离，可能反映出不同的管理缺陷：第一，市场拓展能力弱、市场占有率低；第二，运营管理失效，代表着管理指标不理想或者偏离。

市场拓展能力弱，市场占有率低，一般表现为收入达成偏离。物管项目的特点是收入比较恒定。如果收入发生比较大的偏离，那么，很有可能是因为对应的拓展没有跟上，从而出现收入缺口。通过提价等方式提高在管项目收入较难实现，而加强企业外拓能力，可以补全新增项目缺口。

运营管理失效一般表现为成本控制偏离，点位使用率低于管控红线等。成本偏离、点位使用率低等应是由在管项目的现有资源运营管理失效引起的，可通过加强异常项目运营管控，召开重点项目专项运营会议等手段进行纠偏。

二、系统支持

如图 7-39 所示，举行项目专项会议，首先可以通过会议列表查询集团内所有应举行专项会议的项目，然后设置会议内容模板，自动集成会议材料，举行线上会议，督办跟踪会议决策事项。

会议体系包含四个模块：一是项目会议。固化会议决策流程，自动集成会议材料。二是会议提醒。项目预警后，当天提醒发起项目专项会议。三是会议材料评审。各专业条线人员在线会审材料，系统自动存档评审意见。四是会议纪要。会议决策事项自动推送待办提醒或与督办集成。

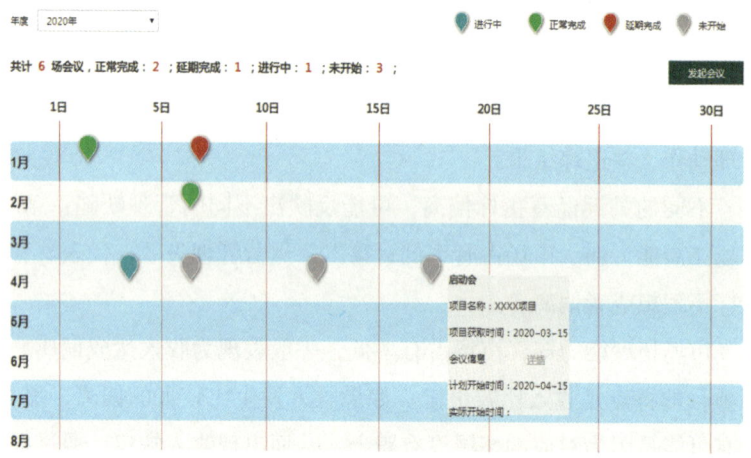

图 7-39 项目专项会议场景示例

会议模块把每个会议的流程进行了固化，把每个会触发会议的提醒推送给每个需要参会的人员。该系统可以提前把材料的评审放到线上进行，同时也可以把会议纪要作为一个自动推送的代办事项。

通过预测、预演、预警、预控等管理手段，物业管理的 AI 决策，解放了物管企业大量的劳动力，快速提升了企业人工效能和综合竞争力。

第八章　数据中台：
不动产 AI 决策的数据心脏

不动产行业已经进入了数智化经营、数智化决策的时代，"数据之困"随之成为困扰大家的普遍问题。

数据中台不仅帮助每个企业结构化、标准化、体系化地治理数据，还提升了其"管存用"数据的能力，从而让数据说话，让数据创造价值。

数据中台致力于打造企业经营决策的数智心脏。

第一节
数智化转型困境与数据核心能力

当前不动产行业的数智化转型面临哪些困境，企业应该构建哪些核心能力？

一、转型面临的三大挑战

目前，数智化发展已经上升至国家战略。在科技赋能方面，人工智能、大数据、物联网等技术的逐步成熟也驱动国家各个行业的数智化建设步伐。如图 8-1 所示，麦肯锡全球研究院发布的《数字时代的中国：打造具有全球竞争力的新经济》显示：目前我国 ICT（信息和通信技术）、媒体、金融与保险等行业的数智化水平较高，房地产、农业、工程建筑等行业的数智化水平较低。

造成各行业数智化水平差异的原因在于，不同行业发展的历史阶段不同。在土地红利时代，地产企业拥有高额的利润，对精细化管理的诉求并不是很迫切。但是，进入管理红利时代，地产企业不得不通过提升企业精细化管理水平来降低企业运营成本，从而实现利润最大化。数智化成为企业提升精细化管理水平的重要手段。近年来，地产企业也开始着手数智化建设，但处于起步阶段，目前属于数智化建设初级阶段。

级别	行业
五级	ICT、媒体、金融、保险、商业
四级	娱乐休闲、零售批发、医疗保健
三级	政府服务、高端制造、教育、能源、冶金
二级	基础制造、化工与制药、运输与仓储、专业服务
一级	房地产、农业、工程建筑、酒店服务

图 8-1　各行业数智化水平分析

如图 8-2 所示，不动产企业不断加大对数智化建设的投入。在团队配置方面，多数企业都成立了一级部门来开展数智化工作。

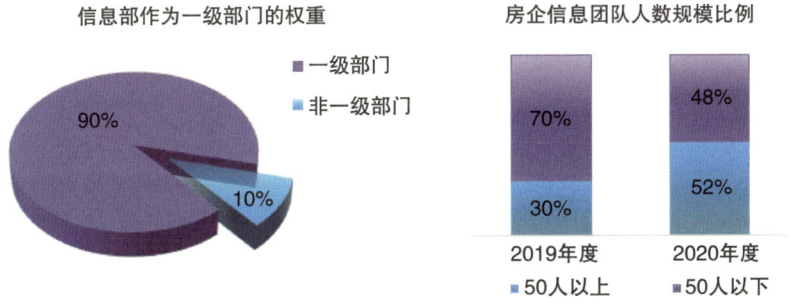

资料来源：首席信息官理事会，《2020 年地产数字化转型发展报告》。

图 8-2　2020 年地产企业信息化团队配置

第八章　数据中台：不动产 AI 决策的数据心脏　　339

如图8-3所示，首席信息官理事会发布的《2020年地产数字化转型发展报告》显示，房地产企业信息化团队人数规模逐年都有较大幅度的提升。部分房企在数智化建设过程中也取得了一定的成绩，但能够实现数智化赋能的企业占比并不是很高，其中只有18%的头部房企实现了一定范围内的数智化赋能。其原因主要包括以下三个方面：

第一，数智化战略目标不清晰。因为缺少数智化统筹规划，数智化应用场景不明确，所以企业整体规划和实施路径不合理。部分企业在规划时只会跟风转型，对于如何根据自身情况去做战略规划，让转型实现价值最大化，并没有完全想清楚。

第二，数智化认知程度不够。因为企业决策层的认知和重视程度不够，所以企业资源配置不足。部分业务单元的数智化认知度不够，数智化内需动力不足，因此，数智化转型要上升到企业文化层面还存在较大的差距。

第三，企业历史包袱沉重。因为历史系统沉重，改造升级困难，所以企业信心不足，主要表现为：历史业务数据规则不完善，数据质量问题凸显，数据原有管理模式固化，管理理念升级困难。

通过原因分析可以看出，企业的历史包袱过重是企业数智化转型面临的主要困难，尤其是数据问题，使企业在数智化应用环节面临巨大障碍。因此，数据能力是企业数智化转型的重要基石。

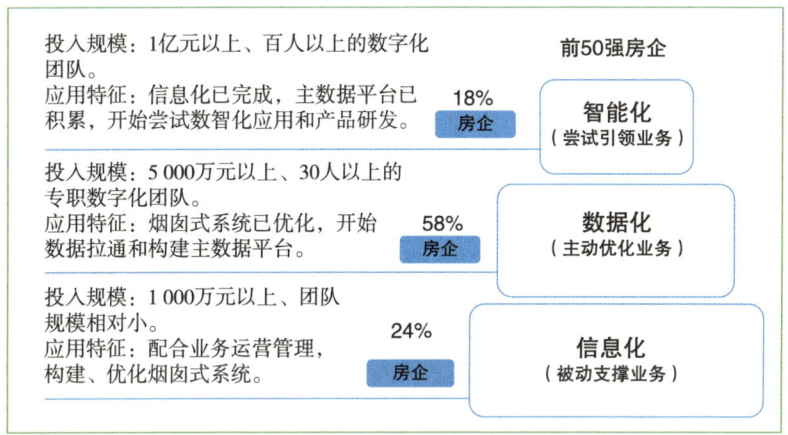

资料来源：首席信息官理事会，《2020年地产数字化转型发展报告》。

图8-3　2020年前50强房企数智化发展阶段分析

二、核心能力：数据"管存用"能力

爱德数智根据多年行业的实践经验，总结了企业数智化转型在数据方面应具备的三大核心能力，即数据"管存用"能力（见图8-4）。

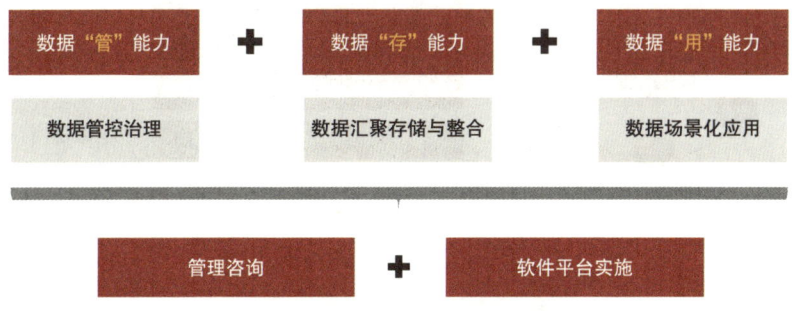

图8-4　数据"管存用"能力框架

第八章　数据中台：不动产AI决策的数据心脏

"管"即数据的管控治理，解决数据标准规范和质量问题。

"存"即数据汇聚存储与整合，数据采集、加工和整合，支撑数据应用。

"用"即数据场景化应用，应用是数据的价值体现，有助于支撑企业动态运营监控和战略决策。

数据赋能即数据赋能业务，通过开发数据的价值来促使地产企业精细化管理，提升产品和服务质量，从而实现降本提质增效。

第二节
数据应用能力的五大核心要点

如图 8-5 所示，数据应用能力的五大核心要点包括建体系、定标准、搭平台、推治理、构服务，以实现数据赋能和应用，提升企业数智化决策能力。

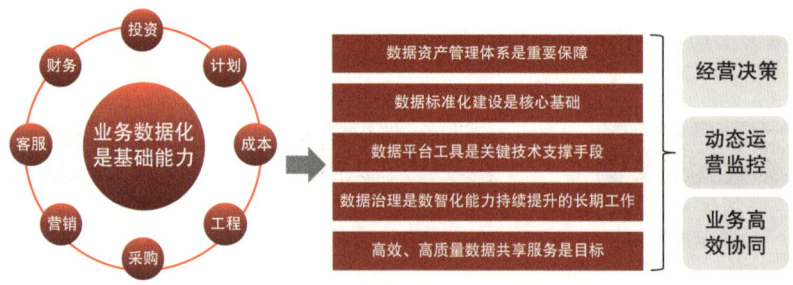

图 8-5　数据"管存用"能力五大核心要点

一、建体系：构建数据组织，制定数据管理制度和流程规范

数据组织是企业数据"管存用"能力实现的重要保障机制。构建

数据组织可以明确数据能力的职责划分，支撑企业数据"管存用"实施工作的落实。

如图8-6所示，以某不动产企业为例，内部数据团队与外部数据团队实现了资源的整合与协同。

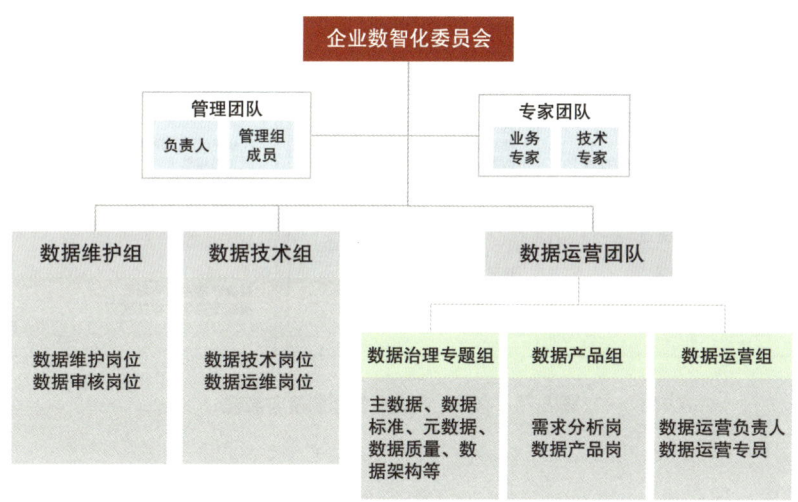

图8-6 某不动产企业数据组织构架

数据相关领域管理制度与流程规范是企业数据"管存用"能力实现的另一项重要保障机制。企业通过制度来明确各领域的数据认责与操作流程，支撑企业数据"管存用"的实施、落地与执行。

如图8-7所示，在明确了组织及职责后，企业要确定管理制度与流程，其中包括具体的管理办法、管理流程、技术规范及模板等内容。

图 8-7 某不动产企业管理制度与流程

二、定标准：数据标准化是基础

数据标准化是企业构建数据核心能力的基础。数据标准可以分为基础数据标准与指标数据标准（衍生数据标准）。

1. 基础数据标准

基础数据标准是在业务源头产生的数据标准规范。通过基础数据标准，企业可以规范数据规则，从而提升数据质量。如图 8-8 所示，基础数据标准的四个建设步骤包括基础数据标准范围识别、基础数据标准框架与标准规范设计、基础数据管理与维护机制设计及基础数据标准落地实施。

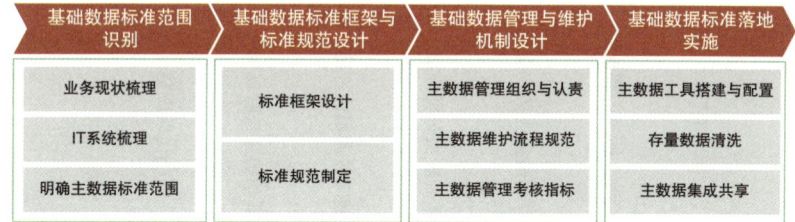

图 8-8　基础数据标准的建设步骤

第一，基础数据标准范围识别：以业务应用场景为目标导向，如数智化决策分析与数智化业务协同，识别哪些基础数据应该纳入数据标准化范畴，从而确定基础数据标准化的主题与对象。

第二，基础数据标准框架与标准规范设计（见图 8-9、表 8-1）：根据基础数据标准范围识别结果，完成基础数据标准框架设计；针对每一类数据对象制定基础理论数据标准规范，具体内容包括基础数据标准内容框架、基础数据业务定义、基础数据分类标准、基础数据属性规范、基础约束校验规则、基础代码规范等。

第三，基础数据管理与维护机制设计。基础数据管理与维护机制包括主数据管理组织与认责、主数据维护流程规范、主数据管理考核指标三个部分。

第四，基础数据标准落地实施。基础数据标准落地实施主要包括存量数据清洗、系统改造、主数据集成共享、系统持续运维四个步骤（见图 8-10）。

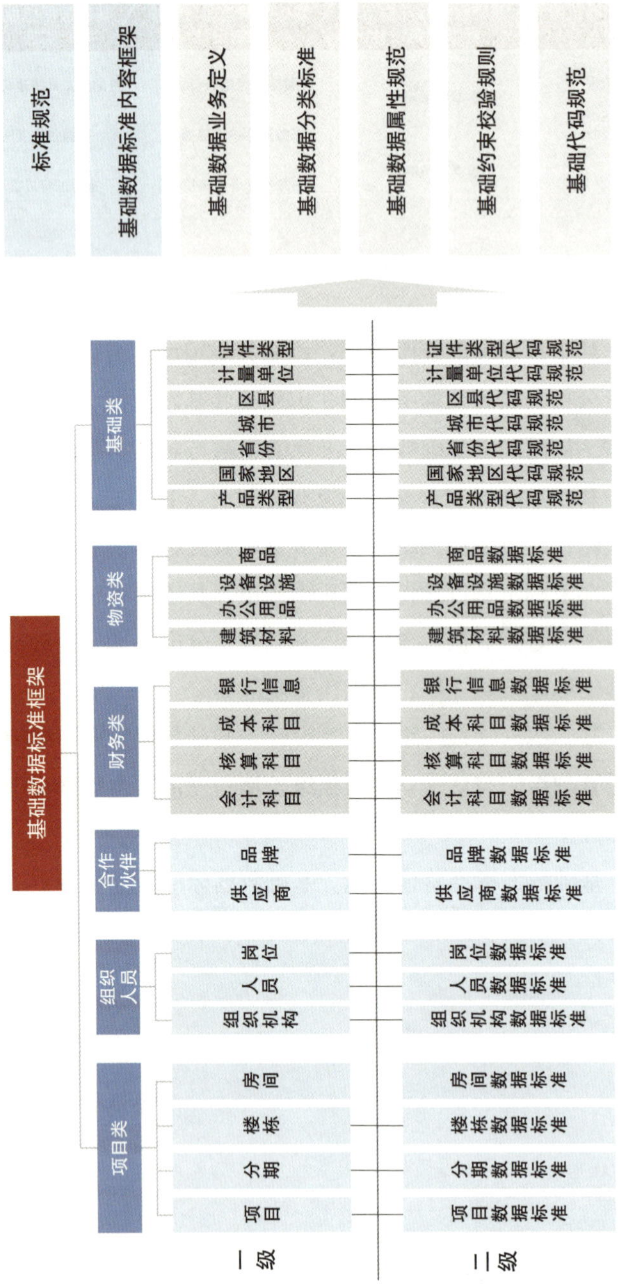

图 8-9 基础数据标准框架（示例）

346　不动产 AI 决策

表 8-1 基础数据标准规范设计（示例）

序号	信息项大类	信息项小类	信息项	业务定义	填写规范	是否必填	长度	类型	唯一约束	引用基础代码
1	项目	项目基本信息	项目编码	系统中的项目编码，是项目的唯一标识	编码规则为 P+8 位流水号，系统自动生成，不可编辑。如 P00000001	Y	9	字符串型	Y	
2	项目	项目基本信息	项目地块名	项目的地块名称	填写地块名称的全称。例如，中新广州×××地块	Y	50	字符串型	Y	
3	项目	项目基本信息	报建名	政府施工许可证上项目批复的名称	填写政府施工许可证上项目批复的名称。例如，中山×××项目	N	100	字符串型		
4	项目	项目基本信息	营销推广名	项目的营销推广名，用于销售营销中心推广环节	根据营销中心提供的名称进行填写	N	100	字符串型		
5	项目	项目基本信息	产品系列	项目所属的产品系列	选择项目产品系列，引用基础代码表。例如，P.7 产品系列的代码	N	2	字符串型		P.7 产品系列
6	项目	项目基本信息	项目公司	项目所属的地产财务公司名称	从地产项目公司列表中选择，显示项目公司名称。例如，中山市×××有限公司	Y	50	字符串型		
7	项目	项目基本信息	所属城市公司	选择项目所属城市公司，引用基础代码表。例如，P.6 项目所属组织的代码		Y	4	字符串型		P.6 项目所属组织
8	项目	项目基本信息	国家	项目所在国家	选择项目所在国家。例如，P.1 国家的代码	Y	3	字符串型		P.1 国家
9	项目	项目基本信息	省/州	项目所在省/州	选择项目所在省/州。例如，P.2 省/州的代码	Y	6	字符串型		P.2 省/州
10	项目	项目基本信息	城市	项目所在城市	选择项目所在城市。例如，P.3 市的代码	Y	6	字符串型		P.3 市

	存量数据清洗	系统改造	主数据集成共享	系统持续运维
工作内容	■ 数据范围：××基础信息代码 ■ 系统范围：销售系统、物业收费系统、商业租赁平台等 ■ 清洗依据：《××数据标准规范》	■ 系统范围：销售系统、物业收费系统、商业租赁平台等 ■ 改造内容：各IT系统数据字典结构按照标准规范改造；各IT系统前端客户主数据维护页面的约束规则	■ 系统范围：销售系统、物业收费系统、商业租赁平台等 ■ 工作内容：系统集成开发，××数据初始化	■ 标准运维：持续优化和完善标准 ■ 数据运维：对客户主数据持续运维 ■ IT系统：根据标准修订情况持续改造和优化IT系统，同时保证新IT系统按照××数据标准执行
保障机制	■ 明确数据清洗责任部门 ■ 制定数据清洗模板和规范 ■ 制订数据清洗计划和方案	■ 明确系统改造主责部门 ■ 制订改造计划和改造方案	■ 明确系统集成开发主责部门 ■ 制订系统集成计划和集成开发方案	■ 明确××数据标准维护组织 ■ 明确××数据运维组织和制度 ■ 明确IT系统运维机制

图 8-10 基础数据标准落地实施的工作重点

2. 指标数据标准

指标数据标准又称衍生数据标准，有助于规范和统一数据分析口径。如图 8-11 所示，指标数据标准制定的五个步骤包括指标识别、搭建主题框架、指标细分与指标定维、分层定维和指标库构建。

三、搭平台：搭建数据开发、服务、治理与应用可视化平台

如图 8-12 所示，搭平台是搭建数据"管存用"能力的载体，包括数据开发平台、数据存储和管控治理平台、数据共享服务平台与数据应用可视化平台。

1. 数据开发平台

数据开发平台应具备批流一体的开发能力：一是可拖拽式字段映射，支持增量全量、字段转换、脱敏等多种数据处理场景；二是可视化的工作流配置界面，操作灵活，流程直观。另外，数据开发平台还应支持多种数据源。企业通过数据开发平台搭建企业大数据资源平台，可以实现数据采集、汇集、加工和整合。

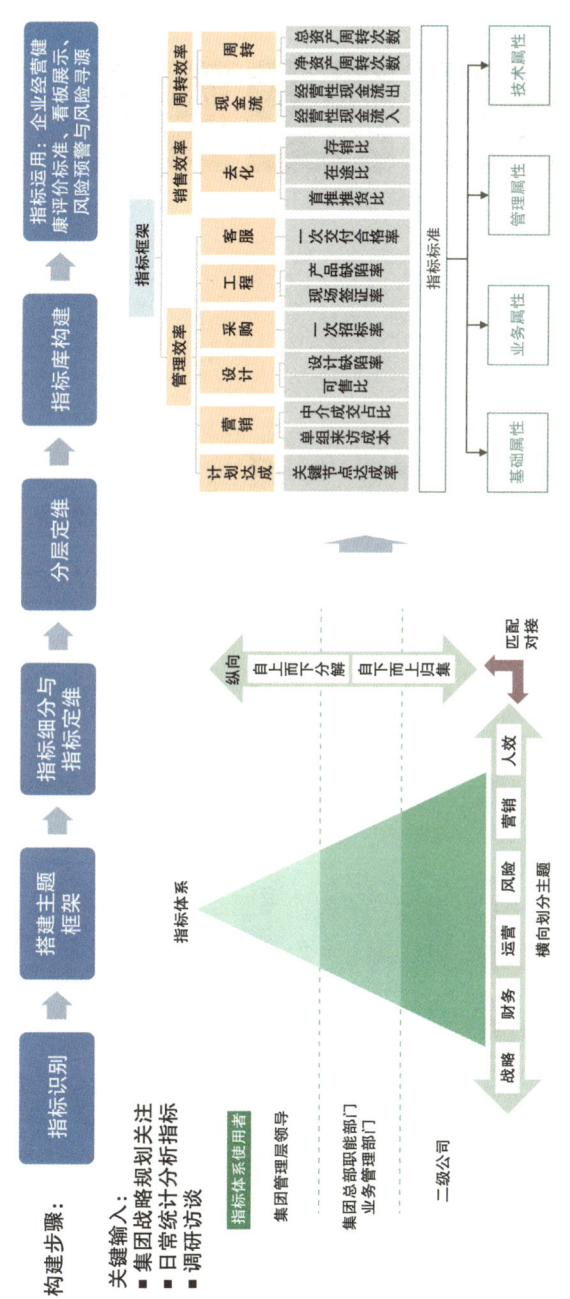

图 8-11 指标数据标准构建步骤（示例）

第八章 数据中台：不动产 AI 决策的数据心脏

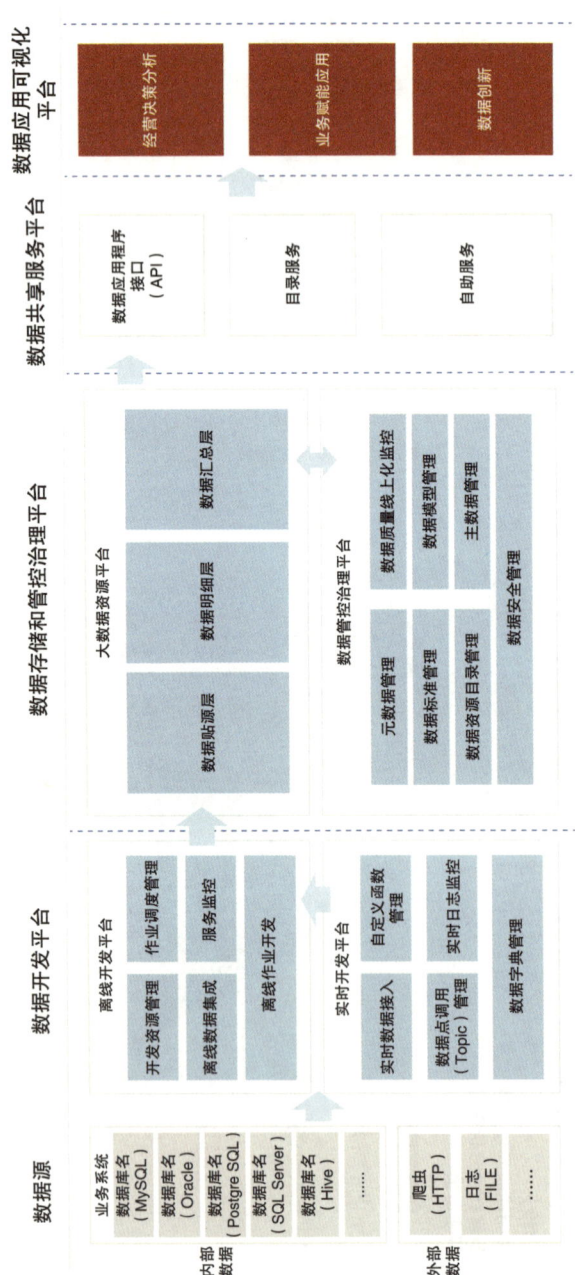

图 8-12 数据平台总体架构

350　不动产 AI 决策

2. 数据存储和管控治理平台

图 8-12 中所指的大数据资源平台主要作用是从内外部其他系统中采集数据。

数据管控治理平台提供线上化数据管控治理能力，包括数据标准管理、主数据管理、数据质量线上化监控等。

3. 数据共享服务平台

数据共享服务平台通过数据应用程序接口、自助服务等，向数据需求方提供数据获取、查询和自助化应用，以提供高效、高质量的数据共享服务。

4. 数据应用可视化平台

数据应用可视化平台提供数据可视化开发能力，支撑企业"大屏＋电脑端＋移动端"可视化展示，为企业各管理层提供数智化决策与统计分析的支持。

四、推治理：通过数据持续治理，逐步提升数据质量

数据治理的目的是规范数据标准，统一数据口径，提升数据质量。数据治理的核心领域包括主数据管理、数据质量管理、数据标准管理、元数据管理、数据生命周期管理、数据安全管理、数据模型管理与数据架构管理。企业数据治理是一项长期、持续开展的工作。

1. 数据资产分类

如图 8-13 所示，企业数据资产分为参考数据、主数据、交易数据、分析数据四大类别。其中参考数据、主数据与交易数据统称为基础数据，分析数据又称为衍生数据。衍生数据是通过对基础数据汇

聚、加工、整合与计算得出来的结果数据。因此，企业在数据治理时需要先推动基础数据治理工作。

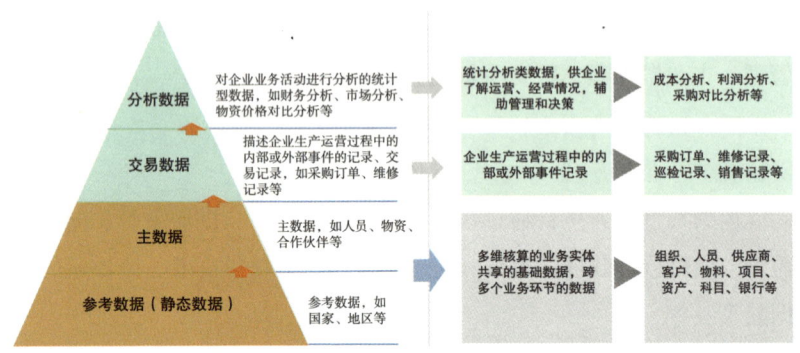

图 8-13　数据资产分类

参考数据与主数据是跨多个业务环节的数据，是数据分析的主要对象。参考数据也称静态数据，如国家、地区数据等；主数据来自企业核心业务的对象，包括人员、客户、物资、合作伙伴等。

交易数据是描述企业生产运营过程中的内部或外部事件的记录、交易记录，如采购订单、维修记录、巡检记录、销售记录等。

分析数据是对企业业务活动进行分析的统计型数据，可以供企业了解运营、经营情况，包括财务分析、市场分析、物资价格对比分析数据等。

2. 数据治理框架

数据资产管理协会（DAMA）表示：数据管控治理是对数据资产管理权力的行使和控制的活动集合（规划、监控和执行）。图 8-14 为数据治理框架。

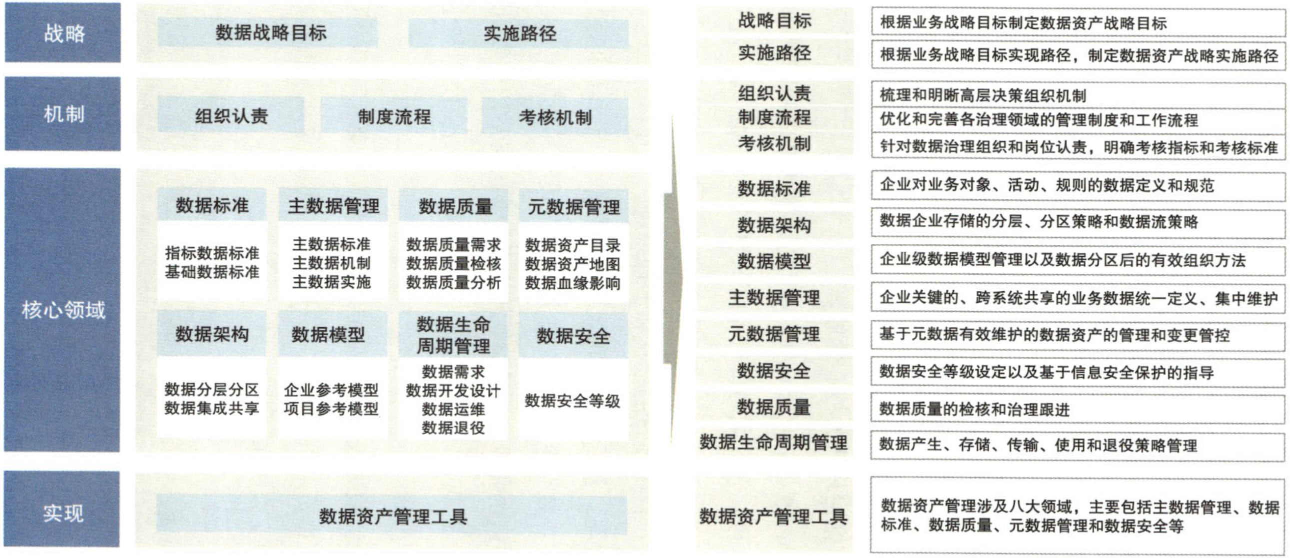

图 8-14 数据治理框架

战略
- 战略目标：根据业务战略目标制定数据资产战略目标
- 实施路径：根据业务战略目标实施路径，制定数据资产战略实施路径

机制
- 组织职责：梳理和明晰高层决策组织机制，优化和完善各治理领域的管理和工作流程
- 制度流程：针对数据治理组织和岗位认责，明确考核指标和考核标准
- 考核机制

核心领域
- 数据标准：企业对业务存储的对象、活动、规则的数据定义和规范
  - 指标数据标准
  - 基础数据标准
- 数据架构：数据架构企业级数据存储管理以及数据分区后的有效组织方法
  - 数据分层分区
  - 数据集成共享
- 数据模型：企业关键的、跨系统共享的业务数据统一定义、集中维护
  - 企业参考模型
  - 项目参考模型
- 主数据管理：基于主数据有效维护的数据管理和变更管控
  - 主数据标准
  - 主数据机制
  - 主数据实施
- 元数据管理：元数据管理
  - 数据资产目录
  - 数据资产地图
  - 数据血缘影响
- 数据质量：数据质量的检核和治理跟进
  - 数据质量需求
  - 数据质量检核
  - 数据质量分析
- 数据生命周期管理
  - 数据需求周期管理
  - 数据开发设计
  - 数据退役
- 数据安全：数据安全等级设定以及基于信息安全保护的指导
  - 数据安全等级

实现
- 数据资产管理工具：数据资产管理涉及八大领域，主要包括主数据管理、数据标准、数据质量、元数据管理和数据安全等
  - 数据产生、存储、传输、使用和退役策略管理

第八章　数据中台：不动产 AI 决策的数据心脏　　353

第一，数据战略目标与实施路径。梳理由于数据治理机制匮乏而引发的业务及技术问题，基于企业业务战略目标，制定企业数据资产战略目标，规划不同经营类型企业、不同成熟度业务板块的数据资产战略实施路径。

第二，组织认责、制度流程、考核机制。组织认责：梳理和明晰高层决策组织机制，包括决策机构、管理机构、执行机构、监督机构、组织架构及沟通决策流程。制度流程：优化和完善各治理领域的管理制度和工作流程。考核机制：针对数据治理组织和岗位认责明确考核指标和考核标准。

第三，数据治理八大核心领域。

数据标准：企业对业务对象、活动、规则的数据定义和规范。

主数据管理：企业关键的跨系统共享的业务数据统一定义、集中维护。

数据质量：数据质量的检核和治理跟进。

元数据管理：基于元数据有效维护的数据资产管理和变更管控。

数据架构：数据企业存储的分层、分区策略和数据流策略。

数据模型：企业级数据模型管理以及数据分区后的有效组织方法。

数据生命周期管理：数据产生、存储、传输、使用和退役策略管理。

数据安全：数据安全等级设定以及基于信息安全保护的指导。

第四，数据资产管理工具。数据资产管理涉及八大领域，是数据管控治理落地实施的重要载体。

3. 数据治理策略

首先，统筹规划，数据标准化先行。

根据核心业务诉求，统筹规划数据治理总体框架，明确治理核心领域和建设路径。识别基础数据标准化范围，实现部分关键基础数据标准落地，数据治理初显成效。构建集团和下属单位经营指标体系和指标标准，形成落地实施方案。

其次，分期分步建设，持续提升数据质量，支撑数智化应用。

分期分步完成基础数据标准的落地实施工作。依托数据治理成果，持续完成指标体系落地实施，完成关键场景的数据应用，初步实现赋能。初步开展数据治理工作，包括数据质量、元数据管理等工作。

最后，持续开展数据治理工作，支撑数智化创新，高效赋能业务。

持续开展数据治理工作，实现数据问题发现、分析和处理的闭环管理。全面开展数智化应用建设，辅助企业精细化管理，包括业务协同和安全生产运营等核心业务场景，提升企业竞争力。

五、构服务：通过数据服务机制，实现高效和高质量服务

构服务强调的是高效和高质量的数据共享服务能力，需要以建体系、定标准、搭平台和推治理为基础，最终形成企业数据共享服务能力。服务形式包括数据应用接口程序、数据资源目录以及数据自助服务等。

通过应用接口程序提供数据服务接口。其一，实现从数据库到应用接口程序的可视化编排，通过配置方式，快速生成应用接口程序。其二，在门户端以分类和标签的方式对应用接口程序进行导航，支持应用接口程序进行全文检索和在线查看，让用户使用应用接口程序就像购物一样简单。

通过数据资源目录，实现数据资源目录维护、数据资源检索、数据资源申请等，从而为数据消费者提供线上检索、申请与服务。

数据自助服务可以高效、高质量地为数据消费者提供线上化自定义的数据资源，快速满足数据消费者对不同业务场景的数据应用需求。

企业数智化转型的核心生产要素是数据，提升数据"管存用"能力是企业数智化转型的基础工作，也是必经之路。

第三节
经营数据"管存用"能力的建设实践

本节主要讲述某不动产企业基于精细化管理需求，在提升数据"管存用"能力方面的核心诉求、建设路径与价值总结。

一、核心诉求：支撑精细化管理，实现千亿级战略

某不动产企业提出未来两年重回千亿的战略目标，决策层希望通过提升数智化能力来构建企业精细化管理能力，从而支撑因规模扩张带来的精细化管理需求。爱德数智基于其核心诉求，梳理总结了四大关键点。

预测：预判趋势，预测未来。根据年度趋势，如营销趋势、开发趋势、可用资金等，进行前置分析，包括对资源池和客储池的分析，从而预判未来签约业绩。

预演：达成总体概览看板，提前模拟演示。透过集团、区域、公司、项目四大层级看板以及发展、计划、营销、财务这四个职能条线，分析年度目标完成情况，如回款情况。根据当前实际回款情况预演年度目标是否达成。

预警：预警风险，防范风险。实时跟踪监控重点指标：产销平衡

预警，如断货、滞重预警；营销过程预警，如均价、费用预警；财务指标预警，如资金红线预警；关键节点预警，如开业预警、归还集团借款预警。

预控：溯源结果，探究原因，及时干预解决。组织溯源主要探究业绩指标完成前列、后列的区域、公司、项目；时间溯源主要探究本年度完成较好、较差的月份；业务溯源主要探究当前指标完成情况的业务动因。

二、建设路径：统筹规划、分期分步实施、策略协同

如图 8-15 所示，该企业主要从经营看板、大数据平台以及业务系统三个方面构建企业数据"管存用"能力总体框架，建设策略为统筹规划、分期分步实施与各领域策略协同。

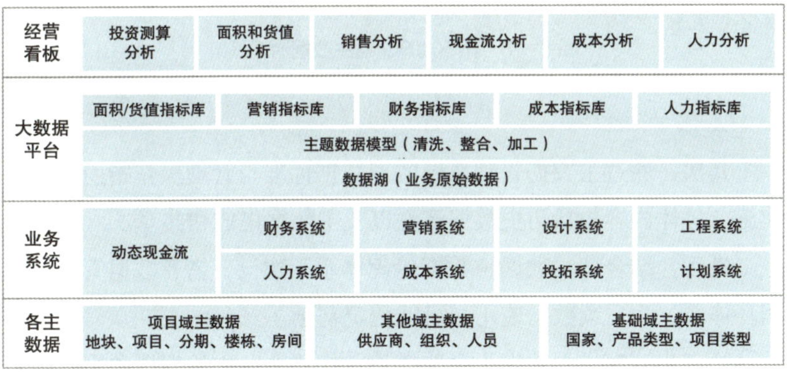

经营看板	投资测算分析	面积和货值分析	销售分析	现金流分析	成本分析	人力分析
大数据平台	面积/货值指标库	营销指标库	财务指标库	成本指标库	人力指标库		
	主题数据模型（清洗、整合、加工）						
	数据湖（业务原始数据）						
业务系统	动态现金流	财务系统	营销系统	设计系统	工程系统	
		人力系统	成本系统	投拓系统	计划系统	
各主数据	项目域主数据 地块、项目、分期、楼栋、房间		其他域主数据 供应商、组织、人员		基础域主数据 国家、产品类型、项目类型	

图 8-15 某不动产企业数据"管存用"能力总体框架规划

第一步，完成"主数据＋数据治理体系"建设。

首先，根据数据应用场景，识别主数据治理范围，完成主数据标准规范制定与发布，并建立主数据治理框架。如图 8-16 所示，某不

动产企业主数据治理框架设置的目的是明确主数据岗位与职责，规范主数据维护流程，最终形成主数据操作指引，指导业务人员规范管理和维护数据。

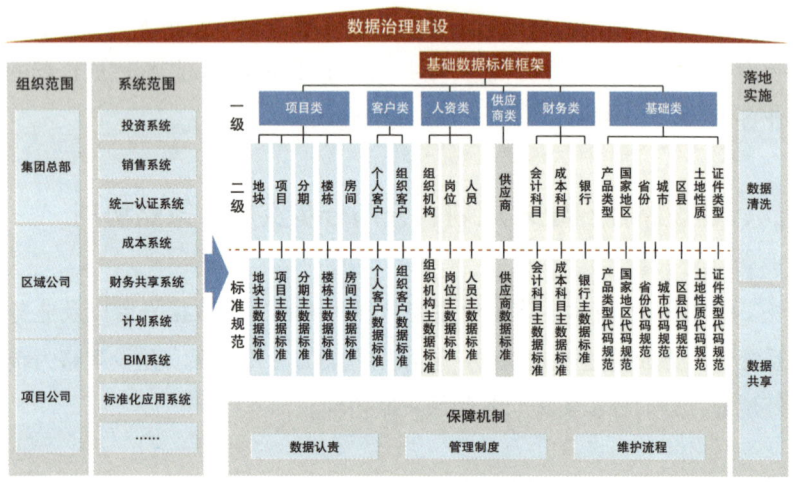

图 8-16　某不动产企业主数据治理框架

其次，通过主数据管理系统实现数据标准与管理操作指引的落地实施，具体内容包括历史数据清洗以及主数据集成和共享。

最后，结合"主数据+数据治理体系"建设，搭建数据管控治理闭环体系，为后续数据应用与赋能奠定基础。

第二步，完成大数据平台的搭建。构建企业大数据资源平台，将所有企业内部数据从业务源头采集到企业级的大数据平台中。如图 8-17 所示，该企业通过大数据平台实现了数据采集、加工、整合与共享，最终支撑企业经营分析平台的可视化应用与展示。

第三步，完成不动产 AI 决策平台的建设。实现数据应用和赋能，支撑企业经营决策。

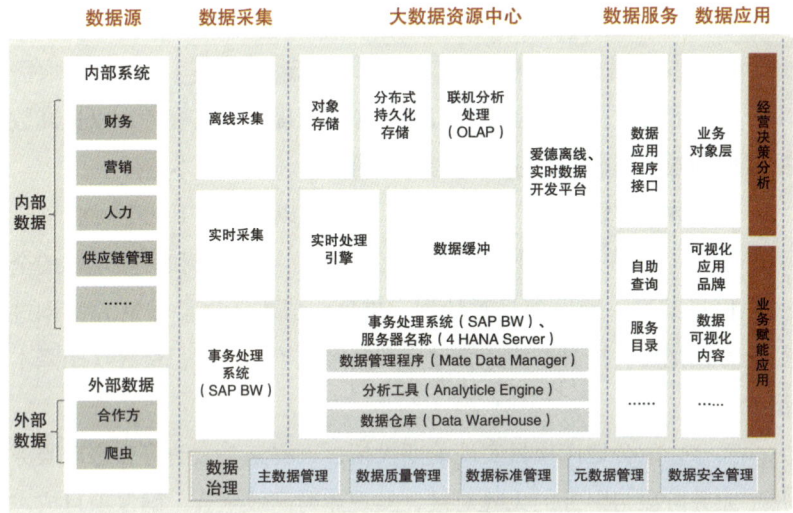

图 8-17　某不动产企业大数据资源平台搭建蓝图

三、价值总结

如本书插页"不动产 AI 决策平台"所示，我们可以通过大屏看全局，了解经营决策关键指标，快速定位核心指标达成情况。

每类指标所支持的数据能够层层穿透"集团→区域→城市公司→项目"，被管理人员轻松获取，核心指标可通过趋势、结构、预实比对来进行剖析。

数据共享的应用场景集中在支撑企业进行相应经营决策的看板上。企业通过数据共享服务高效地提供一些高质量的数据，有效解决各业务部门数据不连通的问题，提高内部协同效率。

不动产 AI 决策平台有两大价值。其一，数据可视化展示。领导层、管理层通过电脑端、移动端、大屏等经营决策看板，能够实时了解项目、区域、集团运营现状等，完成实时动态运营监控，提升企业精细化管理的能力，辅助决策分析。

其二，数据自助分析服务。这可以满足业务部门的数据获取需求，同时通过数据应用程序接口为业务部门提供数据服务，以提高数据获取的效率，提升企业内部沟通协同效率，实现降本增效。

依托数据"管存用"能力建设，企业可以实现以下三个功能。

其一，实现项目从前期投拓、工程施工，到销售和后期运营的全过程信息共享，辅助项目对计划、进度、成本、质量和资源协调进行全方位把控。提升企业运营效率和精细化管理程度，最终实现降本增效。

其二，配合地产项目实现前期投拓、工程施工、销售和售后服务每个业务阶段与财务的无缝对接，实现业财高效融合，确保项目成本和费用的精准化核算。

其三，提升企业数据统计分析能力。为企业决策层和各级管理人员提供企业生产经营、项目成本、进度、质量、风险等方面的数据分析服务，为企业发展战略和目标的制定、监督、执行提供决策分析支持。

附 录
十大标杆房企运营指标参考

承接第一章第三节对五家标杆民企和五家标杆国央企运营指标趋势的分析，我们梳理了15强房企中标杆民企和国央企的运营指标数值（见表9-1～表9-10），另外提供了一份"运营指标字典"（见表9-11）。这可以为经营决策者提供参考。

表中面积与金额等数据在四舍五入后取整数，其他各项指标在四舍五入后保留一位或两位小数。数据均源自各家房企年报和通联数据，增长率由爱德地产研究院计算取数。

表9-1 碧桂园运营指标参考

运营指标		2016年 数值	2017年 数值	2017年 增长率(%)	2018年 数值	2018年 增长率(%)	2019年 数值	2019年 增长率(%)	2020年 数值	2020年 增长率(%)	2021年 数值	2021年 增长率(%)	增长率 均值(%)
投	投资面积（万平方米）	7 446	10 145	36	8 648	-15	5 272	-39	7 052	34	4 096	-42	-5
	投销比	1.97	2.31	17	1.60	-31	0.85	-47	1.05	24	0.62	-41	-16
储	土储面积（万平方米）	13 794	12 996	-6	17 624	36	17 226	-2	18 125	5	15 993	-12	4
	储销比	3.65	2.95	-19	3.25	10	2.76	-15	2.69	-3	2.41	-10	-7
	地货比	—	—	—	0.24	—	0.35	46	0.35	0	0.41	17	21
建	在建面积（万平方米）	3 300	6 330	92	6 640	5	6 850	3	7 520	10	6 950	-8	20
	建销比	0.87	1.44	66	1.23	-15	1.10	-11	1.12	2	1.05	-6	7
	销金额（亿元）	3 088	5 508	78	7 287	32	7 715	6	7 888	2	7 588	-4	23
	权益销金额（亿元）	2 348	3 824	63	5 019	31	5 522	10	5 707	3	5 580	-2	21
	权益比	0.76	0.69	-9	0.69	0	0.72	4	0.72	0	0.74	3	0
销	销售面积（万平方米）	3 783	4 400	16	5 416	23	6 237	15	6 733	8	6 641	-1	12
回	回款金额（亿元）	2 843	5 003	76	4 557	-9	5 301	16	5 193	-2	5 022	-3	16
	回款率（%）	92	90.8	-1	90.8	0	96	6	91	-5	90	-1	0
存	存货金额（亿元）	309	279	-10	443	59	458	3	496	8	464	-6	11
	存销比	0.10	65.6	-30	0.09	29	0.08	-11	0.09	13	0.08	-11	-2
	交付结转面积（万平方米）	—	2 886	—	4 434	54	5 780	30	5 800	0	6 807	17	25
结	结转率（%）	—	65.6	—	81.9	25	92.7	13	86.1	-7	102.5	19	12
盈	净利润率（%）	8.9	12.7	43	12.8	1	12.6	-2	11.7	-7	7.8	-33	0
	管理费率（%）	3.2	3.2	0	4.4	38	3.6	-18	3	-17	2.6	-13	-3
	营销费率（%）	4.8	4.4	-8	3.3	-25	3.4	3	3	-12	2.9	-3	-9
支	财务费用率（%）	0.9	0.9	0	1.9	111	1.7	-11	1.5	-12	1.1	-27	12
	现金规模（亿元）	965	1 484	54	2 425	63	2 683	11	1 836	-32	1 813	-1	19
	现金短债比	—	2.2	—	1.9	-14	2.3	21	1.9	-17	2.3	21	3
	净负债率（%）	48.7	56.9	17	49.6	-13	46.3	-7	55.6	20	45.4	-18	0

注：2017—2021年的面积数据及2018—2021年的回款金额为权益口径数据。

表 9-2 万科运营指标参考

	运营指标	2016年 数值	2017年 数值	2017年 增长率(%)	2018年 数值	2018年 增长率(%)	2019年 数值	2019年 增长率(%)	2020年 数值	2020年 增长率(%)	2021年 数值	2021年 增长率(%)	增长率 均值(%)
投	投资面积(万平方米)	3 157	4 615	46	4 681	1	3 717	-21	3 367	-9	2 667	-21	-1
	投销比	1.14	1.28	12	1.16	-9	0.90	-22	0.72	-20	0.70	-3	-8
储	土储面积(万平方米)	8 460	10 212	21	11 239	10	11 362	1	10 920	-4	10 215	-6	4
	储销比	3.1	2.8	-10	2.8	0	2.8	0	2.3	-18	2.7	17	-2
	地货比	—	0.5	—	0.4	-20	0.4	0	0.4	0	0.4	0	-5
建	开工面积(万平方米)	3 137	3 652	16	4 993	37	4 241	-15	3 960	-7	3 265	-18	3
	开销比	1.13	1.02	-10	1.24	22	1.03	-17	0.85	-17	0.86	1	-4
	在建面积(万平方米)	3 163	3 890	23	5 303	36	5 968	13	5 869	-2	5 694	-3	13
	建销比	1.14	1.08	-5	1.31	21	1.45	11	1.26	-13	1.50	19	7
	竣工面积(万平方米)	2 237	2 301	3	2 756	20	3 008	9	3 382	12	3 571	6	10
	竣销比	0.81	0.64	-21	0.68	6	0.73	7	0.72	-1	0.94	31	4
销	销售金额(亿元)	3 648	5 299	45	6 070	15	6 308	4	7 041	12	6 278	-11	13
	权益销售金额(亿元)	2 607	3 772	45	4 248	13	4 103	-3	4 557	11	4 032	-12	11
	权益比	0.71	0.71	0	0.70	-1	0.65	-7	0.65	0	0.64	-2	-2
	销售面积(万平方米)	2 765	3 595	30	4 038	12	4 112	2	4 667	13	3 808	-18	8
回	回款金额(亿元)	2 865	3 684	29	3 981	8	4 327	9	4 723	9	4 641	-2	11
	回款率(%)	78.6	69.5	-12	65.6	-6	68.6	5	67.1	-2	73.9	10	-1
存	存货金额(亿元)	437	500	14	640	28	660	3	740	12	870	18	15
	存销比	0.12	0.09	-25	0.11	22	0.10	-9	0.11	10	0.14	27	5
支	交付结转面积(万平方米)	2 053	1 981	-4	2 191	11	2 460	12	2 889	17	3 117	8	9
结	结转率(%)	74.3	55.1	-26	54.3	-1	59.8	10	61.9	4	81.8	32	4
盈	净利润率(%)	11.8	15.3	30	16.6	8	15	-10	14.2	-5	8.4	-41	-4
	管理费率(%)	2.8	3.7	32	3.8	3	3.3	-13	2.6	-21	2.4	-8	-1
	营销费率(%)	2.2	2.6	18	2.6	0	2.5	-4	2.5	0	2.8	12	5
	财务费率(%)	0.7	0.9	29	2	122	1.6	-20	1.2	-25	1	-17	18
	现金规模(亿元)	870	1 741	100	1 884	8	1 662	-12	1 952	17	1 494	-23	18
	现金短债比	1.9	2.7	42	2.3	-15	1.7	-26	2.2	29	2.6	18	10
	净负债率(%)	25.9	8.8	-66	25	184	34.7	39	18.1	-48	29.7	64	35

表9-3 龙湖运营指标参考

	运营指标	2016年 数值	2017年 数值	2017年 增长率（%）	2018年 数值	2018年 增长率（%）	2019年 数值	2019年 增长率（%）	2020年 数值	2020年 增长率（%）	2021年 数值	2021年 增长率（%）	增长率 均值（%）
投储	投资面积（万平方米）	1 255	2 023	61	2 189	8	1 731	−21	2 567	48	2 355	−8	18
	投销比	2.08	1.99	−4	1.77	−11	1.22	−31	1.59	30	1.38	−13	−6
	土储面积（万平方米）	3 545	4 441	25	5 400	22	5 390	0	5 784	7	5 645	−2	10
	储销比	5.89	4.37	−26	4.37	0	3.79	−13	3.58	−6	3.30	−8	−10
	地货比	0.43	0.42	−2	0.33	−21	0.36	9	0.34	−6	0.38	12	−2
销	销售金额（亿元）	881	1 561	77	2 006	29	2 425	21	2 706	12	2 901	7	29
	权益销售金额（亿元）	652	1 092	67	1 405	29	1 704	21	1 905	12	2 029	7	27
	权益比	0.74	0.70	−5	0.70	0	0.70	0	0.70	0	0.70	0	−1
存	销售面积（万平方米）	602	1 017	69	1 236	22	1 424	15	1 616	13	1 709	6	25
	存货金额（亿元）	102	108	6	145	34	236	63	387	64	588	52	44
	存销比	0.12	0.07	−42	0.07	0	0.10	43	0.14	40	0.20	43	17
盈支	净利润率（%）	18.1	22.9	27	18	−21	17.6	−2	15.6	−11	14.2	−9	−3
	管理费用率（%）	3.7	4.5	22	4.6	2	4.3	−7	4	−7	4.8	20	6
	营销费用率（%）	2.6	2.5	−4	2.7	8	2.7	0	2.7	0	2.4	−11	−1
	财务费用率（%）	0.1	0.1	0	0.1	0	0.1	0	0.1	0	0.1	0	0
	现金规模（亿元）	174	268	54	453	69	610	35	778	28	885	14	40
	现金短债比	3.3	4.8	45	3.8	−21	4.4	16	4.2	−5	3.9	−7	6
	净负债率（%）	54	47.7	−12	52.9	11	51	−4	46.5	−9	46.7	0	−3

364　　不动产AI决策

表 9-4　新城运营指标参考

运营指标		2016年 数值	2017年 数值	2017年 增长率(%)	2018年 数值	2018年 增长率(%)	2019年 数值	2019年 增长率(%)	2020年 数值	2020年 增长率(%)	2021年 数值	2021年 增长率(%)	增长率 均值(%)
投	投资面积(万平方米)	1 424	3 393	138	4 773	41	2 508	-47	4 139	65	2 158	-48	30
	投销比	2.48	3.65	47	2.63	-28	1.03	-61	1.76	71	0.92	-48	-4
	土储面积(万平方米)	3 511	6 005	71	7 538	26	7 519	0	8 675	15	8 532	-2	22
	储销比	6.11	6.47	6	4.16	-36	3.09	-26	3.69	19	3.62	-2	-8
	地货比	0.33	0.23	-30	0.19	-17	0.22	16	0.28	27	0.36	29	5
储	开工面积(万平方米)	850	2 066	143	4 957	140	3 198	-35	2 622	-18	3 169	21	50
	开销比	1.48	2.23	51	2.74	23	1.31	-52	1.12	-15	1.35	21	5
建	在建面积(万平方米)	1 307	2 666	104	7 159	169	8 498	19	7 798	-8	6 968	-11	54
	建销比	2.27	2.87	26	3.95	38	3.49	-12	3.32	-5	2.96	-11	7
	竣工面积(万平方米)	401	725	81	980	35	1 854	89	3 072	66	3 290	7	56
	竣销比	0.70	0.78	11	0.54	-31	0.76	41	1.31	72	1.40	7	20
销	销售金额(亿元)	651	1 265	94	2 211	75	2 708	22	2 510	-7	2 338	-7	35
	权益销售金额(亿元)	570	942	65	1 698	80	2 016	19	1 938	-4	1 724	-11	30
	权益比	0.88	0.74	-16	0.77	4	0.74	-4	0.77	4	0.74	-4	-3
回	销售面积(万平方米)	575	928	61	1 812	95	2 432	34	2 349	-3	2 355	0	38
	回款金额(亿元)	382	555	45	1 057	90	1 666	58	1 527	-8	1 632	7	38
	回款率(%)	58.8	43.9	-25	47.8	9	61.5	29	60.8	-1	69.8	15	5
存	存货金额(亿元)	53	54	2	42	-22	72	71	133	85	215	62	39
	存货比	0.08	0.04	-50	0.02	-50	0.03	50	0.05	67	0.09	80	19
	交付结转面积(万平方米)	326	508	56	575	13	1 149	100	2 353	105	2 463	5	56
结	结转率(%)	56.7	54.7	-4	31.7	-42	47.3	49	100.2	112	104.6	4	24
	净利润率(%)	11.3	15.5	37	22.6	46	15.5	-31	11.3	-27	8.2	-27	-1
	管理费用率(%)	4.5	4.9	9	4.2	-14	4.5	7	2.8	-38	2.5	-11	-9
盈	营销费用率(%)	3.7	4.4	19	4.2	-5	5.1	21	3.8	-25	3.5	-8	0
	财务费用率(%)	1.1	1.1	10	1.6	45	1	-38	0.7	-30	0.7	0	-2
支	现金规模(亿元)	134	219	63	454	107	639	41	624	-2	552	-12	40
	现金短债比	1.5	1.5	0	3.5	133	2.6	-26	1.7	-35	1.1	-35	8
	净负债率(%)	52.5	67.4	28	49.2	-27	13.3	-73	43.7	229	48.1	10	33

附　录　十大标杆房企运营指标参考

表 9-5 旭辉运营指标参考

	运营指标	2016年 数值	2017年 数值	2017年 增长率(%)	2018年 数值	2018年 增长率(%)	2019年 数值	2019年 增长率(%)	2020年 数值	2020年 增长率(%)	2021年 数值	2021年 增长率(%)	增长率 均值(%)
投储	投资面积(万平方米)	650	1320	103	1242	-6	1520	22	1307	-14	1170	-10	19
	投销比	2.23	2.10	-6	1.30	-38	1.26	-3	0.85	-33	0.81	-5	-17
	土储面积(万平方米)	1565	2653	70	3489	32	3828	10	4104	7	3837	-7	22
	储销比	5.37	4.22	-21	3.65	-14	3.18	-13	2.67	-16	2.65	-1	-13
	地货比	0.20	0.48	140	0.39	-19	0.33	-15	0.47	42	0.44	-6	28
销	销售金额(亿元)	530	1040	96	1520	46	2006	32	2310	15	2473	7	39
	权益销售金额(亿元)	362	624	72	861	38	1150	34	1340	17	1459	9	34
	权益比	0.68	0.60	-12	0.57	-5	0.57	0	0.58	2	0.59	2	-3
存	销售面积(万平方米)	292	629	115	957	52	1204	26	1539	28	1449	-6	43
	存货金额(亿元)	68	91	34	102	12	156	53	129	-17	207	60	28
	存销比	0.13	0.09	-31	0.07	-22	0.08	14	0.06	-25	0.08	33	-6
结	交付结转面积(万平方米)	194	206	6	266	29	391	47	513	31	685	34	29
	结转率(%)	66.5	32.7	-51	27.8	-15	32.5	17	33.4	3	47.3	42	-1
盈	净利润率(%)	14.2	19.3	36	16.8	-13	16.4	-2	16.6	1	11.4	-31	-2
	管理费用率(%)	4	4	0	5	25	5.3	6	4.1	-23	3.5	-15	-1
	营销费用率(%)	2.4	1.9	-21	2.7	42	3.2	19	2.9	-9	2.2	-24	1
	财务费用率(%)	2.4	0.8	-67	0.9	13	1.3	44	0.9	-31	0.5	-44	-17
支	现金规模(亿元)	207	298	44	446	50	590	32	512	-13	467	-9	21
	现金短债比	4.6	2.5	-46	3.3	32	2.7	-18	2.7	0	2.6	-4	-7
	净负债率(%)	50.4	50.9	1	67.2	32	65.6	-2	64	-2	62.8	-2	5

366　　不动产 AI 决策

表 9-6 保利运营指标参考

运营指标		2016年 数值	2017年 数值	2017年 增长率(%)	2018年 数值	2018年 增长率(%)	2019年 数值	2019年 增长率(%)	2020年 数值	2020年 增长率(%)	2021年 数值	2021年 增长率(%)	增长率 均值(%)
投	投资面积(万平方米)	2 404	4 520	88	3 116	-31	2 680	-14	3 186	19	2 722	-15	9
	投销比	1.50	2.02	35	1.13	-44	0.86	-24	0.93	8	0.82	-12	-7
储	土储面积(万平方米)	10 160	13 757	35	15 468	12	16 230	5	17 096	5	18 064	6	13
	储销比	6.35	6.14	-3	5.59	-9	5.20	-7	5.01	-4	5.42	8	-3
	地货比	0.38	0.44	16	0.42	-5	0.39	-7	0.50	28	0.43	-14	4
建	开工面积(万平方米)	2 039	3 075	51	4 396	43	4 983	13	4 630	-7	5 155	11	22
	开销比	1.28	1.37	7	1.59	16	1.60	1	1.36	-15	1.55	14	5
	在建面积(万平方米)	5 708	7 504	31	10 390	38	13 158	27	15 202	16	16 372	8	24
	建销比	3.57	3.35	-6	3.76	12	4.21	12	4.46	6	4.91	10	7
销	销售金额(亿元)	2 101	3 092	47	4 048	31	4 619	14	5 028	9	5 349	6	21
	权益销售金额(亿元)	1 614	2 237	39	2 876	29	3 190	11	3 620	13	3 716	3	19
	权益比	0.77	0.72	-6	0.71	-1	0.69	-3	0.72	4	0.69	-4	-2
回	销售面积(万平方米)	1 599	2 242	40	2 766	23	3 123	13	3 409	9	3 333	-2	17
回	回款金额(亿元)	2 041	2 644	30	3 562	35	4 312	21	4 706	9	5 020	7	20
	回款率(%)	97.1	85.5	-12	88	3	93.4	6	93.6	0	93.8	0	0
存	存货金额(亿元)	553	467	-16	456	-2	529	16	674	27	1 009	50	15
	存销比	0.26	0.15	-42	0.11	-27	0.11	0	0.13	18	0.19	46	-1
盈	净利润率(%)	11	13.4	22	13.4	0	15.9	19	16.5	4	13.1	-21	5
	管理费用率(%)	1.5	2	33	1.8	-10	1.8	0	2.3	28	2.4	4	11
	营销费用率(%)	2.3	2.7	17	3	11	2.8	-7	2.8	0	2.6	-7	3
	财务费用率(%)	1.4	1.6	14	1.3	-19	1.1	-15	1.3	18	1.2	-8	-2
支	现金规模(亿元)	470	681	45	1 134	67	1 394	23	1 460	5	1 714	17	31
	现金短债比	3	2.2	-27	2.1	-5	1.9	-10	1.8	-5	1.9	6	-8
	净负债率(%)	55.3	86.5	56	80.6	-7	56.9	-29	56.6	-1	55.1	-3	3

表9-7 中海运营指标参考

	运营指标	2016年 数值	2017年 数值	2017年 增长率（%）	2018年 数值	2018年 增长率（%）	2019年 数值	2019年 增长率（%）	2020年 数值	2020年 增长率（%）	2021年 数值	2021年 增长率（%）	增长率 均值（%）
投	投资面积（万平方米）	972	1 741	79	1 764	1	1 146	-35	1 349	18	1 165	-14	10
	投销比	0.75	1.20	60	1.11	-7	0.64	-42	0.70	9	0.62	-11	2
	土储面积（万平方米）	5 677	6 375	12	7 010	10	6 522	-7	6 179	-5	5 100	-17	-1
	储销比	4.35	4.41	1	4.40	0	3.63	-18	3.22	-11	2.70	-16	-9
	地货比	—	0.40	—	0.49	23	0.73	49	0.54	-26	0.61	13	15
储	开工面积（万平方米）	690	1 954	183	2 375	22	2 157	-9	—	—	1 468	—	65
	开销比	0.53	1.35	155	1.49	10	1.20	-19	—	—	0.78	—	49
	竣工面积（万平方米）	1 335	1 135	-15	1 364	20	1 634	20	1 786	9	2 253	26	12
	竣销比	1.02	0.78	-24	0.86	10	0.91	6	0.93	2	1.19	28	5
销	销售金额（亿元）	1 685	1 973	17	2 440	24	3 206	31	3 607	13	3 695	2	17
	权益销售金额（亿元）	1 641	1 882	15	2 280	21	3 084	35	3 396	10	3 467	2	17
	权益比	0.97	0.95	-2	0.93	-2	0.96	3	0.94	-2	0.94	0	-1
回	销售面积（万平方米）	1 304	1 446	11	1 594	10	1 794	13	1 917	7	1 890	-1	8
	回款金额（亿元）	1 725	1 770	3	2 488	41	2 991	20	3 426	15	3 528	3	16
	回款率（%）	102.4	89.7	-12	102	14	93.3	-9	95	2	95.5	1	-1
存	存货金额（亿元）	451	318	-29	283	-11	532	88	569	7	837	47	20
	存销比	—	0.16	—	0.12	-25	0.17	42	0.16	-6	0.23	44	14
盈	净利润率（%）	23.4	25.4	9	27.2	7	26.1	-4	25.7	-2	17.8	-31	-4
	管理费用率（%）	1	1.6	60	2.5	56	1	-60	1.4	40	1.3	-7	18
	营销费用率（%）	1.5	1.8	20	2.7	50	1.6	-41	1.9	19	1.6	-16	6
	财务费用率（%）	0.6	0.7	17	1	43	0.7	-30	0.4	-43	0.2	-50	-13
支	现金规模（亿元）	1 572	1 041	-34	879	-16	954	9	1 105	16	1 310	19	-1
	现金短债比	3.8	3.4	-11	3.3	-3	3.1	-6	2.5	-19	2.9	16	-5
	净负债率（%）	7.3	27.1	271	33.7	24	33.7	0	32.6	-3	31.1	-5	58

368　　不动产AI决策

表 9-8　华润置地运营指标参考

	运营指标	2016年 数值	2017年 数值	2017年 增长率(%)	2018年 数值	2018年 增长率(%)	2019年 数值	2019年 增长率(%)	2020年 数值	2020年 增长率(%)	2021年 数值	2021年 增长率(%)	增长率均值(%)
投储	投资面积(万平方米)	1 052	1 197	14	2 213	85	2 020	-9	1 492	-26	1 439	-4	12
	投销比	1.36	1.25	-8	1.85	48	1.52	-18	1.05	-31	0.82	-22	-6
	土储面积(万平方米)	3 032	3 128	3	3 815	22	4 527	19	4 402	-3	4 023	-9	6
	储销比	3.91	3.28	-16	3.18	-3	3.42	8	3.10	-9	2.29	-26	-9
	地货比	0.43	0.55	28	0.39	-29	0.39	0	0.46	18	0.58	26	9
销	销售金额(亿元)	1 080	1 521	41	2 107	38	2 425	15	2 850	18	3 158	11	25
	权益销售金额(亿元)	929	1 300	40	1 811	39	1 676	-7	1 819	9	2 147	18	20
	权益比	0.86	0.85	-1	0.86	1	0.69	-20	0.64	-7	0.68	6	-4
存	销售面积(万平方米)	776	954	23	1 199	26	1 325	11	1 419	7	1 755	24	18
	存货金额(亿元)	207	238	15	170	-28	156	-8	392	151	431	10	28
	存销比	0.19	0.16	-16	0.08	-50	0.06	-25	0.14	133	0.14	0	9
结	交付结转面积(万平方米)	733	721	-2	608	-16	754	24	1 043	38	1 476	41	17
	结转率(%)	94.5	75.6	-20	50.7	-33	56.9	12	73.5	29	84.1	14	1
盈	净利润率(%)	20.6	21.3	3	22.5	6	23.3	4	19	-18	17.6	-7	-3
	管理费用率(%)	2.8	3.5	26	3.4	-3	3.9	13	2.8	-27	2.7	-4	1
	营销费用率(%)	3	3.3	11	3.4	5	3.4	-1	3	-13	2.8	-5	-1
	财务费用率(%)	1.1	1.3	15	1.3	1	0.8	-42	0.6	-21	0.6	-5	-10
支	现金规模(亿元)	467	538	15	710	32	637	-10	895	40	1 088	22	20
	现金短债比	3.8	2.1	-44	3.1	48	2.9	-6	2.2	-24	2	-10	-7
	净负债率(%)	23.8	35.9	51	33.9	-6	30.2	-11	33.3	10	30.4	-9	7

表9-9 招商蛇口运营指标参考

	运营指标	2016年 数值	2017年 数值	2017年 增长率(%)	2018年 数值	2018年 增长率(%)	2019年 数值	2019年 增长率(%)	2020年 数值	2020年 增长率(%)	2021年 数值	2021年 增长率(%)	增长率 均值(%)
投	投资面积（万平方米）	702	1 023	46	1 357	33	1 423	5	1 625	14	1 559	-4	19
	投销比	1.49	1.79	20	1.64	-8	1.22	-26	1.31	7	1.06	-19	-5
	土储面积（万平方米）	2 800	1 629	-42	3 377	107	3 731	10	3 968	6	4 025	1	17
	储销比	5.94	2.86	-52	4.08	43	3.19	-22	3.19	0	2.75	-14	-9
	地货比	0.77	0.46	-40	0.34	-26	0.37	9	0.42	14	0.61	45	0
储	开工面积（万平方米）	545	901	65	1 082	20	1 486	37	1 356	-9	1 810	33	29
	开销比	1.16	1.58	36	1.31	-17	1.27	-3	1.09	-14	1.24	14	3
建	在建面积（万平方米）	1 157	1 572	36	2 273	45	2 764	22	3 086	12	3 605	17	26
	建销比	2.46	2.76	12	2.75	0	2.36	-14	2.48	5	2.46	-1	0
	竣工面积（万平方米）	488	454	-7	499	10	1 021	105	1 100	8	1 810	65	36
	竣销比	1.04	0.80	-23	0.60	-25	0.87	45	0.88	1	1.24	41	8
销	销售金额（亿元）	739	1 128	53	1 706	51	2 205	29	2 776	26	3 268	18	35
	权益销售金额（亿元）	535	820	53	1 241	51	1 562	26	1 940	24	2 043	5	32
	权益比	0.72	0.73	1	0.73	0	0.71	-3	0.70	-1	0.63	-10	-3
存	销售面积（万平方米）	471	570	21	827	45	1 169	41	1 244	6	1 464	18	26
	存货金额（亿元）	201	249	24	221	-11	388	76	490	26	676	38	30
	存销比	0.27	0.22	-19	0.13	-41	0.18	38	0.18	0	0.21	17	-1
	交付结转面积（万平方米）	428	429	0	497	16	712	43	928	30	1 221	32	24
结	结转率（%）	91	75.3	-17	60	-20	60.9	2	74.6	22	83.3	12	0
盈	净利润率（%）	19.1	20.3	6	22	8	19.3	-12	13	-32	9.5	-27	-11
	管理费用率（%）	1.7	1.8	6	1.7	-6	1.8	6	1.5	-17	1.4	-7	-3
	营销费用率（%）	1.9	2	5	1.8	-10	2.3	28	2.3	0	2.4	4	5
支	财务费用率（%）	2.2	1.2	-45	2.8	133	2.8	0	1.7	-39	1.3	-24	5
	现金规模（亿元）	460	460	0	674	47	753	12	893	19	795	-11	13
	现金短债比	3.2	1.4	-56	1.5	7	1.4	-7	1.2	-14	2.1	75	1
	净负债率（%）	23.3	58.4	151	45	-23	29.3	-35	28.8	-2	33.1	15	21

表 9-10 金茂运营指标参考

	运营指标	2016年 数值	2017年 数值	2017年 增长率(%)	2018年 数值	2018年 增长率(%)	2019年 数值	2019年 增长率(%)	2020年 数值	2020年 增长率(%)	2021年 数值	2021年 增长率(%)	增长率 均值(%)
投	投资面积(万平方米)	427	1 493	250	1 531	3	1 390	-9	1 150	-17	1 071	-7	44
	投销比	1.79	5.26	194	3.06	-42	1.86	-39	1.02	-45	0.81	-21	9
储	土储面积(万平方米)	—	2 347	—	3 647	55	5 109	40	5 743	12	4 823	-16	23
	储销比	—	8.27	—	7.28	-12	6.83	-6	5.09	-25	3.65	-28	-18
	地货比	0.84	0.44	-48	0.32	-27	0.35	9	0.44	26	0.59	34	-1
	销售金额(亿元)	485	693	43	1 280	85	1 608	26	2 311	44	2 356	2	40
	权益销售金额(亿元)	365	521	43	883	69	1 110	26	1 544	39	1 626	5	36
销	权益比	0.75	0.75	0	0.69	-8	0.69	0	0.67	-3	0.69	3	-2
	销售面积(万平方米)	239	284	19	501	76	748	49	1 129	51	1 321	17	42
存	存金额(亿元)	112	118	5	90	-24	118	31	194	64	275	42	24
	存销比	0.23	0.17	-26	0.07	-59	0.07	0	0.08	14	0.12	50	-4
	净利润率(%)	16.8	16.6	-1	19.1	15	19.9	4	10.3	-48	8.6	-17	-9
	管理费用率(%)	5.7	6.9	21	6.2	-10	7	13	5.9	-16	5.2	-12	-1
盈	营销费用率(%)	2.9	3.1	7	2.7	-13	3	11	2.7	-10	2.6	-4	-2
	财务费用率(%)	2.7	5.4	100	6.2	15	5.2	-16	4.5	-13	3.1	-31	11
支	现金规模(亿元)	204	226	11	258	14	255	-1	521	104	397	-24	21
	现金短债比	1.4	0.7	-50	1	43	0.6	-40	1.6	167	1.6	0	24
	净负债率(%)	45.8	69.2	51	71	3	69.4	-2	40.7	-41	63	55	13

表 9-11 运营指标字典

指标名称	单位	取数来源	计算公式
投资规模	万平方米	取值房企年报，本年新增土储面积	签约销售面积 * 投销比
投销比	—	以销定投	新增土储面积 / 签约销售面积
土储规模	万平方米	取值房企年报，本年总土储面积（部分房企可能包含未竣工已售未结部分）	签约销售面积 * 储销比
储销比	—	衡量储销合理性	总土储面积 / 签约销售面积
地货比	—	反映资金投入与土地质量	本年拿地楼面均价 / 本年销售均价
权益比	—	反映房企土地权益占比	权益金额 / 合同销售金额
开工规模	万平方米	取值房企年报，本年新开工面积	新开工面积 * 储开比
开销比	—	反映存地周转速度	新开工面积 / 签约销售面积
在建规模	万平方米	取值房企年报，本年度在建面积（不含累计在建，部分房企可能包含未竣工已售未结部分）	签约销售面积 * 建销比
建销比	—	反映在建周转速度	本年在建面积 / 签约销售面积
销售额	亿元	取值房企年报，本年签约金额（不含累计销售额），已签订《商品房买卖合同》的签约金额	—
销售面积	万平方米	取值房企年报，本年签约面积（不含累计销售），已签订《商品房买卖合同》的签约面积	—
回款规模	亿元	取值房企年报，本年销售回款额；或企业现金流量表中"销售商品、提供劳务收到的现金"指标	签约销售金额 * 回款率
回款率	%	反映当年签约当年回款的效率	销售回款额 / 签约销售金额

（续表）

指标名称	单位	取数来源	计算公式
存货规模	亿元	取值房企年报，资产负债表"存货"项目中"已完工开发商品"，或"持作销售的已落成物业"	—
存销比	—	反映滞重存货管理效率	竣工存货面积/签约销售面积
结转规模	万平方米	取值房企年报，本年正式交付的建筑面积（不含累计结转）	签约销售面积*结转率
结转率	%	反映结转效率	结转面积/签约销售面积
净利润率	%	取值通联数据，反映盈利能力	净利润/营业总收入
管理费率	%	取值通联数据，管理费用包括人工费用、行政费用、折旧摊销及公共宣传费、开办费等，不包含开发间接费	管理费用/营业总收入
营销费率	%	取值通联数据，营销费用包括营销设施建造费、装修费、营销推广费、折旧摊销、客服费用等	营销费用/营业总收入
三费费率	%	取值通联数据，财务费用包括费用化的利息支出、汇兑损失以及相关的手续费等	财务费用/营业总收入
现金规模	亿元	取值房企年报的资产负债表中"货币资金"/"现金及现金等价物"指标	—
现金短债比	—	取值通联数据，反映资金安全性。现金短债比是企业在一定时期内，货币资金同流动短期负债的比率，它可以从现金流量角度来反映企业当期偿付短期负债的能力	货币资金/短期债务
净负债率	%	取值通联数据，参考设定房企经营安全线。净负债率也叫净借贷比率，是一个更能反映房企债务真实情况的指标	（有息负债−货币资金）/所有者权益

附　录　十大标杆房企运营指标参考

后　记

在国务院制定的《"十四五"数字经济发展规划》、国资委印发的《关于加快推进国有企业数字化转型工作的通知》的指引下，当前不动产领域的数字化转型具有广泛的应用空间和发展前景。

本书议题完全基于不动产领域领先企业的前沿实践和广泛需求，并通过成功项目验证了其高效的管理价值。预见性4P决策体系和六大应用场景，完全是基于本公司历年实践经验的独家原创。

本书聚焦当下不动产企业的数智化难点、价值、路径、方案等问题，主要服务于不动产领域的从业人士和中高层管理者，以及行业服务机构、数智化规划管理机构。这是一本符合时代特征、具有技术前沿视角、能快速落地生效的管理工具书。

企业在数智化经营管理上的一个重要需求是预见性决策。企业总裁总是期望通过数智化为经营管理装上望远镜、显微镜和雷达系统。

基于AI平台的预见性4P决策体系，是以实时数据驱动为决策依据，以智能化为特色，以预控、预演、预警、预测为手段，以货值、利润、现金流等经营目标为核心工作对象，以数据平台为依托，从而实现战略、经营、业务一体化的新一代数智化管理决策工具。

它覆盖业务流、财务流和审批流，让投资更精准、运营更精益、风险更可控，从而实现全层级、全流程、全天候智能化，让经营管理从事后考核、过程管控向预见性决策转变。

预测是为了让经营决策更有预见性、全局观和精准性，包括动态货值预测、投资收益预测、现金流预测等。

预演是为了让经营目标制定、策略选择和协同效能具有更强的执行力，从而提升成功概率，包括对投资目标、销售目标、工期铺排、全面预算、运营方案、供销策略等场景进行沙箱推演。

预警是为了让经营风险识别更超前、传递更灵敏、应对更敏捷，包括经营监控、预实分析、分级预警、预警寻源。

预控是为了让经营决策有依据、有标准、模型化，且更加稳健可控，包括设置科学的企业经营卡位、城市投资卡位、项目运营卡位。

过去，经营管理方面的书籍更多聚焦在业务管理、组织流程管理、经营管理、信息化管理上，而本书实现了高层视角、业务视角和数智视角的一体化应用，并提供了典型案例、应用原理和落地方法论。

对不动产股东和投资方来说，本书给他们提供了一个企业经营管理的新视角。AI决策手段能够大幅提高全员的人均效能，提升企业经营效益，全方位降低企业经营风险，降低员工工作强度和知识密度。

对不动产高管来说，本书为六大典型业务场景提供了数智化经营决策新方案，对不动产项目投资、经营计划、动态货值、动态利润、资产管理和物业管理的决策模型进行了重构。本书提供了全面的预控、预演、预警和预测模型，为不动产企业提供了数据化、智能化管理决策和业务作业工具。

对不动产一线业务人员来说，本书为他们提供了一个通过数据计算和人工智能手段来快速提高人均效能和产出效益的方法，并且帮助他们快速掌握适应未来工作的能力。

同时，本书集结了最新的数智化管理创新最佳实践案例，助力不动产企业穿越新周期。对于万科、碧桂园、保利发展、中海地产、华润置地、招商蛇口、绿城中国、金地集团、龙湖集团、成都城投、苏州重建、常德城投、中航信托、中海晟融、平安不动产、时代邻里、绿城管理、美团基建、阿里智慧建筑等不动产机构在经营管理决策方面的数智化探索，本书进行了总结梳理，从而助力提升整个行业的预控、预测、预警和预演水平。

《不动产 AI 决策》是《地产新管理》《地产数智化经营》的续集。这三本书均为爱德的年度著作以及公司实践的智慧总结。

爱德希望对行业的最新实践进行总结梳理，从而推动行业整体管理水平的提升。从 IT（数字智能）、DT（数据智能）到 AI，从业务操作工具到系统全面的管理平台，从地产开发到物业经营，再到不动产拓展，客户的需要就是我们的责任。

爱德在数智经营这一领域的服务水平目前处于行业领先地位，我们的服务能够促进不动产企业从经验决策向科学决策演进，有效提升经营决策管理的质量和速度，从而辅助其经营目标的达成。

爱德引入的智能算法和预测模型，在传统地产数智化工具的基础上进行了升级换代，从而促进地产企业的战略和经营目标更快捷、全面地贯穿每一个业务环节，使科技杠杆的效能更加显著。

知易行难。这不仅仅需要高投入、高起点、高效能，更需要高专注、高韧劲、高策略。本书尝试对行业的最新实践进行梳理总结，从而为决策者提供参考。

朋友们，让我们携手，共同掀起不动产数智化经营的新篇章。

参考文献[①]

[1] 爱德地产研究院. 地产新管理 [M]. 北京：中国建筑工业出版社，2019.

[2] 爱德地产研究院. 地产数智化经营 [M]. 北京：中信出版社，2020.

[3] 黄永福. 五维智能评测，全流程监控资产管理的盈利能力与风险系数 [J]. 地产新管理峰会专刊，2021（10）：61-70.

[4] 李朋朋. 数据联动经营，掌握数据资产"存管用"三大核心能力 [J]. 地产新管理峰会专刊，2021（10）：82-88.

[5] 张松涛. 地产"低容错"时代下，每一元利润损失都要找到源头 [J]. 地产新管理峰会专刊，2021（10）：31-41.

[6] 徐海. 数智化在货值、利润、现金流中的最佳实践应用 [J]. 地产新管理峰会专刊，2021（10）：22-30.

[7] 爱德地产研究院. 万科 VS 碧桂园：运营力巅峰对决的九大看点 [EB/OL].（2019-09-23）[2022-03-11].https：//mp.weixin.qq.com/s?__biz=MzU2NTU5NTE5Nw==&mid=2247498367&idx=1&sn=0cfb2456687b2a08706fb6f879e36014&chksm=fcbbe72dcbcc6e3ba23abf7be4f1ca71a66d36ef0cdf8bc3289df253d7b25e6447ae55ca2ff3&token=269311105&lang=zh_CN#rd.

[①] 本书还引用了少量未能查到出处的图片和资料，请相关作者及时联系我们，以便处理（电话：400-1123968）。